지묵스님 인도성지순례기

# 나마스테

우리출판사

# 머 리 말

불국토 인도땅은 달아오른 한증탕　　佛國印度 汗蒸湯
더럽혀진 심신을 말끔히 씻어주네　　汚染心身 洗淨新
불제자는 염천하에 성지를 순례하여　　佛子巡禮 焰天下
비단실을 토해내고 매미껍질 벗나니.　　蛾吐甲紗 蟬脫盡


　나는 부모 묘소를 찾는 심정으로 1년간의 부처님 성지순례길에 올랐다. 카메라 대신 줄자[尺]와 나침반을 호주머니에 담았고 벼루와 먹, 조계산 흙 한줌이 든 병도 짐 속에 챙겨넣었다.
김정호 선생이 보았더라면 아마 웃으셨을 것이다. 성지에서 더위를 무릅쓰고 혼자서 자로 재고 간이지도를 그려나가는 장면은 19세기에서나 찾아 볼 수 있는 일이 아니었을까.
밤에는 먹향을 맡으면서, 발원문을 쓰고 사경(寫經)하듯 그날 그날의 일기를 썼다.
성지순례 현지 안내문을 노트에 옮겨적어서 정리하다가 미심쩍은 부분은 두 번 세 번 다시 참배하여 확인해 보기도 하였다.
전생에 내가 인도 사람이 아니었나 하는 생각이 들 정도로 쉽사리 인도의 기후풍토에 적응하여 별 무리가 없었다. 몇 병의 정수(淨水)밖에 사먹지 않았고, 주민들과 똑같은 식수(食水)를 마시며 손으로 음식을 마구 집어먹는 것에 익숙해졌다. 사실 김치와 된장의 맛을 잊고 지낼 정도였으니까.
거리에서 만나는 이들, 차 안에서 자리를 함께 한 이들에게 힌디를 매일 한 단어씩 배워 익혀서 읽고 쓰는 일도 내 성지순례 중의 큰 즐거움이었다.

성지순례 도중에 나는 조계산 흙 병을 던져버려도 좋을 만큼 배짱이 생겼다. 두세 차례 탈진상태에 가서 쓰러진 일이 있긴 하지만…….

1200년 전 혜초(慧超, 704~787) 스님은 5년간의 성지순례기《왕오천축국전(往五天竺國傳)》에서,

"평생 동안 눈물을 흘린 적이 없는데 오늘은 천줄기나 흘렸다(平生不們淚  今日灑千行)."

하고 그 어려움을 토로한 대목이 있다.

내가 큰 어려움이 없이 되돌아올 수 있었던 것은 이런 경험담을 가슴 깊이 간직하고 길을 떠난 덕분이 아닐는지.

이《나마스테》는 되도록 첨삭가필없이 원문에 충실하여 내 성지순례 모습 그대로를 드러내고자 할 뿐이다.

끝으로, 나의 인도 성지순례길을 도운 여러분의 후의에 깊은 감사의 뜻을 전한다.

나마스테(귀의합니다).

불기 2535년(1991) 부처님 열반일

글쓴이  합장

# 차    례

머리말

**서역일기**(1989. 5. 21 ~ 1990. 1. 5)



**나마스테**(1990. 1. 6 ~ 1990. 5. 4)

스승을 받들어 모시는 모습·스승의 발을 자기 이마에 가져다 댄다

# 서·역·일·기

西域日記

佛紀二五三三年　己巳四月
夏結制日
檀紀四三二一年
西紀 1989年 5月19日

해제기간동안
이 그림을 부채
에(950여개)
그리고 인도로 떠
난다.

# 델 리 ①

**발 원**(發願)　　　　　1989년(불기 2533) 5월 21일(음 4. 18)

인도로 떠나는 날이다. 어제 밤새 잠을 설쳤다. 함께 가기로 약속했던 이들(玄藏·智閑 스님)은 선방(禪房)결제 혹은 먼저 인도로 출국한 뒤여서 혼자 떠난다.

　첫째, 만행중(萬行中)에 조석으로 정진(精進)을 한시간씩 한다.

　둘째, 기다리는 습관을 배운다.

　셋째, 불적(佛跡)을 더듬어서 '부처님 친견'을 발원한다.

— 출발하기 3시간 전, 아침 5시 30분<br>曹溪山　松廣寺　比丘　知默　拜書

**첫 날**　　　　　　　　　　　　　　　　5월 22일

델리에 도착하여 아쇼카 궁전(Ashoka Palace) 호텔에서 첫날밤을 자다. 목욕하고 잠자리 준비를 하고 나니 자정이다. 무덥다.

| | |
|---|---|
| 가는 곳마다 선실이어서 | 處處禪房室 |
| 시간시간 죽비소리 | 時時竹篦聲 |
| 사람은 다 고향 친구라 | 人人鄉親友 |
| 오직 안락한 행만 있을뿐. | 步步安樂行 |

　불멸 이후 아쇼카왕의 시대에 불법(佛法)이 가장 전성하였다는 생각이 든다. 잠이 오지 않는다. 혜초 스님이 배를 타고 어렵게 온 곳을 비행기로 열시간 남짓 걸려서 왔으니 격세지

감이 있다.

3시에 일어나 좌선을 하다가 산보를 나갔다. 길 건너 숲에 소 세 마리가 나무 밑에서 자고 있었다. 움직이지 않고 가만히 서서 자고 있는 소의 모습을 한참 동안 지켜보았다. 나도 잠시 잠자는 양 그대로 호흡을 고르게 쉬면서 서 있어 보았다. 그 뒤 풀밭에 이마를 대고 엎드렸다. 새로운 땅에 와서 발을 들여 놓는 순례자가 땅에 이마를 대고 큰절을 올리는 의식과도 같이. 잔디는 가물어서 먼지가 풀풀 날릴 지경으로 메말랐으나 흙냄새가 좋았다.

주위는 목백일홍 같은 꽃이 활짝 피어 있다. 까치울음소리 가 들려와서 고개를 들어보니 두 마리가 나뭇가지에 앉아 있었다. 인도에도 까치가 있는지 모른다. 흐린 보름달이어서 까 치를 확실하게 살펴볼 수가 없었다.

내가 잠을 잔 아쇼카 궁전 호텔이 너무 고급이라는 생각이 든다. 첫날이며 또 밤이 깊어서 무턱대고 찾아들어서 망정이 지 두 번 다시 머물 수는 없는 처지다.

밤에 더워서 에어컨을 틀었으나 냉방은커녕 스팀을 튼 기 분이 들 정도였다. 벽에 도마뱀이 기어다니는 게 보였다.

걷다가 길가 구멍가게 찻집에서 식빵과 밀크홍차 비슷한 차 두어 잔을 시켜 마셨다. 한잔에 1루피로, 우리나라 돈으로 는 43원에 해당할 만큼 싸다(홍차를 받침접시에 따라 식혀서 마시 는 이가 보인다. 그냥 잔을 들어서 마시지 않고 받침접시에 따라서 어색 하게 마시는 법이 눈길을 끈다). 식빵을 썰 때에 도마없이 그냥 마 루 위에 놓고 마구 칼질하는게 눈에 띈다. 더운물을 거푸 두어 잔 더 마셨다. 맹물을 그냥 마셨다가는 설사병으로 고생할 거라는 경험자들의 말이 생각났기 때문이다.

5시 무렵인데도 가게에 손님이 끊임없이 몰려왔다. 오토바이·오토택시·자전거 등을 타고 온 이들이다. 내게 말을 몇 마디 가르쳐 주었다.

함께 차를 마시던 오토택시 운전수의 안내로 힌두 사원 참배를 갔다.

겉은 보통 길가 집인데 들어가보니 전체가 홀 하나로 되어 있다. 세 벽에는 힌두신상이 화려하게 모셔져 있고, 방 한가운데는 한 자쯤 낮게 들어가는 특이한 구조를 가지고 있었다. 향로 곁에 꽃과 복전함이 놓여 있어 나도 몇 루피를 넣었다. 이때 힌두사두 노인 한 분이 천장에 매달린 종을 두어번 울려 주었다. 복을 빈다는 뜻인 듯하다. 다시 힌두사두가 문턱에 이마를 대고 절을 하는대로 따라하고 나왔다. 출입구 위에도 종이 매달려 있어서, 들어가 참배하는 이마다 종을 치는 모습이 보였다.

7시 무렵에 아쇼카 궁전 호텔로 돌아왔다. 지배인과 종업원이 반겨 맞아 주어서 이야기를 잠시 나누었는데 그들은,

"왜 결혼 안하느냐?"

혹은,

"대물림이 끊어지진 않느냐?"

하고 진지하게 물어서 답해주었다.

"피로써 대물림하는 일보다 부처님 법과 진리로써 스승과 제자 사이에 대물림하는 일을 값지게 생각한다."

대충 이런 내용으로 설명해 주었다.

"회색은 낮은 계급의 몫이고 승복 모양은 여자 옷 비슷하다."

그들은 내 옷을 보고 이런 말을 하면서 깊은 관심을 보이며 친절을 베풀었다.


## 장난꾼 운전기사

유스호스텔에서 아쇼카 궁전 호텔까지 거리는 1,500m에 불과하다. 이건 나중에 산보길에서 확인해 본 결과 틀림이 없었다. 한데 오토택시의 기사는 나를 태우고 빙빙 돌다가 200루피를 달라고 하여 애를 먹었다.

맨 처음에는 아쇼카 궁전 호텔로 아침 9시까지 오기로 되어 있던 택시가(공항에서 경찰이 50루피 영수증까지 떼어서 확실하게 태워줬던 택시) 오지 않아서, 길가에 대기중인 오토택시를 이용하게 되었다.

오토택시 기사는 검은 터반을 두른 시크교 청년이었다. 내가 물었다.

"유스호스텔 알아요?"

웃기를 잘하는 이 엉뚱한 친구는 크게 손짓을 해보이면서,

"아주 잘 알아요. 갑시다."

하였다. 내가,

"호텔방에 짐이 있소. 가져와서 갑시다."

하여도, 제 할 일은 시동거는 일이라는 듯 곧 시동을 걸고어서 타라는 시늉을 하였다. 내가 오토택시 뒷자석에 탔더니 10m쯤 앞으로 내달린다.

가장 많이 이용되는 오토택시 혹은 투투

"스톱, 스톱!"

내가 차를 멈추게 하고 말하였다.

"아니! 왜 짐을 안 싣고 떠나요?"

"한 번 유스호스텔을 갔다와서 싣지요."

그는 천연스럽게 웃으면서 말하였다. 오토택시 차 안에는 운전대 바로 앞에 시크교 성상이 허술하나마 붙어있었는데 이 기사는 무슨 생각을 하고 있는지 궁금하였다.

"어서 돌아가서 짐을 싣고 떠납시다."

내가 거듭 재촉해도 들은 체 않고 당근 같은 걸 씹어 먹다가 (뒷날 알고보니 환각작용을 약간하는 씹는 잎사귀 담배인 파띠카 반드) 한참 만에 되돌아가주었다. 그는 짐을 싣고 주소가 적힌 쪽지를 보고 계속 달려서 '잘 가겠지' 하였는데 그게 탈이었다. 기사가 말하였다.

"200루피 주시겠어요?"

흥정이 시작되었다.

"20루피 주겠소!"

"아니, 150루피 주시오!"

금방 50루피가 내린다. 그러더니 다시 귀찮게 달러를 루피로 바꿔주겠다며 치근대기 시작하였다. 여행자 수표뿐이라고 해도 좋다고 조른다. 하여간 웃기는 기사다. 나는 어린애 달래듯 해야 속이 편하겠다는 생각에서,

"어서 유스호스텔로 갑시다."

하고는 입을 다물어버렸다. 그는 뒤돌아보며 계속해서 달러를 바꿔주겠다는 이야기와 150루피 운임 이야기를 혼자하였다. 다행히 인도에서는 차의 속도가 느려서 교통사고가 적은 모양이다. 차들이 느릿느릿 거북이 걸음을 하는 이유는 더위 때문일까.

인도에서 차의 핸들은 영국식으로 오른쪽에 위치한다. 따라서 차는 왼쪽으로 사람은 오른쪽으로 간다.

교통수단으로는 비행기와 기차·택시·버스 외에 다양한 소규모의 오토바이·세발자전거·포장마차·오토택시 등이 있다. 운임은 외국인에게 바가지 씌우기가 일쑤다. 부르는 대로가 값이다. 10배 이상 호가하였다가 어린애같이 천연스럽게 곧 값을 내리는 게 우습다.

한참 만에 유스호스텔에 도착하였다. 내가 20루피를 주었더니,

"100루피를 더 줘요!"

하고 떠나지 않는다. 짐도 있고 더위가 몰려오기도 해서 20루
피 한 장을 더 건네주고 나니 기사는 달러를 루피로 환전하자
고 새로운 이야기를 꺼냈다.

"경찰을 불러야지, 안돼겠어. 당신 시트교도가 왜 이 모양
이야!"

내가 막 해대니 슬금슬금 뒷걸음을 쳐서 차를 몰고 떠나버
렸다. 참으로 짓궂은 사내 때문에 진땀이 다 배어나올 지경이
었다.

유스호스텔 3일 숙박비용은 45루피. 하룻밤 멋모르고 지낸
아쇼카 궁전 호텔의 450루피의 10분의 1밖에 되지 않는 금액
이다.

아침식사는 빵과 프라이만으로 그치고 점심과 저녁은 각자
가 해결한다. 잠은 10개의 이층침대가 있는 큰방을 사용한다.
침대시트와 베개시트를 내주기에 침대에 가서 모기장을 치고
여장을 풀었다. 값이 아주 싸고 시설이 마음에 든다. 목이 타
서 맹물을 쉬지 않고 계속 벌컥벌컥 마시고 잠시 휴식을 취하
였다.

온도는 보통 섭씨 37~40도이나 습도가 높지 않아서 견딜만
하다. 나그네들은 복도 · 방 · 식당 등에서 만날 때마다 서로
웃으면서 인도식 인사로,

"나마스테(귀의합니다)!"

"나마스테!"
하는 게 재미있다.

점심 때부터 먹을 복이 터지더니 저녁까지 계속되었다.

점심에는 냉면을 맛있게 먹었다. 오민경 여사(한국대사관 이석조 참사관 부인)의 초대로 뜻밖에 이국에서 한국인들과 어울려서 김치 등 한국음식을 잘 먹었다.

그 자리에서 다음과 같은 인도 사정을 이해가 되었다.

첫째, 인도인 70%가 문맹인이고 5%가 우리나라와 같은 4천만 명으로 비교적 여유를 누리고 잘사는 편이다.

둘째, 인도의 한국 교민은 전쟁포로로 제3국을 택한 사람들 3세대가 살고 있으며, 그외 델리 시내에 상사관계로 잠시 머무는 30여 세대이다.

셋째, 신문지상에서 300명 이상이 식중독으로 혹은 교통사고로 죽는 사건이 조그마한 말단기사로 처리되는가 하면, 한 사람이 그것도 한 아이가 죽은 일을 머릿기사로 크게 다루는 등의 예로 보건대, 인도는 알 수 없는 나라다.

뉴델리역에 가서 내일치 파탄코트행 기차표를 예약하고 나니(인도는 예약없이는 승차할 수 없다) 오후 6시. 저녁 먹을 곳을 찾아 뉴델리역을 나섰다.

먼저 사탕수수즙을 즉석에서 짜서 파는 곳에 가서 한잔 마셨다. 값은 1루피. 군데군데 과일도 짜서 팔기에 오렌지·파인애플즙 등도 마셨다. 나중에 망고가 보이기에 두 개를 사서 먹고 값이 싸고 맛이 좋아 걸망에 잔뜩 담아와서 유스호스텔 나그네들과 망고파티를 열었다.

이 자리에서 서로 노래와 춤을 아끼지 않으면서 나그네끼

리 통하는 기쁨을 나누었다. 봄베이대학팀으로 네 학생 가운데 두 명이 내게 주소를 적어 주면서,

"봄베이에 오면 저의 집에서 머물다 가시오."

하였다.

망고파티 이후 뒷골목 디바(간이 구멍가게, 포장마차집)에 가서 랏시 스위트(Lassi Sweet)란 차와 함께 나나크 파니어(Nanak Paneea)란 치즈를 맛있게 먹었다.

## 가려워 고생 5월 24일

망고를 먹고 나니 가렵다. 망고맛이 너무 좋기 때문에 스스로 수난을 피하고자 하는 자구책인지 모른다.

옻을 안타는 이는 괜찮다. 나는 옻도 잘 타서 망고의 가려움이 좀 심한 편이다. 어제 망고를 실컷 먹고 났더니 아침에 손등과 발등이 가려워 혼났다. 오른발등은 더 심하다. 좀 긁었던 자리가 헐어서 보기에도 안좋다. 손등은 알레르기로 좁쌀 같은 수포가 또들또들 생겼다. 가려워 밤중에도 한차례씩 깨어난다.

그래도 망고 먹기를 즐겨한다. 맛이 좋고 값이 싸서 나 같은 여행객에게는 안성맞춤이다. 식사는 망고 먹은 탓으로 거의 생략해도 좋다. 빵 두어 조각이면 족하다. 저녁은 네팔서 온 젊은이의 안내로 카레가 든 구운 빵, '모한신 플루스(Mohansin Pluce)'를 맛있게 먹었다.

# 다람살라

## 다람살라 도착 5월 25일

어제 밤 10시에 뉴델리에서 기차로 출발하여 오늘 낮 12시 무렵에 목적지 파탄코트에 도착하였다. 에어컨 시설이 된 열차로 15달러 주고 탔다.

파탄코트에서 다람살라까지 버스로 네 시간 걸려서 왔다. 약 250리 거리. 다람살라에서 청전(淸典) 스님이 머무는 '달라이 라마 사원'이 있는 '맥레오드 간지' 마을까지 택시로 30분 걸려서 도착하였다. 청전 스님이 고생 덜하고 델리에서 다람살라까지 바로 오는 교통편을 알려준다. 직행버스로 다닌단다.

흰 눈이 덮인 히말라야 기슭 한 쪽 산자락이 올려다보인다. 날씨는 가을 날씨같이 청량한 게 좋다.

## 뉴델리 운전기사 5월 26일

너무 맹랑하다. 외국인이면 무조건 바가지 요금이다. 미터기가 있어도 아랑곳하지 않는다. 그들은 흥정에서 물러나면 배짱을 부리며 실어놓은 짐을 내려놓고 그냥 갈 듯 제스처도 쓴다. 거의 5배에서 많이는 10배까지 뒤집어씌운다. 나도 수업료를 약간 지불한 셈이다. 10루피(430원)면 될 것을 60루피까지 물었다. 이제는 3루피나 5루피로도 차를 타며, 버스 이용도 한다. 버스는 1루피.

내가 차 요금을 제대로 내도록 가르쳐준 이는 유스호스텔에서 만난 봄베이 친구들이다. 사이클 여행을 온 봄베이 대학생 4명과 그들의 지도자인 한 선장은 내게 친절하게 차타는 법을 가르쳐주었다.

시내에 나가 국립박물관과 네루박물관, 간디기념관 등을 함께 갈 때 그들은 오토택시 기사를 사뭇 호령치며,

"정신차려! 왜 곧장 안가? 빙빙 돌지 말어!"
하고 나무라니, 기사는 꼼짝 못하는 게 마치 고양이 앞의 쥐 격으로 벌벌 기다시피 하여 통쾌하였다. 내게는 무조건 바가지 씌우려던 기사가 이번에는 죽을 상이 되어 차를 몰았다. 기본 미터요금에 1루피만 더 주면 된다. 나도 이젠 이 내력을 알고나서부터는 기사가 엉뚱한 요금을 부를 때에,

"딴소리 말어. 미터요금대로야!"
하고 호통을 친다.

운전기사들은 대개 저학력으로 길을 잘 아는 이가 드물다. 거짓말을 밥먹듯이 하고서도 싱글벙글 웃기만 하지 부끄러움이 없다. 화낼 줄도 모르는 것 같다. 어린아이 같은 느낌이 든다.

"인도를 왜 좋아하는가?"
이런 질문을 거리에서 받곤 할 때마다 나는 이렇게 대답을 한다.

첫째, 부처님 나라가 인도다.
둘째, 인도인은 화 낼 줄 모르고 느긋한 성격을 가졌다.
셋째, 희말라야가 있어 동경의 대상이다.

## 다람살라에 여장을 풀다 5월 27일

청전 스님 방에서 하룻밤을 자고, 새벽 5시 무렵에 '드라마 거리' 쪽으로 산보를 나왔다가 내 거처를 정하였다. 하루 방값이 35루피(5,505원)로 한 달이면 1,050루피이다. 50대의 주인 사내는 티베트 경전을 밤낮없이 시간나는 대로 읽는다.

비탈 언덕집으로 아래층 방을 내가 쓰고 주인집 식구들은 위층을 쓴다. 남쪽으로 난 창문 밖에는 흰 원숭이가 나뭇가지에 오르락내리락 하면서 노는 게 손에 잡힐 듯 가깝게 보인다.

## 티베트 식당에서 5월 28일

저녁식사는 대개 티베트 호텔 레스토랑에 가서 한다. 값은 60에서 100루피트씩으로 청전(淸典)·도정(道正)·경우(耕牛)·나 이렇게 네 스님이 돌아가면서 대중공양을 한다. 도정 스님은 미얀마로 들어가서 비파사나에 동참할 예정이나 미얀마 국내사정이 불안한 까닭으로 입국하지 못해 7개월 전부터 이곳저곳 순례 중에 있고, 경우 비구니 스님은 4개월 전에 탱화 수업차 와서 기도 중에 있다. 청전 스님은 8개월 전에 유학승으로 와 기초 티베트 언어를 익히는 중에 있다. 청전 스님은 주황색과 자주색이 섞인 티베트 승복 복장을 하였다.

## 큰 법당 5월 29일

큰절에는 10여 동의 빌딩 건물이 불규칙하게 늘어서 있다. 법당과 강의실 외에는 모두 조그만 개인방으로 1~3명씩 들어가서 침대생활을 한다. 모두 250여 명이 살고 있다. 큰 법당은

3층이며, 일반인의 참배는 2층과 3층에서만 가능하다. 법당 밖에는 108배 절하는 이들이 끊임없이 오고간다. 승려·신도·외국인 등으로 구분없이 서너 명 혹은 여남은 명이 늘 눈에 띈다. 절은 전체투지(全體投地) 방식이다. 몸 전체를 앞으로 쭉 뻗어 배 가슴 등을 땅바닥에 닿도록 한다.

법당 구조는 우리 절과 크게 다르지 않다. 장명등도 마찬가지다. 눈길을 끄는 곳은 마니통이 늘어선 법당 좌우와 뒷면이다.

법당에 들어가기 전에 오른쪽으로 법당 밖을 돌면서 좌우와 뒷벽에 늘어선 마니통을 오른쪽으로 돌리면서 기도를 시작한다.

'옴마니반메훔'이라는 글자가 티베트 말로 마니통에 양각되어 있는데 '옴마니반메훔' 하면서 이걸 돌리면 경전을 다 읽은 공덕보다 낫다고 한다. 나도 절에 갈 때마다 빙글빙글 마니통을 많이 돌린다. 어린아이들이 재미있어 하면서 계속 돌리는 것도 보였다.

작은 마니를 손에 들고 길가에 다니면서 '옴마니반메훔'을 계속하는 티베트 사람이 눈에 띈다.

## 바라나시 일행 5월 30일

어제 밤에 바라나시 '삼푸르나나드' '산스크리트어(語)' 대학생 3학년 도웅(道雄) 스님, 2학년 현원니(玄原尼), 그리고 도웅 스님의 사제되는 혜도(慧道) 사미(沙彌) 등 3명의 일행이 방학을 이용하여 순례(巡禮)차 이곳에 도착하였다.

도웅 스님은 태국 스님 모양으로 속옷 없이 황색 긴 가사만

두른 차림이다. 소변 볼 때에 이곳 스님들이 앉아서 보는 이유를 알 만 하다.

바라나시 외에도 푸나에 영광(靈光) 스님·각묵(覺默) 스님·재연 스님·경원니 등 네 사람이 대학에서 산스크리트어 수업 중에 있다는 소식을 들었다. 인도 유학승(僧)으로서 가장 오래된 이는 영광 스님으로 2년 반 가량 된다고 한다. 인도 유학승으로서 비구니(比丘尼)는 현원니가 최초다. 그녀는 이제 유학 온 지 7개월 남짓 지났다.

.원고 '세계의 나그네', '합장주(合掌珠)', '골라서 먹기' 등 세 편을 수일내로 한국으로 떠나는 경우니(耕牛尼)편으로 보내기로 하였다.《불일회보(佛日會報)》와 《해인(海印)》 등에 실릴 원고이다.

## 티베트 불교의 문제점　　　　　　　　　　5월 31일

티베트 불교에 대한 나의 의문을 달라이 라마를 친견할 때에 서면으로 올려서 답을 하서하시도록 할 예정인데 그 세 가지 의문은 다음과 같다.

첫째, 법(法)과 신통(神通) 가운데 어느 쪽에 비중이 큰가? 린포체는 숙명통과 천안통의 한 작용이기 때문에 신통과 통한다. 린포체를 드러내서 우대하는 점은 좋으나 부처님께서 신통 제일 목련존자에게,

"신통을 보이게 되면 말세 사악한 무리가 혹하여 신통을 쫓기 때문에 정법(正法)이 묻히고 만다. 그러니 신통을 쓰지 말라."

한 말씀이 있는데 어떻게 생각하는가?

둘째, 복과 지혜 가운데 어느 쪽에 비중을 두고 있는가? 현

세 열반과 내세에 부처님 자손으로 태어나기를 바라는 발원을 티베트 불교에서는 어떻게 수용하고 있는가? 절하고 진언(眞言)을 염(念)하고 경(經)을 읽는 참 뜻은 어디에 있는가?

셋째, 티베트 불교는 승속불이(僧俗不二)요, 정교합일(正敎合一)이다.

승속불이는 문제가 있다. 출가자가 생활비를 속가(俗家)에 의존토록 제도화한 점은 어떻게 생각하는가? 속가(俗家)에서 생활하는 어린 스님은 어떻게 생각하는가?

정교합일은 다변하는 현대사회에서 문제가 크다. 왕사(王師)나 국사(國師)가 되어 정교(政敎)가 분리되는 편이 어떨까?

이상과 같은 내용의 질문이다. 이것을 영문으로 옮겨서 비서실에 전달할 예정이다.


## 오체투지 절하다 6월 1일

오후 해질 무렵 비가 조금씩 내린다. 물 사정이 어려운 처지에 조금 해갈된 셈이다. 빨래할 물이 없다. 먹을 물도 겨우 있는 정도다.

히말라야 흰 눈 덮인 먼산 봉우리는 신비롭다.

나는 티베트 사람 가정집에서 방을 한 칸 얻어서 편히 지내고 있다. 주인 사내는 45세로 금세공이다. 달라이 라마 사원에서 딸과 함께 옴마니반메훔이 쓰인 마니통에 장식을 붙이는 일을 한다. 부인은 어디 나갔다는데 없다. 19세 되는 딸아이와 초등학교 3,4학년쯤 되어 보이는 사내아이가 있다. 이집에서는 아침마다 내가 아침공양으로 빵에 잼을 발라먹고 일어설 무렵이면 언제 알고 인디언차를 한 잔 날라다준다. 친절한 집이다. 나그네를 포근하게 쉬게 해서 좋다. 아침마다 경 읽는 소리가 주인집에서 들려온다. 나도 가져온 선요(禪要)를 한 대목씩 읽는다.

오체투지로 절하기가 쉽지 않다. 달라이 라마가 계시는 큰절 법당에 가서 기도로 오체투지배(① 머리 위나 이마에서 합장 ② 입 위치에 합장 ③ 가슴 앞에서 합장 ④ 엎드려서 팔다리를 쭉 뻗음)하는 이들 사이에 끼어 해보았다. 불전(佛前)에 신심(信心)이 깊고 절 많이 하기로는 단연 티베트 불교가 으뜸이 아닐까 싶다.

## 첫 대면 6월2일

오전 9시부터 10시까지 큰절 법당에서 달라이 라마의 푸자(護法諸神을 기리는 데 뜻이 있다)가 있었다. 약 1,500여 명의 사부대중이 법당 내외에 운집하였고 외국인·어린이까지 더러 눈에 띄었다. 특이한 점을 적어둔다.

인도 경찰이 총을 들고 법당 좌우에 서 있다. 인도 정부의 배려로 달라이 라마를 위시하여 티베트 불교를 보호하기 위함이라고 한다.

법문이 시작될 무렵, 두 팀이 군중 사이에 오가는 게 눈에 띄었다.

한 팀은 승려팀으로 대중보시를 법회장소 즉석에서 나눠주는 모습이다. 10루피 3장씩 스님들에게 나눠주는 팀이 부산하게 움직인다.

다른 팀은 차관 나르는 처사팀으로 모든 청중들에게 따끈

한 차를 권하느라고 오간다.

법문 도중에 청중들은 다음과 같은 일을 하며 환희 속에 젖었다.

미리 준비한 '까딱(희 천조각)'을 던진다. 꽃이 귀한 탓으로 꽃공양 대신으로 올리는 천인데 산더미같이 쌓인다.

쌀을 한줌씩 머리 위로 던진다. 배고픈 중생들에게 보시하는 뜻이 있다고 한다.

법문이 끝나갈 무렵 스님들이 세 가지 물건을 나눠줬다.

첫째, 억새풀을 말린 듯한 풀 한아름을 안고 나와서 두어 개씩 청중들에게 나눠준다. 작은 것은 베갯머리 밑에 넣어두고 큰 것은 요 밑에 넣어두고 잠을 자서 좋은 꿈을 기대한다.

둘째, 붉은 색실을 한두 개씩 나눠준다. 청중은 하나씩 팔뚝에 두르고 묶어둔다. 기도가 시작될 때 혹은 기도중에 마장(魔障)이 있기 때문에 달라이 라마가 내린 가사색실을 하나씩 몸에 지니면 마구니가 침범하지 못한단다.

셋째, 차관으로 노란색 차를 따르며 다니는데 손바닥에 받은 이는 조금 마시고 머리·손등·몸에 바르며 환희해 마지 않는다.


## 달라이 라마 첫 대면 소감

울면서 감격해 마지 않는 이가 있는 반면 나처럼 무덤덤한 표정으로 맞이하는 이가 있다.

달라이 라마의 첫인상을 적어 둔다. 그냥 수행 잘하신 스님이라는 느낌이 든다.

경전을 읽으면서 유생들처럼 몸을 좌우로 계속 흔들흔들한다. 곧은 자세로 위의를 갖춘 모습은 1시간 동안 전혀 찾아볼 수가 없다. 법회를 마치고 군중 사이를 빠져나갈 때의 모습 역시 마찬가지다. 대부분의 티베트 스님은 자비스러우나 위엄 있는 승상을 갖추지 못하였다는 점을 달라이 라마를 통해서 더욱 엿볼 수 있었다.

## 기도 둘째날 6월 3일

오전 8시 반에 법회장에 도착하였을 때 이미 청중들은 이마에 붉은 띠를 두르고 정숙한 분위기에서 설법을 듣고 있었다.

신묘장구대다라니 비슷한 진언이 나와서 나도 따라서 해보았다. 비슷한 대목이 많으나 훨씬 짧은 내용이었다. '옴마니 반메홈'을 108번 염하는 일도 두 번 끼어 있었다. 생각컨대 천수경 강의 비슷하지 않나 하고 추측해 보았으나 알 수 없다.

한 티베트 사람이 말하기를,

"관세음보살을 찬탄하는 내용입니다."

하니 그리 어긋난 추측은 아닌 듯하다.

달라이 라마 큰절 스님 '쿵가' 비구의 배려로, 큰절 입구 암자 이층방으로 방을 옮기다. 아래층은 절의 매점이며 식당이 겸하여 있다. 하루 30루피(1,200원)로 값이 싸다. 두 평 크기의 방안에는 침대가 둘 딸려 있고 조그만 탁자와 의자도 있다. 페인트를 이제 막 칠했는지 말끔하다. 동남방 안계(眼界)가 탁 트여서 가슴속까지 시원하다. 앞면이 유리 창문으로 모두 열 수 있어서 좋다.

지리산 반야봉 높이가 1,768m라니 이곳은 1,728m로 비슷한 높이이다. 산세가 지리산 같다고 옆집 사는 청전 스님이 말한다.

유리창을 닦은 후 의자에 앉아 밖을 내다보며,

"장부 살림살이가 이만하면 족하지."

하는 소리가 절로 새어나온다.

### 기도 셋째날 6월 4일

방문을 활짝 열어놓고 조석으로 탁트인 산세를 내다보며 좌선하는 시간이 좋다. 먼 산은 설산이다. 아침식사 전에는 큰 절을 오른쪽으로 도는 포행 코스가 나있어 나도 30분쯤 돈다. 신도들은 오른손에 염주를 들고 '옴마니반메훔' 기도를 계속 하며 돈다. 이 무리가 끊이지 않는다.

오늘 법회 셋째날, 달라이 라마의 입재법문은 엊그제로 그쳤고 이제는 스님과 신도가 종일 법회장을 가득 메우고 앉아 '옴마니반메훔' 을 염한다. 간혹 차와 식사가 있고 스님에게 는 현금으로 즉석에서 대중보시가 따른다.

오후에 시장 싸전에 가서 밀가루포대 하나를 깨끗한 걸로 사와서 방문 출입구 커튼을 만들어서 달아두었다. 손바느질 을 한뜸한뜸하는 재미가 있어 시간가는 줄 모를 지경이었다.

### 기도 넷째날 6월 5일

방값이 30루피라 해도 싼데 우리 스님에게는 값을 내려서 20루피라니 정말 싸다. 나그네에게는 과분한 대접같아 불은 (佛恩)에 감사할 뿐이다.

하루 방값과 식대를 모두 쳐서 50루피쯤 될 듯하다. 우리나라 돈으로 쳐서 2,200원쯤 되니 거저먹기식이나 다름없다. 한 달 평균 잡아 6,7만 원으로 살만하다.

오늘 점심은 옆집 청전 스님의 초대로 된장국·겉절이 김치 등과 쌀밥이 나와 잘 먹었다.

## 기도 다섯째날 6월 6일

티베트 절에 딸린 부속시설물이 있어 가보았다. 티베트도서관과 박물관을 청전 스님의 안내로 살펴보았다.

도서관은 보통 시립도서관 규모로 크고 정돈이 잘되어 있다. 서점과 인쇄소가 딸려 있는게 특징이다.

아랫마을 다람살라 시장에 가서 시장을 봐 왔다.

청전 스님은 쌀 등을 샀고 나는 빨랫비누, 좌선용 돗자리(13루피, 약 450원쯤)와 대바구니는 작은 걸로 두 개를 샀다.

## 박물관

큰방 하나에 주로 탱화와 불상이 가득 모셔져 있다. 탱화제작실과 목공예실, 그 밖의 세미나실, 티베트어 강의실 등이 있다.

가장 관심 있었던 곳은 탱화제작실과 목공예실이다. 젊은 남녀 수습원이 7,8명 작업중에 있었다. 안내하던 청전 스님이 말하였다.

"5년 수습연한 중 2년째 접어든 이가 저 처녀랍니다. 솜씨가 좋아요."

청전 스님의 그림 안목은 뛰어난 수준이다. 틀림없으리라 생각하고 나도 가까이 가서 보고 깜짝 놀랐다. 연필로 섬세하게 그린 관세음보살상이 훌륭하고 원만하다. 청전 스님이 목공예실에 갔다 나오는 길에 말하였다.

"티베트라는 나라를 지켜서 살리는 길은 종교와 전통문화를 전승하는 데에 있다고 달라이 라마는 말씀하십니다."

우리나라에서는 사찰에서 탱화수업을 하는 곳이 봉원사뿐이며 목공예는 없는 형편이다. 크게 반성할 일로 여겨진다.

## 등신불 6월 7일

점심공양 후 다람살라 명소 등신불(等身佛)을 참배하였다. 맥레오드 간지 뒷산 중턱에 '링 린포체 토굴(土窟)'이다. 법복을 입고 문앞에서 놀고 있는 세 살 반짜리 한 사내아이가 원력수생(願力受生)한 링 린포체로 금생 이름은 '텐진 롱토 텐네 최파'라고 하였다.

가져온 초콜릿 과자 봉지를 사내아이 앞에 내밀자, 여느 사내아이나 다름없이 과자 봉지를 재빠르게 받아채며,

"야아!"

하고 탄성을 지르고 도망친다.

이 텐진 아이는 이곳에서 자동차로 4시간 걸리는 비리 마을에서 태어났다. 아버지는 라닥에서 장사하는 이다. 13년간 이곳 토굴에서 링 린포체를 모시며 지내온 52세의 시자 스님의 설명이다. 안내를 받고 실내에 들어서자, 등신불이 불단 중앙에 모셔져 있었다.

절을 올리고 주위를 돌아보았다. 링 린포체의 생전 사진과 등신불은 동일하리만큼 정교하고 훌륭하게 미소 상(像)으로 모셔져 있다. 링 린포체가 생전에 그린 탱화 3점도 뒷벽 좌우에 걸려져 있다.

윤회하는 전생의 몸과 금생의 몸이 한눈에 보이는 셈이다.

## 등신불 내력

링 린포체는 현재의 달라이 라마(티베트 국왕 겸 종정)의 수석 스승이니 곧 왕사나 국사에 해당하는 소임을 맡은 이다.

생몰연대는 1903년 탄생, 1983.12.25. 오전 11시 입적으로 81세의 수를 누렸다.

입적 후 2주간 생사에 초연한 자세로 정(定)에 깊이 들어 눈동자가 평시 모습 그대로였다.

등신불을 모시도록 달라이 라마가 주선 증명하였고 3년간 공들여 완성하였다.

1987년 3월 12일 등신불을 법당에 모시다.

## 린포체(Rinpoche:환생신)　　　　　　　　6월 8일

티베트 불교를 이어오면서 대들보 역할을 해온 건 린포체이다.

린포체는 상위 린포체와 하위 린포체로 나눌 수 있다고 한다.

상위 린포체는 달라이 라마의 스승 소임을 역임한 이 등 빼어난 스승이고, 하위 린포체는 그 이하 스님의 환생신(還生身)이다. 환생신에는 원력수생(願力受生)과 업력수생(業力受生)

의 두 가지가 있다. 원력수생은 깨달은 이가 보살심에서 발원으로 환생한 것이고, 업력수생은 다만 전생 몸이 금생에 업력으로 환생한 것이다.

린포체가 상위 린포체와 같이 깨달은 이의 원력수생이라면 떠받들어 모실만하다.

## 단 상(斷想)

① 선(善) 속에 악(惡)이 반은 차지하고 있고 악 속에 선이 반은 차지하고 있다. 무엇을 선이라고 하고 무엇을 악이라고 할 것인가?

② 안중근 의사가 이등박문을 사살하려고 마음먹고 실행에 옮긴 데에는 돈과 명예 등의 오욕이 목적이 아니었다. 오직 정의감, 그것뿐이었다. 누구에게나 이런 정의감의 불씨가 가슴속에 남아 있다. 문제는 누가 이 불씨에 부채질을 해주어서 훨훨 큰 불길로 타올라 생명을 돌보지 않고 정의를 위해 매진하게 할 수 있느냐가 중요하다.

③ 사랑은 얼굴을 마주 대하고 있는 시간에 이뤄지지 않는다고 생떽쥐베리가 말하였다. 뜻을 함께 하면서 진리를 향해 나아가는 시간에 이뤄지기 때문이다.

④ 큰 도움이란 주고 받는 물건이나 일을 거들어주는 데에 있지 않다. 빈 마음으로 맞이하였다가 빈 마음으로 내보내는 일이야말로 진정 큰 도움이다

## 황금배 축구대회                    6월 10일

위의 휘장마크는 오늘 인근 티베트 학교 운동장 한 중앙에
놓인 기를 보고 그린 것이다.

인도·네팔·티베트·혼합팀 등 6개팀 마을 청장년 친선축구
대회 마지막 결승전이 있는 날이었다. 달라이 라마 어머니
'첸모' 부인을 기념한 황금배쟁탈전이니 특이한 대회다.

운동장 좌우에는 오색기가 꽂혀 있고 인근 마을에 사는 남녀
노소, 승속을 가리지 않고 약 3천 명 군중이 열띤 응원을 하였다.

나는 뜻밖에 본부석 둘째줄에 안내되면서 안내원 처사가
'코리아 라마(한국 큰스님)'라고 대접해 주어 편히 구경할 수
있었다. 스님 대우를 깍듯이 한다.

시합이 끝나고 시상식 때 큰절 스님이 대표로 와서 시상하
는 모습도 이채로웠다. 우리로 말하자면, 스님 어머니를 기념
한 축구경기이니 신기할 수 밖에 없는 노릇이다.

## 손수제비 먹는 날                    6월 11일

저녁에 카일라쉬 티베트 식당에서 손수제비를 맛있게 먹었다. 두 그릇을 거푸 먹었어도 더 먹고 싶다. 티베트 사람들은 이 손수제비를 '테이크 투크'라고 해야 알아듣고 만들어준다. 긴 이름으로 '베지터블, 테이크 투크' 하면 금방 알아 먹는다. 내가,

"손으로 만든 국수 있어요?"

하였더니 이 손수제비를 가져다주어서 알았다. 한국 손수제비나 다름없는데 국물의 색깔이 약간 붉은색을 띤 게 다르다. 이곳 국수는 아주 퍼져서 형편없기 때문에 시간을 잘 맞춰서 시켜야 한다. 한꺼번에 익힌 국수를 잔뜩 널어놓고 있다가 조금씩 걷어서 국수그릇에 담아주기 때문입니다. 배가 고플 때에는 이 국수가 먹히지만 요즘은 반도 못먹고 만다. 하지만, 오늘 저녁에 이 손수제비를 발견해서 기쁘다.

히말라야 기슭 산자락 흰눈을 내다보면서 수제비를 맛있게 먹고 레몬차를 마시면서 티베트 대학생 두 사람과 담소하는 시간을 가졌다.


## 산길에서                    6월 12일

아침식사를 빵으로 일찍 때우고 티베트도서관으로 가는 산길에서였다. 도서관 뒷산 숲속에서 말이 몹시 고생하는 걸 보았다. 짐승이 되어 태어나면 저렇게 고생고생하다가 죽는가 싶은 생각이 들었다.

네 마리의 말이 두 자루의 모래짐을 각기 양쪽에 차고 내 앞

을 지나갔다. 세 마리는 채찍든 사내의 손짓 신호에 쫓겨가고 뒤의 한 마리는 그냥 저 혼자서 잘 따라갔다. 무거운 모래짐을 진 말들은 언덕길에서 비척비척 힘겹게 걸음을 떼었다. 다행히 무릎을 꿇거나 넘어지는 말은 없었다. 그런데 도랑을 건널 때 뒤의 검은 말이 짐을 떨어뜨리고 말았다. 무게가 기울여져서 한쪽으로 떨어진 것이다. 얼굴이 검고 키가 나지막한 티베트 사내는 말을 혼내주느라고 날뛰었다. 발길로 말 배를 열 번도 더 차고, 말이 놀라서 도망가자 쫓아가서 돌멩이질까지 하였다. 그래도 티베트 사내는 분이 안풀린 듯 말을 사납게 끌고 왔다.

나는 보다 못해서 떨어뜨린 모래짐 두 자루를 주인 사내와 함께 들어올려 말 등에 실어주려고 애를 썼으나 잘 되지 않았다. 말이 다시 놀래서 도망갔다가 매만 흠씬 맞고 빈몸으로 가는 신세가 되었다. 여기 말들은 죽어라고 일만하고 먹는 풀도 고산지대라 변변치 않으니 불쌍하기가 말을 할 수가 없다.

## 다람살라에서 본 티베트 불교 6월 13일

다람살라에서 본 티베트 불교의 모습을 정리하느라고 도서관에서 정기열람권을 5루피(한달간)주고 끊었다. 대승불교(大乘佛教)의 진언밀교(眞言密敎)로 대표한다. 다른 현교(顯敎)를 간접체험으로 치고, 이 밀교가 '직접체험(直接體驗)'이라는 데에 가치를 두고 있으나, 내가 보기에는 '선(禪)의 직접체험'을 이해하지 못한 이의 그릇된 판단으로 여겨진다.

티베트 불교 부처님 4대 명절로는,

34

① 정초 부처님 공양

② 4월 15일 부처님 오신 날

③ 6월 4일 초전법륜일(初轉法輪日)

④ 9월 22일 천계하강일(天界下降日)

등이 있다.


## 맛 좋은 것들                                    6월 14일

아침에 냉수마찰을 끝내고 베란다 소제를 하고 있는데 큰
절에서 절을 하고 오는 청전 스님과 마주쳤다.

"잠깐, 맛 좋은 것 있어요."

내가 그를 불러세우고 곧 어제 저녁에 도서관 갔다가 돌아올
때 사온 살구를 내밀었다. 대바구니에 담긴 살구를 먹으면서,

"살구는 나주 근방이 복숭아와 함께 많아요."

하고 청전 스님이 말하였다.

"살구·복숭아씨 등 과일씨가 장수에 효력이 크다던데."

내가 말을 하자, 그는,

"나주 근방에 백팔 살 넘은 할머니가 살아계셨다가 내가 갔
을 적에 돌아가셨어요."

하고 살구를 먹었다.

아침 날씨가 좋지 않다. 흐렸다가 번개 뇌성이 친다. 이쪽
다람살라는 저녁에야 비가 오곤 하더니 오늘은 유별나다. 이
제 비가 그쳤으니 도서관에 갈 채비를 해야겠다. 가다가 아랫
마을 '랏시 스위트' 가게에 가서 오랜만에 시원한 우유 발효
생(生)음료수를 마셔야지 생각하니 어린애처럼 다급히 서둘러

진다. 이쪽 음식이 대개 맞다.

도서관에 갔다오는 길에 길모퉁이 가게집 아이가 공부하고 있어서 구경하였다. 초등학교 2학년 국어책을 펴놓고 수수깡을 깎은 연필로 검은 잉크를 찍어 글씨를 쓰고 있었다.


## 린포체를 만나다       6월 15일

9세의 데모(Dhemo) 린포체를 만났다. 얼굴이 맑고 눈동자가 초롱초롱하기 이를 데가 없다.

3년 전에 티베트의 옛 수도 라사 도시에서 30대 후반인 그의 어머니가 몰래 이곳 달라이 라마 궁전으로 데리고 왔다고 한다. 지금 중국 위정자들은 티베트를 정복한 이후 40년 동안 티베트 사람을 억압하면서 달라이 라마를 위시한 뭇 린포체 인물을 죽이려고 하고 있기 때문이란다. 데모 린포체 아버지는 지금 라사 도시에서 버스 매표원으로 종사하고 있다. 린포체 확인은 티베트에 남아 있는 라마로부터 시작되었고 이곳 다람살라에 와서는 달라이 라마가 증명하여서 특별한 린포체 교육에 들어갔다고 한다.


## 선종 스님이 지다       6월 16일

티베트불교사를 통독하느라고 철야정진(徹夜精進)에 들어가듯 밤새웠다. 새벽 5시부터 1시간 눈을 붙이고 종일 독서를 하였다.

중요한 대목을 적어둔다.

"탄트라는 적정(寂靜)과 무분별지(無分別智)가 아니다."

중국 선종(禪宗) 스님의 말인데 탄트라를 행하는 인도 스님은 여기서 논리정연하게 일침(一鍼)을 놓는다.

"세간동요(世間動搖) 떠난 적정 없고 분별지 떠난 무분별지 없다."

쉽게 풀이한다.

중국 선종 스님은 썩 우수한 선사가 아니다. 아직 유위법(有爲法)과 무위법(無爲法)도 제대로 알지 못하는 수준이다. 깨달음은 무위법이고 세상 학문은 유위법이니, 얻음이 없어야 하는 무위법은 얻음이 있어야 하는 유위법과 구별된다.

티베트의 춤추고 노래하는 갖가지 의식의 탄트라는 외형상 유위법이고 좌선하는 달마 선법은 무위법이라는 이분법 발상은 출발 자체가 틀린 것이다.

침묵과 말은 서로 상관관계에 있다. 침묵이 있어 말이 존재한다는 단순한 논리도 꿰뚫지 못한 선종 스님은 어이없게 무너지고 만 것이다.

8세기 때 티베트 불교에는 참선법이 없고 밀교 수행법인 탄트라가 행해지며 불교 심리학인 유식(唯識)이 비중을 차지하고 있다. 일반 불자들은 '옴마니반메훔' 기도와 독경(讀經) 등을 기본 수행으로 삼고 있다.

| | |
|---|---|
| 고요하고 가늘고 길게 숨을 쉴 줄 알라 | 知默細長息 |
| 몸을 바로하며 척추는 곧추세워라 | 正身立脊椎 |
| 미간백호 광명 속에 | 眉間白毫光 |
| 청정하기 이를 데 없는 혜안이 머문다. | 淸淨慧眼住 |

　내일은 인근 4천 고지 설산 아래 1박 2일 코스 등산을 떠난다. 청전 스님이 장비를 맡았다.

　"식사는 빵 등으로 가볍게 준비합시다."

　내 의견이다.

　"어디서 잠을 잘까? 무엇을 먹을까?"

　이건 출가인(出家人)의 관심사가 아니다. 특히 나그네는,

　"굶기도 하고 한(寒) 데서 잘 수 있다."

　이런 각오가 필요하다. 물론 배부르고 등 따슨 방이면 나무랄 나위가 없으나 굳이 찾아 헤맬 필요가 없다.


## 라카코드산에서 하산　　　　　　　　　　6월 19일

　4천m까지 걸어올라가 잠을 자기는 처음이다.

　석굴 앞에 거의 왔을 무렵이다.

　한 여름에 느닷없이 우박이 골프공 만한 게 쏟아지며 하늘이 시커멓게 어두워졌다. 순식간에 벌어진 일이다.

　눈 앞의 양들은 순식간에 우박 속에 가려지고 주위가 겨울 흰 눈이 덮인 산으로 변하였다. 갑작스런 일기변화에 동행한 스님은 얼굴이 시퍼레졌다. 그리고는 곧 환자처럼 절망적인 표정

을 지었다. 나 역시 당황하였으나 좀 안정을 취한 후 주위를 둘러보고 굴 쪽으로 이동하였다. 사색이 다 된 스님을 부축해서 간신히 움직였다. 이 이야기는 동행한 스님에게 미안한 내용이나 기록한다.

'다람살라에서 본 티베트 불교'를 쓰다. 티베트불교사를 엮은 셈이다. 진언밀교의 오늘의 모습을 6월 3일부터 10일간 큰절에서 기도하는 1,500명의 사부대중 가운데서 살펴본 내용이다. 결말 부분에서,

> 티베트 불교는 지금, 입으로는 진언(眞言)을 염(念)하고 손으로는 인계(印契)를 짓고 마음속으로는 부처님을 관(觀)하는 수행으로 부처님의 근본정신에서 살아 움직이는 일면, 부분적으로 무당 푸닥거리나 신들린 이의 신탁 예언을 따르고 있어 마치 용과 뱀이 함께 섞여 살고 있는 모습을 보는 느낌이다.

하고 비판을 더 하였다.

## 어제는 '부처님 오신 날'　　　　6월 20일

'티베트 절의 부처님 오신 날' 글을 쓰다.

오늘 낮에는 힌두어 기본 글자를 산길에서 만나는 이마다 붙잡고 물어서 배웠다.

모두 48글자인데 정리하면 아직 멀었다. 할아버지들이 잘 가르쳐주지만 이가 빠져서 발음에서 정확성이 없는 게 흠이다. 글자 쓰는 순서도 배웠다.

힌두어 데바나가리 문자 · 48자

6월 21일

| | |
|---|---|
| 설산에서 수행한 모든 보살님 | 雪山修行諸菩薩 |
| 인욕으로 고생하여 몸과 마음 잊었네 | 忍苦吐甘心身忘 |
| 오직 무소유 오똑 앉아 있을 뿐 | 貧無所有兀兀坐 |
| 순금을 시련한 듯이 지혜광명 빛나네. | 試鍊金石現眞光 |

오전에는 삭발(削髮)을 혼자서 하고 정진(精進)하였다. 힘이 충만(充滿)해 옴을 느낀다.

오후에는 도서관에 나갔다. 점심도 도서관 구내식당을 이용하였다. 언제나 양껏 먹고 6루피만 내면 된다. 빵과 감자국이 오늘 점심이었다. 나는 식성이 까다롭지 않아서인지 어느 음식이나 대개 입에 맞는 편이다.

6월 23일

큰절에 가서 절을 하기 시작하였다. 카펫을 깔고 티베트 불자들 틈에서 전체투지 절을 하고 나니 온몸에 땀이 멱감듯 하였다.

6월 24일

모든 다르마(존재)는 단지 어김없이 원인이 되는 행위[業]의 결과이다.
실체(實體)가 없으며,
지정지(指定地 : location)가 없다.
마치 깨끗하고 순백하기 이를 데 없는 영상(影像)에 불과하다.

이와 같이 다르마를 이해하여 보고 듣고 느낄 줄 아는 존재
를 위하여 일하라.
그대는 보호자(부처님)의 아들로서 태어나리라.
— 달라이 라마 사원 현판에서

## 바위 밑에서 6월 25일

혼자서 라카코드로 등산을 다녀왔다. 요즘 설사와 감기가
겹친 탓인지 힘겹기가 말할 수 없을 지경이다. 이를 악물고 산
을 올랐다. 땀이 비오듯 하였다. 이게 건강에 묘약 같다고 생
각한다. 간혹 탈진상태에 가깝도록 피곤해져 봐야 한다. 종일
마른 빵 한 조각과 망고 두 개로 끼니를 때우고 나니 속은 개
운하나 힘이 없다.

3천m 산록에서 돌버섯을 발견하고 작은 주머니를 꺼내 뜯
어 담았다. 살이 여물고 크기가 너부죽하여 돌버섯치고는 최
상품 같다. 우리나라 시장에서는 조각조각 바스라진 돌버섯
이 그나마도 귀한 탓인지 고가이다.

큰 것은 아이들 손바닥만하다. 말려서 귀하게 써야겠다. 약
제로도 대단한 효능이 있다고 들었다.

오후 3시에서 4시 사이에 천둥과 우박이 큰비에 섞여 요란
하였다. 늘 이때는 비가 오곤 한다. 바위 밑에서 비를 피했다.
목동들이 빗속을 다니는게 보였다.

## 푸자 6월 26일

아침에 큰절에 절하러 갔더니 차와 빵 두 개가 아침식사로
나왔다. 살펴보니 ‘푸자(우리말로는 잘 모른다)’ 가 있는 날이다.

내가 108배를 하는 동안 큰 법당 안을 가득 메운 100여 명의 스님들이 잠시 빵을 먹고 나서 요란한 쳄발로 소리에 맞춰 독경을 시작하였다. 한번은 대중이 박수를 치기에 보니 짝짝짝 세 번 치고 멈추었다. 마이크 앞에 앉은 스님은 범성이 곱고 원만하였다. 노스님이 많은 게 눈에 띄었다. 노스님은 모두 안경을 끼고 있었다. 40세 넘은 스님과 20대 젊은 스님의 숫자가 비등해보였다. 비구니는 법당 밖에서 따로 마련된 자리에 앉아 독경하였다.

모두 우리네 강당 스님 모습과 같았다. 아직 잠이 덜 깨서 조는 모습과 허리가 구부정한 모습이 그것이다. 아무리 봐도 자세가 바른 당당한 수좌자세의 모습은 눈을 씻고 찾아볼 수 없었다.

붉은 가사와 노란 가사의 물결로 가득 메운 큰 법당 안은 그런대로 장엄해 보였다.

밤에 열린 망고파티. 큰절에 딸린 '불자 여행자 숙소(Buddhist Hostel)' 이층 식구들이 밤 7시경에 베란다에 모여 망고파티를 가졌다. 참석자는 네덜란드인 엥겔씨(男, 20대 후반), 영국인 사진작가(男, 20대 후반), 미국인 메리(女, 20대 후반), 업저버로 이웃에 사는 청전 스님이 동참하였다. 망고를 먹으며 노래를 부르고 재미있는 이야기도 하다가 헤어졌다.


## 체중이 떨어짐　　　　　　　　　　　　　　　　6월 27일

서울서 도반이 편지를 해달라기에 몽땅 밀린 걸 써서 부쳤다. 내게 친절을 베풀어주었던 이들에게 모두 썼다. 봉함 편지가 4통이고 그림엽서가 4장이다. 청전 스님과 저녁을 특식으로 해먹었다. 쌀밥에 새 김치, 오이 겉절이 등이다. 한국서 보내왔다는 미숫가루도 한 그릇 맛있게 먹었다. 체중이 많이 떨어졌다.

## 태권도 시범             6월 28일

요즘 저녁에는 큰절 앞 구멍가게 찻집 뒷마당에서 태권도 시범을 보이며 두어 명 열의 있는 티베트 스님을 지도한다. 다 잊어먹은 건데 자꾸 가르쳐달라고 한다. 생각해보니 기본 동작을 살아난다. 한국 스포츠로 태권도가 잘 알려진 것 같다.

《불타의 세계》를 정독하기 시작하였다

## 배고픔             6월 29일

| | |
|---|---|
| 춥고 배고파야 도닦는 마음 일어난다고 | 飢寒發道心 |
| 고인께서 설파하신 말씀 | 古人漏泄說 |
| 내 이제 이때를 당하여 보니 | 今時我體驗 |
| 뼈마디 사무친 아픔 땀구멍도 아리네. | 徹骨貫毛穴 |

배가 고파야 정신이 깨어난다. 편한 잠자리는 수행자의 거처가 아니다.

오늘 날씨가 천변만화(千變萬化)한 게 우리 마음을 보는 느낌이다. 무지개·천둥·우박·소낙비·안개·번개 등이 번갈아 변화한다. 아침 푸른하늘은 어디 갔는가!

## 돌버섯　　　　　　　　　　　　　　　　　　　　6월 30일

한국에서 청전 스님에게 라면 30개와 보리 미숫가루 등 식품이 푸짐하게 도착하여 내일 저녁식사를 함께 하기로 약속하였다.

라카코드에서 따온 돌버섯 1kg을 태안사 선원 현장(玄藏) 입승(立繩) 스님에게 부쳤다.

방세를 하루 20루피씩 계산해서 한달분을 지불하였다.

## 행복과 지혜　　　　　　　　　　　　　　　　　　　7월 1일

절을 할 때 손바닥 깔개로 쓰는 걸 두 개 만들었다. 갈색 천 조각이다.

행복과 지혜, 즉 복(福)과 도(道)를 동시에 취하기를 바라서는 안된다는 데에 생각을 오래하였다. 수행자는 지혜를 염두해 두어야지 행복을 바라서 취하려고 해서는 안될 일이다. 한 화살로 두 마리 기러기를 취하려는 것과도 같다. 행복을 누리고자 한다면 ‘도’는 단념해야 옳다. 흔히 ‘복혜구족(福慧俱足)’이란 말을 쓰지만 어렵고 힘든 일이다.

## 삼존불　　　　　　　　　　　　　　　　　　　　　7월 2일

방안에 삼존불(三尊佛)을 모셨다. 명주천에 기계자수로 디자인한 부처님 탱화다. 한결 방안 분위기가 안온하다. 사람들이 얼마짜리냐고 묻는다. 그냥 웃기만 하다가 나중에,

“값이 없어요. 부처님이 얼마일 수 없어요.”

했다. 공장에 가서 495루피(약 21,300원)를 지불하였다.

아침 한때 천둥벽력이 우박과 함께 쏟아졌다. 비도 우박 대신 내린다. 저녁 무렵에도 비가 온다. 몬순기후가 서서히 북쪽으로 올라오는 까닭이다.

흐린 날씨가 계속된다.

7월 3일

새 자전거의 가격을 알아보니 700루피이고, 오토바이는 1만 7천 루피라고 한다. 걷기 반 버스 승차 반으로 가는 방법이 최선의 방법 같다. 새로 염주 하나를 만들어서 쓴다.

## 선인탕 7월 5일

아침 4시에 큰절에 가서 절을 올리고 나서 부근 계곡에 나가 냉수욕을 하였다. 내가 선인탕(仙人湯)이라 이름하였다. 생기(生氣)가 가득 차오름을 느꼈다. 주위 돌은 줍는 대로 모두가 숫돌이다. 숫돌도 아주 반듯한 모양이다. 청색을 띠고 있다. 물이 맑고 차서 그만이다. 목욕 한번 잘 하였다.

## 달라이 라마 생신 축제 7월 6일

제55회 달라이 라마 생신일 기념축제가 티베트도서관 광장에서 열렸다.

제1부는 축사이고 제2부는 민속고유춤이 베풀어졌다. 약 1천여 군중이 모여 흥겨운 잔치를 즐겼다. 오색깃발이 주위에서 펄럭이고 사진찍는 서양인들이 바쁘게 오가는 모습도 눈에 띄었다.

여덟 종류의 민속춤이 순서대로 나와 원무(圓舞)를 추었다. 남녀가 같은 숫자로 나오고 대개 10여 명씩 짝을 지어 춤을 추었다. 의상은 티베트 고유의상에다가 소매길이가 곱절로 길어서 손을 움직일 때마다 펄럭거렸다. 발꿈치를 쾅쾅 구르는 춤도 있었다. 단조로우면서도 유머가 담긴 춤이었다.

어린이들의 춤과 노인네들의 춤이 특히 재미있었다.

축제는 아침 9시에 시작하여 11시에 막을 내렸다

| 티베트 나라 승왕은 | 西藏國僧王 |
| 복과 지혜 갖추어 | 福慧俱足成 |
| 인도 피난지에서도 | 印度避難地 |
| 생신축제가 성대하게 열리네. | 生辰祝祭盛 |

전번에는 달라이 라마 모친을 위한 축구대회가 열린 적이 있다. 종정(宗正)으로서보다 왕(王)으로서 대우해서 이런 축제가 베풀어진 듯하다.

## 새 벽 7월 7일

기이한 새 울음소리에 새벽 잠이 깨인다. 개 짖는 소리에도 잠이 깨인다. 까마귀 울음소리에도 잠이 깨인다. 말 울음소리와 그밖의 닭울음소리에도 잠이 깨인다. 특히 절 입구 쪽에 자리한 나의 방에는 새벽 3시 반 무렵부터 절하러 오고 참배 오는 기도객들의 발소리가 가까이 들린다.

오늘 아랫마을 20리 길 산길을 걸어서 장보러 갔다가 코코넛을 사먹고 올 때였다. 버스 안에서 나는 마치 외국영화 한 장면에 연기하는 배우인 양 착각이 들 정도로 신기하게 느껴졌다. 버스 안의 많은 승객은 인도인·티베트인·네팔인·서양인이 섞여 진풍경이다.

세상은 이렇게 재미있는가 보다.


## 농촌 풍경       7월 8일

여기서 50리(20km) 떨어진 가굴(Gaggul)에 다녀왔다. 농촌 풍경이 우리나라와 비슷하였다. 모심기가 끝난 논에는 물이 좀 부족한 데도 있었다. 조그만 논이 많고 너른 논은 드물다.

길가 어느 찻집에 들렀더니, 동네사람들이 우우 몰려와 구경하고 신기하다는 표정을 지었다. 영어를 아는 이가 없어서 한국 말로 마음대로 말하였더니 그들도 크게 웃었다. 천진하고 친밀감이 느껴지는 인도 사람들이다.


## 경봉 스님 린포체       7월 9일

달레이크(Dall Lake)에 다녀왔다. 유스호스텔 있는 곳에 가봤더니, '마하 아쉬람'을 겸하였으나 지금은 문을 닫고 있는 중이었다. 여기서 3㎞ 떨어진 곳이다.

'마하 아쉬람'의 명상센터에는 늙은 여자 한 사람 사진이 중앙에 모셔져있고 그 앞에는 향로·촛대가 불단처럼 차려져 있었다. 아마 스승으로 모셔지는 이인가 보다.

새벽 꿈에 기이한 일이 벌어졌다. 광양군 해룡면에 경봉(鏡峰) 스님 환생신(還生身)이 어린아이로 자라고 있는 모습을 보였다. 경봉 스님 생시 모습에 가까웠다. 언행(言行)도 경봉 스님 행세를 하였다.

## 무더운 밤                                          7월 10일

밤의 다람살라 더위는 알 만하다. 모두 밤이 깊은 데도 길거리
에 나다닌다. 바람기가 없는 밤에 습기는 오히려 높아 무덥다.


7월 11일

도반 스님의 편지가 왔다. '염불선(念佛禪)'에 관심이 있는
모양이다. 석양 무렵에는 '나무아미타불'을 염한단다.


## 오토바이 면허                                       7월 12일

오토바이 면허증을 얻었다. 내년 1월까지 6개월간의 '수습
면허증'이다. 본 면허증은 그 후에 내준다는 설명이 있었다.

오토바이는 어떻게 구입하느냐 하면, 새걸 사서 1년 쓰고
팔아도 반값 이상 받을 수 있으니 일단은 사고 볼 일이다. 350
시시는 약 1,400달러이고 150시시는 약 650달러인데 생각 중
이다. 정히 오토바이를 못사면 빌려서 타는 방법도 있다. 지프
차는 6천 달러이다.


7월 14일

이스라엘 사람으로 엥게씨와 가기양이 내 방에 놀러와서
이야기하다가 히브리어를 가르쳐주고 떠났다.

두 가지 병(病)에서 벗어나기란 눈앞의 과자를 두고 먹는 걸
참는 아이처럼 어려운 일이다.

두 가지 병이란 첫째는 게으름 병이고 둘째는 서두르는 병
이다.

너무 한가해지면 심신에 병마(病魔)가 8만 4천 군세(軍勢)로
몰려와 견디지 못한다. 반면에 서두르면 피로가 극심해져 지
쳐 떨어지고 만다.

늘 혼자 지내는 시간을 경계해야 한다. 대중 속에 어울려 지
내듯이 몸가짐을 살필 일이다.

사람은 그 근본이 부족하다는 데서 출발해야 한다. 완성이
나 만족이란 있을 수 없다. 오로지 진지하게 한 걸음씩 나아갈
뿐이다. 그래도 뙤약볕에서 먹은 것 없이 무거운 짐을 져나르
는 인도 말들보다 낫다. 사람에게는 말들에게 없는 자유가 있
기 때문이다.

## 열반의 길 7월 15일

'열반의 길' 을 지도로 그려나갔다. 라즈기르(왕사성)에서 구
시나가르(열반하신 곳)까지 직경 200km의 거리다. 부처님의 생
전에 친히 밟으셨던 행로(行路)를 뒤따라가는 후세인(後世人)
은 그 감회가 유별나다 하겠다. 부처님의 행동반경은 천 리를
넘지 않는다.

동서(왕사성-카우삼비) 1,200리, 남북(부다가야-사위성) 1,500리.

말하자면, 우리나라 한반도 그 배의 넓이를 행로로 삼은 것
이다. 우리나라 국토를 33배 곱해야 인도의 국토에 비할 만하
다. 밤이 깊어간다.

달이 밝다. 개짖는 소리가 밤의 정적을 깬다. 먼산 외딴집

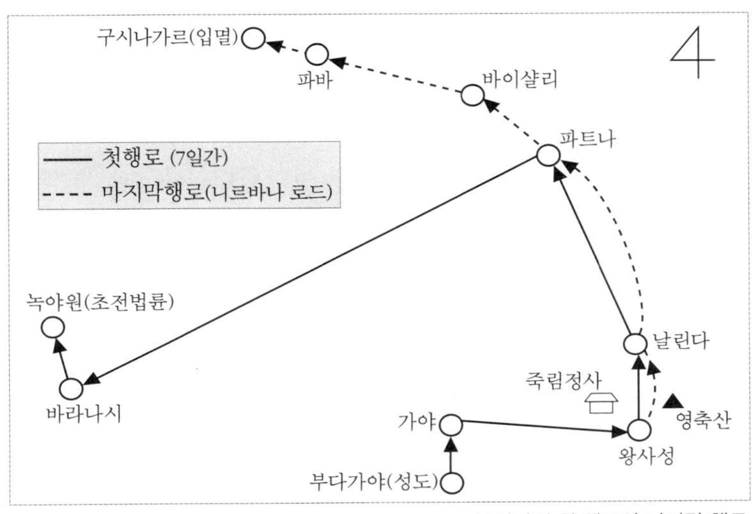



부처님의 첫 행로와 마지막 행로

불빛도 꺼진 지 오래다.

　나그네의 심정은 나그네가 알 일이다. 선(禪)·교(敎)·염불(念佛)도 이 때를 당해서는 별무효력(別無效力). 오로지 자신만이 홀로 있다는 사실밖에 남지 않는다. 설산이 벗이 되어 함께 있다.

| 만월은 창밖에 빛나는데 | 滿月窓外揮 |
| 설경은 본 모습 드러내는구나 | 皎皎雪景露 |
| 이 밤 나그네 수심 깊어라 | 今夜客愁深 |
| 잠못 이뤄 앉아서 속살림 살펴보네. | 不眠坐返照 |

**7월 17일**

비오는 달밤이다.

　인도에서만 볼 수 있는 달밤이다. 우리 속담에 낮에 햇빛이 나왔는데 비가 내리면 '호랑이 장가간다' 고 한다.

보름달이 휘영청 밝은 밤에 비가 내리고 있다.

달이 희부옇게 보인다. '원숭이 시집가는가 보다.'

이 밤 멀리 만리(萬里) 밖 고향을 생각한다. 나그네가 되어 늘 고국을 그리워한다. 한줌 담고 온 고국 흙냄새 ─ 그래도 고국이 그립다.

이 흙은 조계산 송광사에 들렀을 때에 어른 스님께 하직 인사를 올리고 나오면서 한줌 담아온 것이다.

흙을 담은 병에는,

"이 나그네가 죽거든 고국 흙을 뿌려주시오."
라고 영어로 써두었다.

낮에 아랫동네를 한바퀴 돌아보았다. 인디언촌(村)이다.

석류꽃이 피기 시작한다. 목백일홍(木百日紅)은 만개하고 배(청배)가 아이들 주먹만큼씩하게 주렁주렁 열려 있다. 아이들이 광주리에 담아온 배를 사가라고 조른다. 먹어보니 단맛이 들었다. 배나무가 우리네 감나무처럼 흔하다. 집집마다 골목마다 배나무다.

한 골목에 들어섰을 때 나는 걸음을 우뚝 멈추어 섰다. 너무 반가웠다. 재래종 무궁화꽃이 활짝 핀 뜰이 보였기 때문이다. 자주색 꽃잎이 눈앞에 가득 차 있다. 개량종 무궁화꽃도 더러 눈에 띄지만 그 꽃에는 별반 느낌이 없다.

돌아오는 길에 큰 망고 두 개를 사서 먹었다. 잘 익어서 겉도 노랗고 속도 노랗다. 점심으로 충분하다. 요즘 내 체중이 급격히 내려간다. 일주일간 '마날루' 다녀온 청전 스님이,

"얼굴이 쑥 빠졌네!"

할 정도다. 그는 비자 연기(3개월 연장)관계로 나들이하였다. 저녁은 자주 거르는 편이 여러모로 좋다. 배고파야 인도 음식, 티베트 음식을 가리지 않고 먹을 수 있다. 또 정신도 맑아져서 안성맞춤이라는 생각이 든다.

7월 18일

종일 《불타(佛陀)의 세계》를 읽었다. 비가 억수같이 쏟아지고 뇌성이 자주 울렸다. 우기가 확실하다.


## 테일러양

7월 19일

내가 피자집에서 테일러양을 만난 날은 며칠 된다. 그녀의 본명은 따로 있으나 직업이 테일러(양복 제단사)라고 하여서,

"엘리자베스 테일러 영국 여왕이 언니입니까?"

하고 내가 웃으면서 물었을 때 자리를 함께 한 대중이 모두 폭소 하였다.

탱화를 그리는 폴란드 사람, 네덜란드 사람, 테일러 서독 사람 등 세 명의 20대 젊은 여자들이다. 그들은 모두 친구들이다.

내 소개가 끝났을 때에 곁에 앉아 있던 키가 큰 서독 사람 테일러양이,

"저어, 옷 스타일이 특이해 보입니다. 언제 치수를 재어 본을 뜨고 싶습니다. 숙소를 알려주시겠습니까?"

하고 관심을 보였다.

"물론이지요. 저는 달라이 라마 사원 불자 숙소에 머물고

서역일기 53

있습니다.”

나는 쾌히 승낙을 하였다. 회색 승복 동방이 무척 멋있어 보인다고 한결같이 그녀들은 칭찬을 해주었다. 그 후 도서관에서 어제 만나고 다시 오늘 오후에 내 거소를 테일러양이 방문하였다. 30분쯤 내 옷 치수를 자로 재었다. 옷본을 그리고 설명도 덧붙였다.

이때에 나는 내 승복 동방 한 벌을 그녀 앞에 내놓으면서,

“이 옷을 드리지요, 왜냐하면, 가사와 장삼은 한국으로 부칠 예정인데 이 옷은 그냥 누구에게 주고 떠날 생각입니다.”
하였다. 그녀는 웃으면서 반신반의하였다.

“아니? 이 승복을 주시다니! 정신이 어떻게 된 것 아니지요?”

“난, 지금 정신이 말짱합니다.”

“그래도 어떻게 승복을!”

그녀는 내가 곧 라닥으로 떠날 준비를 하느라고 가볍게 짐을 덜고 있다는 이야기를 듣고 겨우 승낙하였다.

“고맙습니다. 제가 입어도 될까요?”

“물론. 허나, 불제자가 되어야 합니다. 신도가 되면 회색 동방은 입을 수 있지요. 반면에 가사와 장삼은 출가자만 전용하는 승복입니다.”

그녀는 진작부터 부처님 법문에 귀의할 준비가 되어 있어서 내가 일러주는 삼귀의와 오계를 즉석에서 받아지녔다.

방 가운데에 모신 삼존불(三尊佛) 앞에 오체투지(五體投地)를 올리고, 내게는 팔뚝에 차는 ‘뱀고리’를 선물하였다.

54

"재물과 여색의 화는 독사보다 심하다(財色之禍 甚於毒蛇)."

이처럼 독사를 경계하듯 재색(財色)을 조심하라는 교훈으로 생각하고 차라는 뜻일까 싶다. 아프리카에서 구한 것으로, 의술용으로 쓰인다고 하면서 내게 주었다.

**7월 20일**

바이즈나스(Baijnath)에 와서 머물고 있다. 옛 힌두교 사원을 둘러보았다. 도시락통을 샀다. 가볍고 작은 물건을 고르느라고 몇 군데 가게 구경을 거쳐서 12루피 주고 알루미늄제로 택하였다.

샹카르(Shankar) 호텔은 잘 왔다. 특히 식당이 좋다. 방값은 남향창이 난 2인용으로 30루피. 깨끗하고 선풍기까지 천장에 매달려 있다.

물이 잘 나와서 빨래도 하고 오랜만에 시원한 목욕도 하였다. 뉴델리 아쇼카 궁전 호텔(450루피)에 비해 조금도 손색이 없는 시설이라 생각된다.

산살(Sansal)을 지나 우퍼 바투(Uper Bhuttu)에 있는 쉐라블링(Sherabling) 사(寺) 조실 스님은 타이시투(Taisittu) 린포체. 곧 친견하게 된다. 이 절 역사는 10년쯤 되고 대중은 비구가 85명이며 따로 떨어진 암자에 비구니가 몇 명 정진하고 있다. 명상하는 곳에서 20명이 있다. 티베트의 네 종파(겔루파·잉마파·샤카파·카쿠파) 가운데서 탄트라 수행중심(修行中心) 카쿠파의 대본산(大本山)에 와 있다. 산 전체가 송림(松林)이고 외진 산중이라 공부하기에 알맞은 곳이다.

| 가다가 좌선하고 다시 가다 좌선하고 | 行坐又行坐 |
| 냇물을 건너고 숲속을 지나서 | 渡江通過樹 |
| 계곡에서 목욕하고 휴식을 취하다 | 溪谷沐浴休 |
| 여기도 봉암사 용곡 선녀탕의 물 같네. | 洽似龍谷水 |

**7월 22일**

조실 스님을 친견하였다. 미국 사람 미스 메리가 좋은 영어로써 통역해 주어서 다행이었다. 40대 초반인 조실 스님은 능숙한 영어로 친절히 30분간 인터뷰.

명상원(瞑想院) 생활은 아침 3시에 일어나서 밤 10시에 잔다. 그 사이 식사 세 끼니와 차 마시는 두 때를 제하고는 각자 방에서 독서와 정진을 한다. 3년 결제 대중이 열심이다.

창문은 손바닥만한 환기통이 하나뿐으로 깊은 굴속 같은 방 안에서 정진하고 있다. 대부분이 초심자로 '옴마니반메훔'을 정진 중에 염하고 있다. 아마 염불명상이나 '염불관법'이라는 말이 적합할는지 모르겠다.

차츰 익숙해질 때까지는 석 달은 '옴마니반메훔' 정진을 하고 석 달은 절하기로 때운다. 좀 구참이 된 이는 '옴마니 반메훔'을 그치고 밀교 탄트라 특유의 관법에 들어간다.

'태국 관법의 정적인 면에 비해 매우 동적이다'라는 설명이 있으나 깊은 내용은 알 수 없다. 3년 결제 중에 일체 외부와 철저하게 통제되어 있는 공부 분위기는 높이 살 만하다.

바이즈나스에서 만디(Mandi)로 오는 버스에서였다. 그때 시간은 10시 5분 무렵이었다. 운전수가 참 재미있었다. 점심시간도 아닌데 그는 산골 어느 조그만 마을에 차를 정차시키고는 텔레비전 가게를 향해 걸어갔다. 뒤따라 50여 명의 승객도 우우 몰려 내려가 텔레비전 스크린 앞에 모였다.

처음에는 무슨 시국 중대담화가 있나 하였는데 그게 아니었다. 한 10분동안 광고가 나오더니, 인도 사극물 연속극 프로가 화면에 나타났다. 일요일이라 낮 프로가 있는 모양이었다. 11시가 다 될 무렵까지 연속극뿐으로 싱거운 일 같았다. 음식점도 보이지 않는 조그만 산골 마을에서 1시간 가까이 텔레비전 때문에 정차한 것이다. 이래서 인도인가 싶은 생각이 들었다.

텔레비전 화면을 외면한 이는 단 두 사람으로 잠에 취한 인도 아낙네 한 사람과 나뿐인가 싶었다.

도중에 군용트럭 두 대도 우리가 타고 온 버스 앞 뒤에 섰다. 운전병들도 텔레비전에 열중이었다.

나도 버스에서 졸다가 동참해서 텔레비전을 보기로 하였다.

몇 편 본 인도 텔레비전 연속극과 영화는 노래와 춤이 많다. 전체 시간의 5분의 1 이상을 차지하는 노래와 춤은 대체로 사랑을 주제로 엮어나가는 듯하다. 힌두제신(諸神)에게 바치는 헌사(獻辭)가 아닐까 싶다.

리그베다의 노래처럼 아름다운 사랑과 신심(信心)인 듯하다. 화면에는 자주 힌두제신상과 헌공의식(獻供儀式)이 눈에 띈다.

만디에 와서 고색창연한 힌두 사원 몇 군데를 둘러보고 힌

두제신이 인도 사람과 얼마나 깊은 관계를 맺고 있는지 느낄
수 있었다. 종교와 생활이 하나가 되어 꿈틀꿈틀 살아 움직이
는 모습으로 비쳐보인다.

사성(四姓)계급문제도 그렇다. 천민 등 하류계급 사람들은
자신의 낮은 신분에 대하여는 전생(前生)의 허물로 돌려서 지
금 그 과보를 받는다고 믿고 있다. 헌법에서 자유와 평등을 내
세우든 말든 상관치 않는다. 간디옹마저도 사성계급제도를 인
정할 수 밖에 없었으니 그 위력은 미루어 짐작할 만 한 일이다.

옛날에 부처님이,

"사람은 출생으로 귀천이 정하여지지 않는다. 그 행위로 귀
천이 정하여진다."

하고 사자후를 토하신 법문이 머리에 떠오른다.

**7월 24일**

만디지역은 공산당에서 나온 이가 국회의원에 당선되었을
만큼 공산당의 세력이 압도적이다.

아침 일찍 만디 버스터미널에 나갔다가 생긴 일을 기록해
둔다. 한 공산당원에게 걸려들 뻔하였다.

7시 조금 지난 시간이었다. 자주 공산당 마크 '𝄢' 표시가
거리에 눈에 띄어서 예사로 보아왔는데 버스터미널 주위 건
물벽은 온통 '스파이(SFI, CPI)'로 가득 차 있었다. 그 외에
AISF(All India Students Fedration), NSUI(National Students Union of
India) 등이 낙서처럼 어지럽다.

내가 편지를 부치려고 한 가게에 가서 풀을 찾았더니 붉은

셔츠를 입은 인도 중년사내는 갖은 친절을 다 베풀었다. 제 집에서 쓰던 풀이 떨어졌는지 사람을 시켜서 앞집에서 구해 오도록 하였다.

내가 편지를 부치고 나서,

"고맙소, 편지 잘 부쳤소."

하였더니 사내는 능숙하게 제스처를 써가며,

"천만에요. 내가 마땅히 해드려야지요."

하고 되받았다. 그 다음이 문제다. 내게 귓속말로 뭐라고 한다. 나는 잘못 알아먹고는 무조건,

"아니오, 아니오."

하였다. '달러 있느냐' 하고 흔히 묻는 이가 있곤 하여서 이번도 그런가 짐작하고 대답한 것이다. 조금 후에 주인 사내 친구라는 키가 작은 인도 사람이 다시 내게 차를 권하면서,

"다람살라 버스는 세 시간 후에 오니 이야기나 합시다."

하고 늘어붙었다. 수작이 무엇 때문인가 짐작이 안갔다. 어찌되었든지 나를 외진 곳으로 끌어내려는 수작 같았다. 한국 물건, 한국 돈, 달러 있느냐는 질문을 너지시 꺼내서 아예 말을 못붙이게 딱 잡아떼었더니, 공산당 이야기가 슬슬 나왔다.

"공산당은 무슨 일하는 것이 있소?"

물으니 '미사일 반대, 미국 반대, 평화 사랑' 등을 이야기하였다. 마침 담배가 떨어져서 사내가 담배 사러 가는 사이에 늙은 인도 사내가 와서는 내게 '빨리 달아나라' 는 손짓을 지어보였다. 가만히 내가 있으니 두 번 세 번 되풀이 하다가 나중에는 옷깃을 잡아끌었다. 그래서 나는 자리를 피하였다. 늦게 돌

아온 공산당 사내는 늙은 인도 사내를 몹시 꾸짖었다.

**7월 25일**

티베트 승왕(僧王) 달라이 라마께서 오신 날이다. 약 1개월 간 도미(渡美)하였다가 귀국하신 날이다.

절 앞에는 장식물이 새로 설치되고 축하 플랜카드가 색색으로 걸려 축하 분위기가 고조되었다. 달라이 라마 승왕의 처소 앞길에서 절 입구 로터리까지는 오색기가 길 좌우로 펄럭였다. 길바닥은 어제 저녁부터 깨끗이 쓸고 소똥 말똥 등도 말끔히 씻어 없애서 개운하였다.

길가에는 흰색 페인트로 좌우 줄을 긋고 길 가운데는 꽃과 향로와 티베트 불교 문양 등을 그려서 어제와는 다른 길이 되었다. 그림을 그리는 처사는 두 사람이 하였다. 먼저 분필로 초를 뜨는 이와 그뒤를 따라가면서 페인트로 그려나가는 이가 정성들여 기도하듯 애를 썼다. 절 옆 아치는 대형으로 여태 보지 못한 오색 천조각으로 장식되어 화려하였다. 제라늄 꽃도 좌우 세 송이씩 놓아 한층 분위기를 돋우었다. 사부대중은 새벽부터 길 좌우에 모여들기 시작하였다. 각지에서 모인 이들로 큰 장을 이루는 듯하였다. 손에 향을 들고 서있는 이가 대부분이고 꽃송이를 들고 서 있는 이도 더러 눈에 띄었다.

"달라이 라마 만수무강하소서."

이런 플래카드 아래에는 길 좌우로 대형향로가 놓여 있었다. 10리 길 산 아래서부터 절에 이르는 길에는 향운(香雲)으로 자욱하였다.

7시 무렵에 큰절 3층 옥상에서 대형 나팔소리가 울려퍼지기 시작함을 선두로 축하 분위기가 절정을 이루었다. 곧 이어 자동차소리가 산 아래서부터 점차 가까이 들려오더니 지프차, 승용차 무리가 떼지어 나타났다가 군중 속을 지나서 사라졌다.

외국인들은 그 사이에 카메라를 들고 이리저리 부산하게 오고갔다. 작품 사진감을 찾느라고 애를 쓰고 있었다.

어르신이 나들이 할 때마다 이렇게 환송 환영 군중이 장사진을 이룬다. 의무감으로 대통령을 맞이하는 무리와는 다른 모습이다. 정성과 신심으로 사바생불을 맞는 진중함이 엿보인다. 달라이 라마가 티베트 사람의 존경을 한몸에 받으면서 군중 속을 지나가는 모습은 옛날 좋은 임금이 행차할 때에 백성이 하늘을 떠받들 듯이 황송해 하는 모습이나 다를 바가 없다.

7월 26일

종일 인도 지도를 펴놓고 행로(行路)를 살펴보았다. 앞으로 남은 10개월간 여행일정을 짜보고 곧 라닥으로 떠날 채비를 하였다.

7월 27일

여행자끼리 서로 정보를 교환하는 장소는 합숙소 또는 값이 저렴하면서도 괜찮은 음식점 등으로 나는 요즘 그런 곳을 몇 군데 다니고 있다.

나그네는 '흘러가는 구름' 이다. 여기에 묘미가 있다. 나는 그런 나그네 모임장소를 좋아한다. 안주(安住)는 나그네의 몫

서역일기 61

이 아니다.

장삼과 오조가사를 한국으로 부쳤다. 가벼운 짐으로 만드는 중이다. 줄이고 줄여도 남는 게 많은 것 같다. 이 육신도 하나의 짐이다.

**7월 28일**

떠나는 시간으로 새벽 3시 40분이 조금 지난 시간이다.

짐을 챙기고 아침 식사로 빵에다 잼과 버터를 발라놓아서 이젠 떠날 준비가 거의 다 된 셈이다. 함께 가자는 이가 어제 한국 사람 모임(티베트 식당에서 한국 사람 여섯 명이 함께 식사함)에서 있었으나 혼자 다니기로 하였다.

5시경에 '맥레오드 간지'에서 파탄코트로 가는 버스가 있다. 목우(牧牛) 스님, 김용환 선생님 등은 내일 모레 떠난단다. 모두 라닥에서 만나게 될 것 같다. 밤새 천둥 번개가 치고 비가 오더니 이젠 잠잠하나? 아니다. 가랑비는 내리고 있다. 큰비가 아니면 예정대로 떠날 것이다. 두 달간 머문 방도 정리를 하여 본래대로 해 놓아야겠다. 침대 하나는 쿠션을 벗어내고 대형 책상으로 써왔다. 쿠션을 침대 위에 다시 깔아서 침대 모습을 갖추도록 할 일만 남아있다.

내 짐에서 매트를 덜었다. 배낭 하나로 짐이 챙겨진다. 무게는 거의 내 몸무게 반이나 다름없다. 불교성전(佛敎聖典)을 읽기 시작하다.

'옴마니반메홈 목판(木版)' 옆방 네덜란드 사람 엥겔씨가 티베트 목판을 구해 와서 기념으로 찍어둔다.

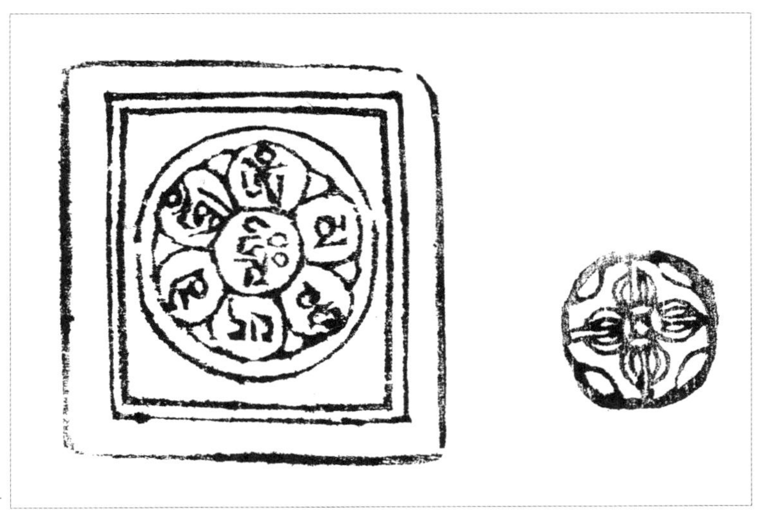

옴마니반메훔 목판

**7월 29일**

잠무 타위(Jammu Tawi)에 와서 하룻밤을 지낸다. 비가 내리고 있다. 잠은 잠무 보통 호텔(기실 이름만 호텔이지 여관 수준)에서 자고 일류호텔에 가서 저녁식사를 하였다. '차유멘'을 잘 먹었다. 볶음국수 비슷한데 야채나 닭고기, 양고기 등이 조채로 많이 들어가 있다. 30루피로 최고 값이나 우리나라 돈으로는 1,300원 정도다.

잠무 터미널과 기차역 주위에서 본 소감을 적어본다. 거지와 소가 눈에 띈다. 거지는 귀찮을 정도로 치근대며 따라붙는다. 나도 무표정·무관심·무보시로 일관한다. 이런 삼무(三無)로 해서 자비심(慈悲心)까지 잃을까 염려스럽다. 때때로 잔돈 몇 푼을 거지에게 주지만 무한정이기 때문에 삼무가 몸에

배인다.

한 여행객 스님은 내게 이렇게 토로하였다.

"캘커타를 가봐요. 처음 인도에 도착한 곳이 캘커타였지요. 비참한 모습, 가난과 병고와 추한 거리 인상에서 마음이 아파 견딜 수 없었어요."

마더 테레사 수녀님이 이런 데서 봉사로 전 생애를 바쳐 일하고 있다.

소는 '소님' 대우를 받는다. 터미널 안에서 너댓 마리가 앉아 즐긴다. 사람이 북적대는 터미널 안은 소똥이 널려 있어 마구간 같다. 구내 철로가에서 소가 풀을 뜯어먹는데 기차가 들어왔다. 다행히 철로가 다른 쪽 노선이어서 소에게 피해가 가지 않았다. 기차는 곧 멈추었으나 소는 여전히 한가롭게 풀을 뜯어먹고 있다. 구경꾼은 많아도 소를 철로 밖으로 밀어내는 이는 아무도 없었다. '소님'을 감히 손대어 이리저리 옮기기가 미안하기 때문일까.

# 스리나가르

7월 31일 (월)

스리나가르에 와서 엘로라 호텔에 여장을 풀었다. 도중에 바토트에서 길 사정이 나빠서 하룻밤 버스에서 잤다. 비가 억

수로 퍼부어서 길이 무너진 탓이다.

합숙소가 많은 여행객으로 붐빈다. 대학생들과 웃으면서 시간을 보내는 사이에 밤이 깊어간다.

8월 1일 (화)

박물관에서 한나절을 보냈다. 박물관은 숙소에서 15분 거리이다. 좌선중인 석불이 눈길을 끌었다. 판드렌탄 출토로 7세기 작품이라는 설명이 있다. 크기는 약 50㎝쯤 되어 보인다. 특징은 온몸에 힘이 찬 자세로 얼굴 표정이 강렬하고 통견이며 광배가 반쯤 남아 있으나 좌대가 없다. '판드렌탄(Pandrenthan)'은 '옛 수도'란 뜻으로 아쇼카왕(BC 250) 시대 수도임을 말한다. 이곳에서 7㎞ 떨어진 남쪽 지방이니 가볼 만한 곳 같다. 박물관에서 나와서 부처님 반지 하나를 구하였다. 좌선중인 부처님이 양각되어있는데 표정이 강렬하다. 마투라 쪽 불상 영향이 아닌가 여겨진다.

8월 2일 (수)

굴마르그에 다녀와서 달레이크에서 '시카라'란 배를 타고 한바퀴 돌았다.

굴마르그는 왕복 112㎞ 떨어진 마을로 여름과 가을에는 승마장이 인기이고 겨울에는 스키장이 명소로 꼽힌다.

산야(山野)가 수려함은 가히 선경에 버금갈 듯하다. 끝없이 펼쳐진 풀밭은 양탄자를 깐 듯 한결같고 빽빽한 수림은 가지런히 하늘 높이 솟아 있다. 아름다움의 극치다. 동행인은 같은 방을 쓰는 봄베이 은행원 하리쉬 아우레씨의 친구들과, 역시 봄베이 은행원인 순일씨 내외와 프랑스인 피아양 등 다섯 사람이다. 이들은 나를 스님이라고 대우하여 식사비용, 교통비용 등을 하나도 내지 못하게 하였다. 내게 주소를 적어주면서 방문해 주기를 청하기도 하였다. 유쾌한 시간이다. 흥이 가시지 않는다.

**8월 3일** (목)

오늘은 비운(悲運)의 역사가 서린 왕궁 세 개의 뜰을 관람하였다.

달레이크 북쪽에 위치한 무갈제국(16세기)의 유적으로 쉬아리마르(Shalimar : 제일 큰 규모), 니쉬아트(Nishat : 작은 규모), 최쉬마사히(Chashmasahi : 변화가 있는 뜰 분수배치)이다.

400년 수령으로 헤아리는 늙은 플라타너스가 300여 개의 분수 좌우로 늘어서 있는 쉬아리마르는 무갈제국의 힘을 과시하는 양 힘차 보였다. 건축 양식 역시 단조로운 선이 특징이다. 이런 까닭에 더욱 강렬한 힘을 느끼게 한다.

불교가 무갈제국의 침공으로 크게 타격받은 비애서린 역사 현장에 서서 유구무언(有口無言)일 따른이다. 내실(內實)이 비어 있을 때 외침의 타격은 거의 결정적인 것이다.

당시 인도에서 불교는 거의 밀교(密敎)로 명맥만을 유지하고 있었다. 힌두이즘 색채를 띤 불교는 근본정신이 흐려져 있었으니 가히 전멸이었다.

생각컨대 근본이 죽어 있는 불교였다고 헤아려진다. 청정

무구(淸淨無垢)한 지혜(智慧)에서 이탈하고 오직 복만을 쫓고 제반의식으로 겉치레나 일삼았으니 있을 법한 일이 아닌가.

8월 4일 (금)

집 없는 나그네는 발 닿는 곳이 다 집이다. 길가 하늘 아래서 풀밭에 앉아 이 글을 쓴다.

여기는 소나마르그. 내일 트럭으로 라닥(레흐)으로 떠나기 위해 길가에서 여장을 풀었다(스리나가르에서 소나마르그까지 82km, 소나마르그에서 레흐까지 35km). 곁에서 통나무불 연기 속에 익어가는 햇강냉이 냄새가 구수하다. 선경(仙景)이라고 한마디로 표현하나 그래도 부족하다. 석산(石山)·설산(雪山)·수림산(樹林山) 등 수려장엄(秀麗壯嚴)함에 필설(筆舌)이 멈춘다. 인간 세상 천지에 청정무구한 별천지 세계가 바로 이곳 히말라야 산록이다.

차츰 서늘해진다. 겨울 속옷을 꺼내 입고 털모자를 썼다. 고산(高山)의 냉기가 엄습해 온다.

말을 끄는 마부들이 내 곁에 빙 둘러서서 호기심 어린 눈으로 바라보고 있다. 담요를 두른 소년들이,

"어디서 왔소?"

"무얼 하지요?"

하고 질문을 한다.

길가 강냉이 구워파는 일가족과 오늘 저녁식사를 함께 할 참이다. 아버지와 아들 딸 등 세 식구 틈새에 내가 끼었다. 아버지는 늙은이이나 아직 52세밖에 되지 않는다. 땔나무꾼 같

은 아들은 18세쯤 되어 보인다. 소녀는 여남은 살 먹은 천진
한 아이다. 내가 옆이 터진 백 모퉁이를 꿰매고 나서, 바늘귀
에 실을 자동으로 꿰는 '효자손'을 주었더니 제 아버지와 오
빠에게 자랑하면서 시범을 보인다. 집 없는 나그네에게는 만
나는 이마다 식구가 된다. 강냉이 굽는 통나무불에 내 밥까지
하는 소녀를 보며,

　"내 밥도 잘 해!"

하고 시늉을 손으로 지어보이니 내 뜻을 아는지 모르는지 흰
이를 내보이며 웃는다.

　말은 입으로 한다기보다 마음으로 한다는 뜻을 실감한다.


**8월 5일 (토)**

　강냉이 구워 파는 인도인 식구와 어젯밤을 보냈다. 길가 천
막 좁은 틈새에 끼어 잠을 자고 새벽 3시 반에 일어나 아직 잿
불이 꺼지지 않은 강냉이 화덕 곁에서 좌선(坐禪)을 하였다.

　아침을 함께 먹고 떠나오면서 20루피를 건네주었을 때였
다. 아들이 고장난 시계를 차고 있기에,

　"얼마짜리 시계요?"

하고 물었더니 65루피란다.

　"내가 시계 값을 더 주지."

하고 돈을 지갑에서 꺼내는데 이번에는 소녀가 두 손을 귓밥에
대고 손을 내민다. 짐작컨대 귀걸이가 필요하다는 말 같아서,

　"얼마짜리 귀걸이지?"

하였다. 내가 머뭇거리는 소녀 앞에 50루피짜리 돈을 건네주

68

고 일어서려는데 이번에는 아버지가 내 손을 붙잡는다. 아버지도 따라서 '가리, 가리!' 한다. 가리는 인도 말로 시계. 내가 반응을 보이지 않으니 억세게 내 손목을 잡아끈다. 눈을 동그랗게 뜨고 사뭇 강요하듯 보챈다. 내가 달래어도 듣지않고 나중에는 화를 내기에 100루피를 쥐어주고,

'세 식구 모두 하나씩 시계를 사라."
했더니 노래까지 부르며 기뻐하다가 아들이 200여 리 떨어진 시내로 시계를 사러 떠났다.

8월 6일 (일)

이게 무슨 꿈인가 생시인가 싶다. 난생 처음 긴 여행의 승지(勝地)에 들어섰기 때문이다. 어제 12시에 소나마르그에서 트럭을 잡아 계속 31시간 타고 와서 라닥에 도착하였다. 그동안 작은 트럭짐(설탕가마니) 위에서 자고 밥은 단 한 끼니, 오늘 점심을 니무(Nimu : 200여 리 라닥에서 떨어진 마을)에서 먹었을 뿐이다. 밤 7시에 트럭에서 내려서 간신히 방을 구해 여장을 풀었다. 티베트 사람 민가에서 민박한다. 고맙게도 저녁밥과 차까지 대접해준다.

라닥은 모슬렘 세력을 막기 위한 티베트 사람의 항거가 계속 중인 까닭으로 밤 8시면 문을 잠그고 출입을 삼가해야 한다고, 지프차가 거리에 다니면서 안내방송을 한다. 가까운 군부대에서도 취침나팔소리가 7시 조금 넘어서 들렸다.

사서 고생이란 말이 내게 어울린다. 먼지, 트럭 매연, 트럭 요동, 배고픔 속을 견디면서도 가르길(Gargil : 스리나가르에서

203㎞ 지점 마을)을 넘어서면서 아침 햇살 속에 승지를 보는 즐거움을 무엇에 비하랴 싶다. 석산·설산이 각각 특성 있게 라닥까지 펼쳐진다. 산의 아름다움은 역시 아침 햇살 속이라야 제격 같다. 트럭은 험한 고산(高山) 벼랑의 갈지자(之) 길을 조심스럽게 나아가느라고 시속 10㎞를 유지한다. 마치 밭이랑 같은 갈지자 길이다.

먼산은 설산이고 가까운 산을 석산·토산이다. 풀이 거의 없고 나무는 사막처럼 씨도 없는 민산이다. 주름살처럼 고운 산 계곡의 아름다움은 두고두고 생각날 것 같다.


# 라  닥

8월 7일 (월)

괴괴한 달빛에 싸인 라닥은 초저녁인 데도 쥐 죽은 듯 고요하다. 낮에 빨래와 삭발을 마치고 거리에 나가서 본 모습 역시 한산하기 이를 데 없었다. 간혹 외국인과 무장한 경찰 군인들과 마주쳤을 뿐이다. 옥상에 서서 궁전쪽 산너머에서 산발적으로 들리는 소총과 따발총, 대포소리 등에 귀기울이며 잠잠히 서 있는 주민들의 모습이 눈에 띄었다.

거리의 벽보는 어지럽게 다음과 같은 내용으로 나붙어 있었다.

라닥은 옛부터 히말라야권 안에서 독특한 영역을 누려왔
다. 한데, 최근 들어 캐시미르 주정부와 그 앞잡이 파키스
탄은 고의로 악을 자행하여 라닥을 그들의 손아귀에 넣고
캐시미르 주정부 마음대로 하고 있다.
　우리는 우리의 고유 라닥권을 독립해서 누리기를 희망한
다. 여기는 캐시미르 영역권이 아니다. 문제는 단 하나, 희
망은 단 하나, 그것은 라닥 고유영역권을 누리는 일이다.


　참고로 파키스탄의 모슬렘과 인도의 힌두는 1945년 인도
독립 이래 두 나라로 갈리어져서 원수 사이로 아웅다웅해 오
고 있는데다가 라닥에 티베트 불교가 크게 퍼져 있어 이것이
큰 문제로 나타나 있다.

　캐시미르권에는 모슬렘이 자리잡고 있고 라닥권에는 불교
가 자리잡고 있어 앞으로 문제의 해결이 쉽지 않다. 특히 라닥
의 주민들은 라닥다운 고유영역권을 원하고 있으며 그들은
한결같이 모슬렘을 배척하고 있다.

　모든 교통은 끊어지고 전기도 정전된 상태에 있다. 전시(戰
時)같이 불안한 상태다.

　소나마르그에서 구한 호신불(護身佛) 금동불 좌상을 일구(一
軀) 모시고 있다. 크기는 약 20㎝이고 광배가 있다. 간다라 후
대의 원숙한 기법을 빌려 조성한 불상으로 여겨진다. 가게에
서는 흥정을 할 때에 고불(古佛)이라고 하여 2,800달러를 호가
하였다. 나중에 단 75달러로 결정을 보았다. 최근작이다.

음식점 한군데가 외국인을 위하여 열리더니 오늘은 닫혀있다. 어제보다 군인과 경찰 숫자가 불어서 곳곳에 배치되고 지프차가 부산하게 거리를 누비고 다닌다. 야채 과일을 파는 곳이 한곳 있어서 달걀과 바나나·메론을 사가지고 왔다. 모든 과일과 야채도 동이 나서 시들어빠진 것뿐이다.

나는 혼자 거리를 다니지 못한다. 몽골리안으로 티베트 사람과 같고 옷 색깔마저 비슷하여 여러 차례 검문을 받았다. 외국인들과 함께 야채파는 가게에 다녀왔다.



3㎞ 동남쪽에 떨어진 비행장에 가서 원고 '히말라야의 청량(淸凉)한 아침'을 한국으로 부쳤다. 걸어다니는 외국인에게는 관대하여 비상경계 중이나 별로 문제가 되지 않았다.

모슬렘의 횡포가 라닥지방에서는 심한 모양이다. 종교의 분포를 살펴보면 불교가 태반이고 힌두교·모슬렘교·기독교는 아주 적은데 행정수뇌는 캐시미르주 세력인 모슬렘이 중심이 되어 움직이니 라닥 주민의 항거는 있을 법한 일이다.

오늘로써 라닥지역의 자치통치를 요구하며 캐시미르에 항거하는 라닥 주민의 데모를 막기 위한 비상경계가 3일째로 접어들었다.

대부분의 외국인 관광객은 비행장을 통하여 빠져나가서 거리는 더욱 한산하다. 식품공급으로 몇 대의 차량이 오전에 들어왔을 뿐이다.

정전이기 때문에 일기도 해가 저물기 전에 일찍 쓴다.

**8월 11일** (금)

틱세이(Thiksey: Leh에서 南方 17㎞. 조실 스님은 나우앙 잠바 텐진 라마. 76년 전에 세워졌는데 대중은 85명) 티베트 사원에 왔다.

허허로운 모래흙땅 벌판 가운데 언덕 위의 층계빌딩집이 20여 채가 지어져 있다. 흙과 돌과 흙벽돌로 쌓여 있고 창문을 빼놓고 모두 흰색이다.

높이 약 5m의 보살좌상이 이층집 법당에 모셔져 있다. 10년 전 작품으로 상호가 화평한 여인네 닮았다. 그런데 이 보살상의 명호는 관세음보살인지 그렇지 않은지 확실하게 알 수가 없다.

벽화가 또 잘 그려져 있는 절이다.

창밖을 바라보니 설봉(雪峰) 너머 인더스강 상류가 있는 지점에 시선이 머문다. 보살이 지금 무슨 생각을 하면서 저 설봉을 바라보고 계실까. 지금 이곳 틱세이 사원이 있는 '쉐이' 마을까지 비상경계 중이다. 모슬렘과 불교의 충돌이다.

나무 대자대비 관세음보살.

**8월 12일** (토)

"뭣이, 저것이 불법(佛法)이라?"

오늘 삭티(Sakti : 라닥에서 45㎞) 티베트 절에서 가면춤을 보고 내 입에서 무심결에 나온 말이다.

나는 이 행사소식을 듣고 새벽 5시 반에 출발하여 걸어서

가면춤 행사의 등장인물들

5시간 만에 도착하였다. 오른편으로는 인더스강을 끼고 왼편으로는 사막 같은 모래흙 벌판을 바라보며 걷고 걸었다. 아침을 굶은 채 17kg의 배낭을 지고 점심 역시 변변치 않은 빵 한 조각으로 넘겼다. 식당이 보이지 않아서 굶은 채 거의 탈진상태가 되도록 걸었다. 길가에 보이는 돌산 언덕 위의 하얀집들은 다 티베트 절들이다.

가면춤 행사는 오늘 내일 이틀에 걸쳐서 열린다. 인근 천명 가까운 주민들이 걸어서, 혹은 특럭을 타고 남녀노소 없이 절 뜰 안에 가득 모여들었다. 외국인도 40명 가량 눈에 띄었다. 외국인들은 사진찍기에 바빴다. 가면 춤을 추는 이는 노스님이 10명, 젊은 스님이 20명, 10세 미만 동자들이 10명으로 구성되었다. 절 법당 앞에 차일을 치고 가면춤이 베풀어졌다. 붉

74

은 고깔을 쓰고 붉고 푸른 도깨비가면을 쓴 이들이 트럼펫·심벌즈·드럼소리에 맞춰서 원무(圓舞)를 추었다.

"뭣이, 저것이 불법이라고?"

넓게 불교 불법을 포용한다고 하나 나에게는 아직 큰 의문의 하나로 남아 과연 저게 불법인가 싶다. 잠시 구경을 하다가 곧 쓰러질 듯 몸이 지쳐 있어서 지프차를 억지로 사정사정하여 타고 왔다.

**8월 13일 (일)**

'히말라야 언덕 위의 하얀 집' 원고를 쓰다. 설사가 심하여 종일 누워 있었다. 아침식사는 스위스 아주머니가 보리죽을 가져다주어서 먹었다. 스위스 아주머니는 내 침대 왼편에서 지내고 있다.

티베트 주인 아주머니가 낮에 감자 다섯 개를 삶아주어서 맛있게 소금에 찍어먹었다. 어제 과로로 탈진한 것 같다. 온몸이 불덩이 같다.

이곳 틱세이는 조그마한 마을이나 외국인들이 절을 보기 위해 끊임없이 오고간다.

탱화와 거대한 보살 좌상이 외국인의 눈길을 끌고 있다. 입장료는 10루피. 말세중생(末世衆生)에게는 탑이나 불상·탱화·건축 등으로 관심을 끌 수밖에 없다는 옛말이 생각난다. 외형적인 치장이 우선하는 시대이다.

라닥에서 가장 오래된 티베트 절에 와서 머물게 되었다. 헤미스(Hemis) 사원은 레흐에서 45㎞ 남쪽에 위치한다. 여기 오기까지 우여곡절을 많이도 겪었다. 헤미스로 가는 차가 없어서 걷다가 마날리행 트럭을 탔다. 헤미스 쪽으로 가는 길목을 트럭이 지날 때 몹시 섭섭하였다.

"라닥 와서 헤미스도 못보고 가는구나!"

그러나 헤미스 갈림길에서 25㎞ 더 지날 때였다. 검문소에서 마날리행 허가증이 없다는 이유로 하차하게 되었다. 나는 '헤미스 갈 복이 있구나' 싶었다. 부근 인더스강 상류에서 오랜만에 세탁과 목욕을 잘 하였다. 걸어서 헤미스 사원에 도착하니 밤 8시가 다 되었다.

녹초가 되기 직전이다. 달이 보름달에 가까워 몹시 둥글다. 여장을 풀고 달구경을 한다. 이제 안심이 된다.



헤미스 사원은 17세기 초에 상 라스 첸(Stag Sang Ras Chen) 라마가 당시 왕인 싱게 남걀(Singe Namgyal)의 후원으로 지은 4개의 사원 가운데 하나다. 세 절은 지금 중국땅에 있다.

이 절에는 파드마 삼바바(Padma Sambhava)의 초대형상(3m가량)이 법당 이층에 모셔져 있고, 해마다 5월 9일부터 3일간(티베트 달력) 마스크댄스 축제를 파드마 삼바바의 생신일 기념으로 가진다. 파드마 삼바바는 8세기 중엽의 날란다 사(寺) 학승으로 티베트에 가서 불교를 크게 중흥시킨 조사로 모셔지고 있다.

현재 50여 명 스님들이 모여 지내고 있다. 법당 규모는 ㅁ 자 형으로 길이 23간이고 너비 14간이다. 3층 흙돌집이다.

**8월 16일 (수)**

인도 성지순례를 석 달 가까이 해오던 중 내가 만난 이나 찾 아간 장소는 대개가 티베트 스님이고 티베트 절이었다. 달라 이 라마 사원이 있는 다람살라의 두 달과, 캐시미르를 지나 라닥에서 가장 오래된 300년 역사의 고찰 헤미스 사원 등지에 서 10여 일 머물면서 특히 느낀 바가 크다.

그러나 이건 일개 나그네의 주마간산(走馬看山)에 지나지 않 는 단견임을 미리 말하여 둔다. 한 나라의 문화·종교, 그리 고 사람을 잘 안다는 건 적어도 한 세대를(30년) 거치지 않으 면 안되는 일인 줄 알기 때문이다.

먼저, 티베트 스님의 삼덕(三德)으로 부처님과 보살님 전에 신심(信心)이 돈독하여 절을 열심히 하는 점을 꼽을 수 있다. 석 달 동안 대중 기도기간 외에도 피나는 노력으로 무섭게 절 을 많이 하는 모습을 수시로 보아왔다. 이건 참으로 깊은 감동 을 주는 일이다. 그야말로 생사를 걸어두고 하는 일대사(一大 事) 같은 느낌을 받았다.

다음으로, 스승을 모시는 법이 살아 있다. 방마다 스승의 사 진을 모셔두고 공경의 예를 끊임없이 한다. 특히 달라이 라마 와 자기가 존경하는 스님의 사진을 끔찍이 아껴 모시는 걸 보 고 가슴이 뭉클하였다.

"이분은 저의 구루(Guru:스승)이십니다."

하고 자랑스럽게 소개해 올 때 느낀 바가 많았다.

스승이 바로 부처님이라는 생각이다. 웃어른을 존경하는 마음이 남아 있는 한 질서가 잡힌 사회로 믿어진다. 웃어른을 모실 줄 모르고 제멋대로 뽐만 내는 이가 많은 사회는 그만큼 무질서하고 무절제함을 의미한다.

끝으로, 가난한 생활 환경 속에서도 웃음을 잃지 않고 명랑한 표정으로 지내는 티베트 스님은 천성이 낙천적으로 보인다. 의식주가 극히 원시적이나 그들은 신경을 쓰지않고 즐겁게 지낸다. 내가 만난 헤미스 사원의 지객(知客) 겸 도서관장 스님은 그 점에서 대표적이다. 토굴(土窟) 속 같은 흙담집 이층방에서 침대없이 맨 땅 위에 카펫을 한 장 깔고 지내는데, 놀랍게도 조석 독경은 물론 낮에도 '파드마 삼바바 조사당' 앞에서 열심히 정진하는 모습이 힘차보였다.

먹는 것도 쌀밥과 카레 섞은 콩죽뿐이다. 옷도 누추하기 짝이 없다. 그의 얼굴 역시 시커멓기 때문에 부엌에서 일하다가 막 나온 이의 모습 같다. 그래도 열심히 정진하는 모습을 지키고 있으니 굳건하기만 하다.

이제는 티베트 스님의 꼴불견이랄까, 안좋은 점 몇 가지를 적어둔다.

무엇보다 꼴불견은 속내의를 입지 않은 까닭에 치마를 입은 비구들이 길을 가다가 아무데서나 앉아서 소변을 보는 모습니다. 앉아 있는 이는 대개가 소변 중인 것이다. 길에서 떨어진 곳이나 다른 곳도 많건만 그냥 때와 장소를 가리지 않고 앉아 있는 모습은 꼴불견이다.

78

그다음 꼴불견은 이른 아침 정육점 앞에서 양고기·돼지고기·닭고기 등을 사기 위하여 줄을 서있는 모습이다. 이색적인 이 풍경은 무척 낯설다. 가사를 입은 출가인들이 정육점 앞에서 줄을 서 있는 모습을 외신기자가 보았더라면 아마 토픽 사진감으로 한 장면 찍지 않았을까 싶다.

마지막 꼴불견은 스님들의 옷이 덜 깨끗하고 가사를 펄럭이며 뛰어다니는 모습니다. 물이 흔한 헤미스 사원의 경우도 마찬가지인 걸 보면, 굳이 세탁할 물의 탓은 아닐 듯싶다. 가사가 걸레모양이 다 되어도 아랑곳하지 않는다. 뿐만 아니라, 법당 앞에서 노승이고 동자고 할 것 없이 가사자락을 펄럭이며 뛰어다니는 모습은 그리 보기 좋은 것이 아니다.

한번은 법당 앞에 누워서,

"어디서 왔소?"

하고 내게 묻는 티베트 스님이 있었다. 나이가 서른은 되어 보였다.

"이보시오. 법당 앞에서 무슨 짓이오?"

내가 정색을 하고 그에게 한마디 했다. 그래도 끄떡않고 누운 채 묻는다.

"어디서 온 스님이오?"

나는 손가락질을 하면서 말했다.

"일어나요. 나는 손님이 아니오? 당신은 주인인데 벌떡 누워서 꼴이 안좋군⋯⋯."

하였다. 그때서야 부시시 일어난다.

"스님은 말이야, 티베트 스님이 아니야! 티베트 스님은 그렇게 예의가 없는가?"

내가 언성을 높였다. 한 노승이 옆에서 보고 웃었다.

그가 조그맣게 대답하기를,

"나는 티베트 스님이 아니고 라닥 스님이오."

"라닥 스님이면 누워도 되는가?"

그는 다시 벌떡 누워서 대꾸를 하지 않았다. 그래서 내가 그에게 악수를 청하여서 일으켰더니 멋쩍게 웃었다. 이 이야기가 절 안에 퍼져서 이튿날 아침에는 지객 스님이 내게 전해 들은 이야기를 알려주었다.

하여간, 오랜만에 임자를 만난 셈인지 그 후 법당 주위에서 만날 때마다 그는 나를 반겨 맞으면서 어깨동무까지 해왔다. 그는 큰 법당 부전 스님으로 오후 3시의 대중기도 운집 목탁을 치는 일을 하려다가 잠시 누운 새에 내게 크게 당한 것이다. 이곳 목탁은 긴 각목을 오른편 어깨 위에 올려놓고 목탁채로 끝부분을 목탁 치듯이 친다.

이상으로 티베트 스님 이야기를 살펴보았으나 보편성 있는 사실인지 두고 볼 일이다.

티베트 스님은 신심이 강하나 예의법도를 제대로 익히지 못한 게 흠이라면 흠이다. 지도자의 역량문제, 교육제도문제가 앞선다.

티베트가 지금 나라 잃은 슬픔과 가난하고 어려운 환경에 처한 중에도 이만큼 불법을 충실하게 지켜왔다는 데에 기대가 크다.

라닥의 중심도시 레흐로 와서 머물고 있다. 비상경계는 나흘 전에 철수되어 거리는 평온한 상태다.

당근·무·배추 등을 조금씩 사와서 식사 대신 먹었다. 본의 아니게 생식가(生食家)가 된다.

레흐 서산 언덕 위에 자리한 산치탑의 사원에 참배하였다. 일본산 묘법사(妙法寺)란 현판이 걸려 있었다.

3,4년 전에 창건된 일본 절이다. 인도에는 일본 절이 10여 군데 있다고 한다.



거리가 평온을 되찾았다고는 하나 부분적인 시위군중은 아직 가라앉지 않았다. 경찰서에 연행되어 가는 티베트 사람이 끊이지 않는다. 인구 20 내지 25%인 모슬렘 세력이 라닥에서 상권을 쥐고 있어 큰 문제다.

티베트 사람과 티베트 스님은 순박하기 이를 데 없다. 꾀를 부릴 줄을 모른다. 티없이 맑은 이들이다. 하나, 교육이 되어 있지 않아서 문제이다. 예의가 부족한 이가 많은 것도 이 때문이다.

바탕이 좋은 것만으로는 부족하고 갈고 다듬어 빛을 내어야 보배다. 좋은 지도자가 이럴 때 더욱 필요할 것이다.

불상(약 5㎏)을 한국에 항공편으로 부쳤다. 우송료가 676루피. 내일은 새벽 3시에 마날리행 버스를 타기로 예약해 두었다.

그동안의 방값을 지불하려고 할 때 주인이 이틀 방값을 계산하여,

"아니오, 사흘입니다."

하였더니 그래도 갸우뚱 고개를 젓다가 확인해 보고,

"맞소, 사흘이오."

하고 대답하면서 기뻐한다. 방값은 90루피만 받는다. 15루피를 감하여 준 것이다. 방값은 하루 35루피씩 치른다.

당근을 사다가 채로 썰어서 소금에 절여두었다. 빵에 먹을 반찬거리다. 저녁식사와 내일 새벽에 떠나기 전에 먹을 식사 준비는 이제 끝났다. 비상식량으로 땅콩과 초콜릿 등을 도시락에 넣어두고 장도에 오를 만반태세를 갖추고 있다.



새벽 4시에 레흐에서 버스를 타고 19시간 만에 킬롱에 도착한 시간은 밤 11시경이다.

인더스강 물줄기를 거슬러 올라오는 길이다. 흙먼지 푸석한 길을 완행버스로 종일 왔으나 한 가지 즐거움은 있었다.

깎아세운 듯한 벼랑과 기암괴석이 병풍처럼 길 좌우에 늘어서 있어서 산의 아름다움을 만끽하였다. 5,700m 고지에서는 설경이 나타나 한여름에 한겨울 풍경 속에 빠져들기도 한다. 5루피짜리 합숙소 방안에 아홉 사람이 더러운 이불과 냄

새나는 침대에 몸을 눕힌다. 피곤한 탓인지 잠이 잘 온다.

**8월 21일 (월)**

아침에 다시 버스를 타고 마날리로 향하였다. 정오 무렵에 마날리에 도착하여 티베트 절 간댄(Gan Dhan)에 와 여장을 풀고 목욕과 빨래를 하였다. 조실 스님은 리자(Rija) 린포체이신데 출타중이다.

간댄 사원은 20년 전에 창건되어 현재 55명의 대중이 머물고 있다. 모두 오후 불식.

**8월 22일 (화)**

비가 부슬부슬 내리는데 바쉬스트(Vashist: 마날리에서 북방 2.5km거리) 노천 온천탕에 가서 목욕을 개운하게 하였다. 이제 좀 숨을 돌이킬 만하게 원기를 되찾았다.

무료입장하는 노천 온천은 힌두 사원 안에 있다. 옷 벗는 데가 따로 없고 주위 돌담벽에 벗어두어서 옷이 비에 젖는다. 온천탕은 천연대리석으로 사방 5m 정방형으로 잘 쌓여 있고 원천수 샘 위에는 힌두 3신(三神)이 석각(石刻)되어 모셔져 있다. 수온과 수량은 넉넉하나 맑지 못한 게 흠이다. 그래도 힌두사두와 아이들은 양칫물로 쓰며 풍덩풍덩 즐겁게 목욕한다. 때와 머리카락, 먼지덩이 등이 부옇게 떠다니는 물속에서 나도 3개월 만에 더운물 목욕을 하였다. 손이 닿는 대로 때가 묻어나온다. 얼굴에 윤기를 되찾았다. 이곳 사람들은 평소에는 속옷 하의를 안 입는 이가 있는데 목욕할 때에는 반드시 입고 하는 습관이 있다. 벗은 몸에는 ‘옴’ 자 문신을 한 이가 더러 눈에 띄었다. 이마 한쪽에도 ‘옴’ 자 문신을 한 이가 있었다.

목욕을 마치고 시내로 돌아와서 장구경을 하다가 70루피를 주고 티베트 호롱불을 하나 사왔다. 주석으로 만든 것이다. 동백기름·참기름·들기름 등을 부어서 면심지나 창지심을 세워 불을 붙인다. 꼭 소라고동 모양으로 곱게 다듬어져 있다.

이곳 마날리 인구는 2,500명으로 호텔업과 기념품상이 주류를 이루고 불교와 흰두교가 50 대 50으로 반반씩 차지하고 있다.


## 사과밭 동네　　　　　　　　　　　8월 23일 (수)

북인도 마날리에서 쿨루까지 100리 길은 사과밭 사잇길이다. 골짜기 물이 길따라 남쪽으로 흐르고 길 좌우 골짜기에는 온통 사과밭으로 뒤엎여 있다. 사과 풍년이 들어 사과나무 가지들이 축 처져서 금방 부러질 듯하다.

사과는 두 종류로 보인다. 아주 붉은 사과가 있는가 하면 익어도 푸른빛을 띤 사과가 있다. 사과맛은 우리나라 사과맛에 비할 바 아니나 농약의 공해가 없어 자연의 향취를 잃지 않고 있다.

사과주스가 일품이다. 내가 방을 정하고 있는 이곳 쿨루의 인도인 노부부 주인댁에서 인사로 사과주스 한 잔을 내주어서 잘 마셨다. 내가 그동안 나그네가 되어 석 달 동안 동가숙 서가식(東家宿 西家食)해 온 중에 인심이 후한 이들이 많았으나 푸근한 인정으로서는 이댁이 으뜸이다. 할머니의 영어가 서툴러서 대화가 잘 안되지만(사실은 나 역시 영어가 서툴다) 몇 마

84

디 건네는 중에도 아주 후덕스러워 보인다.

　이 글을 쓰는 시간에도 노부부가,

　"비이이 구우, 지이 므무묵"

하고 내 명함을 꺼내놓고 베란다에서 더듬더듬 읽는 소리가
정겹다.

　"코오리아."

코리아는 쉽게 기억해낸다. 올림픽을 치른 탓이다. 텔레비
전을 통해서 한국을 조금씩은 알고 있는 것 같다.

　젊은이들은 대개,

　"쿵후하지요?"

　혹은,

　"가라데하지요?"

한다.

　나는 한국의 태권도를 말하는구나 싶어서,

　"태권이오?"

하면 고개를 끄덕이며 시범을 요구해 온다. 우리나라도 웬만
한 이는 모두 알 만큼 세계에 알려진 편인가 싶다.

　인심이 후한 이의 집에서 여장을 푸니 마음마저 느긋해진
다. 그동안 빈대 등쌀에 잠을 설치기도 하고 어둡고 습기찬 구
석방에서 보내기도 하였는데 여기는 세 벽이 창이고 주위 넓
은 뜰은 온통 꽃밭이다. 침대시트도 깨끗하고 베개도 새것 같
다. 그래도 하룻밤 방값이 25루피(약 1,100원)다.

　식당은 문밖에 깨끗한 집이 있다. 나는 이제 인도 음식에 익
숙해져서 별탈없이 잘 먹는다. 음식값은 세금을 포함해서 20

루피다.

정식(定食)을 시켜 먹는다. 밥과 빵과 네 가지의 찬이 나오는 인도정식이다. 쌀은 볶음밥에 써도 아직 설익은 밥 같으니 짐작할 만하다. 누군가 인도 쌀밥을 두고 말하기를,

"인도 쌀밥은 훅 불면 풀풀 날려요."

하였는데 적절한 표현같다. 인도 쌀밥은 생식(生食)하는 셈치고 먹으면 제격이다. 꼭꼭 씹어서 조심스럽게 느릿느릿 먹는다. 뉘가 어떻게 많은지 자주자주 입 안에서 씹힌다.

'짜빠티' 라고 하는 빵이 두 개 나온다.

밀가루 반죽을 얇게 밀어서 화덕에서 구워낸 빵이다. 아주 순수한 밀가루 맛 뿐이다.

인도 음식은 처음에는 누구나 생소하다가도 차츰 맛들이게 되면 된장국 맛 같은 맛을 느끼게 될 줄 안다. 대부분 카레가 조금씩 섞여 있고 특히 우유를 발효시킨 커드는 시큼한 맛이 이상야릇하게 풍긴다. 비위가 뒤틀리기도 하나 조금씩 맛들이면 아주 별미다.

반찬 중에 '달' 이 나온다. 녹두죽에 소금기와 카레맛이 가미되어 있다. 영양도 많고 시골 어느 곳 구멍가게에서도 쉽게 사먹을 수 있어 좋다.

인도여행 중 '달' 을 좋아해서 생긴 에피소드가 있다.

델리에서 묵었던 유스호스텔 뒷골목 다바에서 이 '달' 을 맛들인 이후 다람살라에 처음 가서 산길 '디바' 에 들렀을 때였다. '다바' 는 구멍가게 찻집겸 음식점이다. 나는 거푸 '달' 만 주문하였다. 주인 사내는,

“달?”

하고 자꾸 되묻는다. 반찬만 시키고 밥이나 빵 같은 건 주문하지 않으니 기가 찰 노릇이었나 보다. 우리로 말 하자면, 김치만 식당에서 주문하고 우두커니 앉아 있는 우스꽝스러운 짓이다.

나중에 사내는 웃기만 하지 아무것도 주지 않았다. 나는 또 나대로,

“달!”

하고 점점 소리를 높여서 주문을 한다고 하였으니 한 토막의 희극이었다.

이제 주식과 부식을 가려서 주문할 줄도 알고, 식전 먹는 것과 식후에 먹는 것도 거뜬히 구별하게 되었다.

식후에 장을 보러 나갔다가 풍성한 과일 가게에 들러 사과 값을 물었더니,

“그냥 드시지요.”

하면서 가게주인이 사과를 하나 집어준다. 이것도 사과밭 동네의 인심이 아니면 인도에서는 좀체 있기 어려운 일이다.

길가에는 사과상자가 산더미같이 가득 쌓여 있고 길 한켠에는 따온 사과를 추려서 상자에 담느라고 바쁘다. 풍성한 사과 수확에 신바람이 난 주민들 곁에 서 있자니 나 역시 마음이 한결 넉넉해짐을 느낀다.

# 파키스탄



편잡과 파키스탄 통행허가증을 내지 않고 통과하여 파키스탄 라호르에 머물고 있다. 국경을 넘을 때 어려움이 있었으나 즉석에서 비자 발급을 받아서 통과하였다. 인도 쿨루에서 파키스탄 라호르까지 계속 버스만 타고 초강행군을 하였다. 무려 17시간을 긴장과 초조 속에서 보낸 셈이다. 몇 번이고 호기를 잡아서 쿨루 · 줄룬데르 · 암리트사르 및 파키스탄 라호르까지 단번에 올 수 있었다. 그동안 교통사고의 위험과 검문 검색시의 까다로움 외에도 설사가 재발하여 몸은 극도로 지쳐 있다.

파키스탄을 찾아온 이유는 간다라 불상이 있기 때문이며 마투라 불상과 동이점(同異点)이 어디에 있는가 실제로 보기 위해서이다.

참고로, 오늘 알아본 힌두교 여자 신도의 이마 점(붉은 점) 이름이 '빈디아' 라는 것과 파키스탄 사람의 첫인상이 상당히 친절하고 자상스러운 반면에 예절법도가 낮아보인 점을 적어둔다.

8월 26일 (토)

박물관에 버스 25번을 타고 갔으나 정기휴일로 되돌아왔다. 길거리에서 만나는 젊은이들은 한국에 와서 공부하고 싶어하는 이가 의외로 많았다.

파키스탄에 오니 방 구하기가 쉽지 않다. 나그네는 우선 잠잘 곳과 먹을 곳이 필요하다. 값싸고 깨끗한 곳이라야 한다. 간신히 40루피짜리 방을 하나 구하였다. 대개 100루피 이상이어서 엄두도 내기 힘들었다.

깨끗하고 값싼 방 구하는 법을 기록해 둔다.

정거장·극장·시장 부근은 피한다.

새벽에 등산이나 산보하면서 중심가에서 벗어난 곳을 정한다.

새집이면 금상첨화다. 같은 값이면 바깥 모양을 보고 새로 지은 집을 택한다.

서두르지 않고 집구경을 하듯 여러 곳을 수소문해서 방을 정한다. 의외로 같은 조건의 호텔이라도 값의 차이가 크다.

욕실·변소 등이 깨끗한지를 확인하고 안정성 여부도 살펴본다.

밝고 환한 창이 달린 방을 고른다.

외국 관광객이 많이 찾아가는 곳을 일단 방문해 본다. 음식점도 외국인이 많이 가는 곳은 대개 좋은 편이다.

8월 27일 (일)

파키스탄 은행은 금요일이 휴일이라고 한다. 오늘은 일요일이라 쉬는 줄 알았는데 문이 열려 있다. 환전(換錢)을 80달러 하였다. 1달러당 22루피로 환전하여 주었다.

라호르박물관 간다라 코너에서 아침 나절을 다 보냈다. 간다라지역은 페샤워르 북방 인더스강 유역 일대를 말한다.

몇 군데 노트를 해가며 석불 입상 높이를 자로 재는데 대학생으로 보이는 젊은 학생 패거리 서너 명이 내 모습을 지켜보다가 그중 한 학생이 부처님 뺨을 철썩 때리고 주위 학생들은 와아 웃었다. 아마 파키스탄은 모슬렘계 학생이 태반이기 때문에 텃세랄까 자만 같은 생각에서 방자한 행동을 한 듯 하다.

가장 인상적인 불상은 역시 피골이 붙어버린 부처님 고행상이다. 1, 2세기경으로 추정되고 크기는 33×21(인치)로 시크르 바바(Shikre Baba)에서 출토되었다는 설명이 있다.

간다라 불상은 머리털과 수염이 있고 세련미를 띄고 있다.

**8월 28일** (월)

박물관에 가서 간다라 불상을 다시 살펴보고 '간다라 예술'에 관한 자료를 약간 적어왔다.

오후 해질 무렵이었다. 우르두(Urdu: 파키스탄어)에 흥미가 있어 입문서 하나를 사오는 길에 동물원에 들렀을 때다. 키 큰 기린, 뚱뚱이 코끼리, 얼룩말, 사자, 호랑이 등을 보고 맨 나중에 원숭이와 침팬지를 볼 때였다. 원숭이 한 마리가 나를 어떻게 알아보고 울어 30분 가까이 머물러 있어 주었다. 그 원숭이는 꼬리가 아주 긴 검은 원숭이었다. 철창 안에 한 마리가 들어 있었다. 내가 원숭이를 보고,

"고생한다. 밖으로 나오고 싶어하는 구나!"

하니, 원숭이는 바닥에 배와 머리를 바싹 대고 살려달라는 시늉을 지어보였다. 내가 이 원숭이에게,

"잘 있어라! 고생하는구나!"

하고 떠나려고 하니 마구 소리를 지르며 발광하듯 몸부림을
치곤 하였다. 구경 온 이들이 이상하게 여기고 내게,

"왼편으로 돌아가보시오."

하고 말하였다. 내가 곧 몸을 움직여서 철창 왼편으로 돌아가
니 왼편 철창 끝에 매달려 소리지르며 아우성이다. 다시 철창
오른편으로 돌아가면 마찬가지로 철창 오른편으로 와서 몸부
림을 친다.

철창에 검은 원숭이 갇혀 있네     囹有玄猿囚
조석으로 피눈물 다해 하소연하는구나    朝夕泣訴血
살아도 산 목숨이 아니다      生也不生命
바라는 건 오직 묶임에서 벗어나는 날이다.   唯願解脫日

검은 원숭이를 위해 시 한편을 짓고 그의 해탈을 빈다.

**8월 29일 (화)**

라호르에서 정오에 마이크로버스로 출발하여 10시간 만에
페샤워르에 도착하였다.

파키스탄 사람의 옷색깔은 대부분이 흰색이고 옷모양이 의
사나 약사의 가운 비슷하여 모두 환자 같아 보인다. 여자들은
검은 옷 위에 머리와 얼굴을 가리는 넓은 천조각을 둘러쓰고
다닌다.

파키스탄은 여자를 어떻게 존대해 모시는지 마치 천상녀(天
上女)처럼 떠받든다. 모슬렘 율법에 그렇게 되어 있는 모양이
다. 그런데 일부다처(一夫多妻)로서 한 결혼식에서 네 여자와

함께 결혼한 예도 있다고 한다.

저녁 7시 10분전 무렵부터 거리는 모슬렘 사원의 대형 확성기에서 터져나오는 기도소리·노랫소리·설교소리에 왁자지껄해진다. 고성능 확성기가 귀를 얼얼하게 하고 거의 혼을 빼어놓을 듯한다. 모슬렘국가의 대단한 위력이다.

8월 30일 (수)

모슬렘 사원을 둘러보았다. 마호메트 교주의 상이나 사진 등은 모시지 않고 그밖의 다른 표장(表章)도 없다. 사원에 참배 온 이들은 메카 쪽(마호메트 교주 탄생지)을 향하여 세 번 절을 올리면서 기도하고 코란(마호메트 성전)을 조용히 읽는 모습이 자못 엄숙하다.

사원 마당, 호텔 복도, 길가에 돗자리가 더러 몇 개씩 걸려 있다. 이건 메카를 향하여 절을 올릴 때 누구나 사용할 수 있는 깔개다. 하루 대여섯 차례 절을 올린다고 한다.

모슬렘교도의 절하는 방법은 특이하다.

① 발을 약간 벌리고 메카 쪽을 향하여 선다.

② 두 손으로 두 귀를 잠시 손대었다가 바로 선다.

③ 허리를 굽히며 두 손으로 두 무릎을 손대었다가
  바로 선다.

④ 무릎을 꿇고 앉는다.

⑤ 이마를 땅바닥(혹은 방바닥)에 대고 두 번 절한다.

⑥ 똑바로 선다.

　　박물관 중앙홀과 이층 중심부에 가득 찬 간다라 석불을 살펴보았다. 대체로 섬세하세 조각된 석불은 다음 세 종류로 나눌 수 있다.

　　① 입석불 : 높이 1.5 ~ 2.0m. 모발과 수염이 있고 통견이다.

　　② 자타카 : 수백 개의 파편이 부처님 과거 생 · 현생이야기를 담고 있다.

　　③ 보살상 입상 : 콧수염과 늠름한 자세로 보아 남성으로 두드러지게 나타난다. 대부분 입상이다.

　　간다라 석불은 신심과 아름다움의 극치를 이룬 불교 예술품이다. 그림이나 사진으로만 보아오던 것을 직접 살펴보니 감개무량하다.

　　전형적인 간다라 예술의 분포지역은 페샤워르와 스와트지방 일대로 시기는 기원전 4세기 때부터 기원후 6세기까지를 말한다. 알렉산더가 대제국을 건설하여 간다라지역을 침공한 무렵(BC 331~BC 323)부터 그리스풍의 조각양식이 아시아에 들어와 독특한 간다라 예술을 이루게 된 이후 당시 마우라왕조(북인도의 왕조)시대에 강력한 왕실의 후원을 입어 찬란한 예술의 꽃을 피우게 되었다.

　　석불은 양각으로 섬세한데 성존상(聖尊像)으로 지혜와 자비의 덕상을 갖추고 본생담에서부터 부처님 일대기에 이르기까지 일렬정연하게 묘사되어있다. 불당과 법당의 회랑 남북으로 모셔져서 한눈으로 부처님 생애를 살펴보고 신심을 북돋울 수 있게 하였다.

파키스탄 남자들은 콧수염을 짧게 기르고 흰 옷을 입고 부인들은 '나카브'라는 검은 천을 머리에 쓰고 다닌다. 얼굴은 모두 가리고 두 눈만 내놓고 있다.

저녁에 민속춤을 추는 이들이 있었다. 드럼에 맞춰 춤을 추며 우리의 농악대 비슷하게 깃발을 앞세우고 다니는 모습도 눈에 띄었다.

장례행렬이 지나가는 모습도 이채롭다. 침대 위에 죽은 이를 눕히고 그 위에 꽃을 덮어서 운구한다. 뒤따르는 유족의 표정은 담담할 뿐이다. 울고 소리치며 슬퍼하는 이는 보이지 않았다. 파키스탄을 떠나 인도 와가(Wagha)란 국경 도시에 와 머물고 있다. 조용하고 숙소 시설이 좋은데 성수기가 지나서인지 방값이 아주 싸다.

'1일 1야 만사만생(一日一夜 萬死萬生)'이란 말을 실감한다. 피부병이 도져서 극도로 피곤해 있다.

나는 더위에 체질적으로 약한데 더구나 땀이 많아서 고생이다. 휴식이 필요하다. 푹 쉬고 싶다. 앞으로 남은 기간을 위해서 건강을 유지해야지. 천지에 혈혈단신임을 느낀다. 이국에서 내가 쓰러져서 눕는다고 해도 아무도 곁에 있어 줄 이가 없다는 생각에 고독을 느낀다.

밤에 넓은 잔디밭 정원에 나가 많은 별을 보고 시간을 보냈다.

저녁식사를 쓴맛으로 먹었다. 입맛이 쓰고 식욕이 떨어졌으나 짜빠티(밀개떡) 4개를 달(콩죽 반찬)에 먹었다.

## 깜찍한 소년

오후에 점심식사를 하려고 페샤워르박물관 앞에서 머뭇거리
릴 때였다. 한 소년이 내게 다가와서 인사를 하고,

"아저씨, 아저씨 나라의 동전이 있습니까?"

하였다. 동전을 담고 다니다가 수집가들이 원하는 대로 주어
버려서 지금은 없는 형편이었다.

"미안하군. 동전이 없어."

내가 악수를 청해 소년의 손을 잡으면서 말하였다. 열 살 남
짓 보이는 소년은 아주 깜찍한 용모다. 두 눈이 초롱하기 이를
데가 없다. 첫눈에 호감이 간다.

"아저씨는 지금 어디 가시는 길이셔요?"

"음, 나는 한국 승려지. 지금 박물관에서 나와 점심식사를
하려는 참이야."

소년은 제 취미가 세계 각국 동전 수집이라고 설명한다.

잠시 후에 소년의 아버지와 어린 소녀가 우리 곁에 다가왔
다. 소년의 아버지는 콧수염을 기른 신사이다. 소녀는 여동생.
인사를 나누고 헤어지려는데 소년이 아버지에게 졸랐다.

"아버지, 저 아저씨와 함께 점심식사를 해요!"

소년의 영어 발음은 그의 깜찍한 용모만큼이나 빼어났다.
이윽고 아버지가 내게,

"함께 점심식사를 하실까요?"

하였다. 나는 쾌히 승낙을 하고 그들을 따라서 간이식당 안에
들어갔다.

그들은 퍽 친절하게 점심식사를 대접해 주었다. 이야기를

나누면서 점심식사를 하는 도중에 소년이 다시 아버지에게 졸랐다.

"아버지, 저분과 함께 집에 가요! 좋은 우리 아버지, 그렇지요?"

소년은 아버지를 껴안으면서 '좋은 우리 아버지'를 연발하였다. 아버지도 하는 수 없이 내게,

"함께 저의 집에 가십시다. 시장 안에 있지요."

하였다. 우리는 택시를 타고 15분쯤 달려서 한 시장 앞에서 멈추었다. 일본 상품이 많이 눈에 띄었다. 우리는 걸어서 좁은 시장 골목을 이리저리 돌아 이윽고 한 가게 앞에 다다랐다. 식품염료가게에 냉차를 겸하여 파는 소규모 가게이다.

식구들이 모두 환영하였다. 가게 안에서 냉차를 마신 뒤에 호기심 어린 눈으로 내게 질문을 던지는 이웃사람들에게 간단히 대답해 주고 소년과 우르두 발음 연습도 하였다. 의외로 사람들이 친절하였다.

"돈이 있으셔요?"

소년이 내게 물었다.

"음, 돈이 있지."

내가 별 생각 없이 대답하자, 소년이 눈을 빛내면서,

"한번 봐요."

한다. 이번에도 별 생각 없이 지갑을 꺼내서 소년에게 보여주었다. 소년은 지갑을 달라고 손을 내밀었다.

내가 지갑을 건네주자 소년이 지갑의 돈이 얼마인가 살펴보고 있을 때였다. 아버지가 이 모습을 보더니 내게 정색하면서,

“아니? 돈 지갑을 남에게 맡기다니요?”
하고는 얼른 소년의 손에서 지갑을 빼앗듯이 건네받아서 내
게 돌려주었다.
“넌, 왜 그 모양이냐!”
이번에는 소년을 꾸짖었다. 소년은 갑자기 시무룩해지면서
입을 다물어 버렸다. 소년과 나는 어색해진 분위기에서 잠시
앉아 있었다. 내가 시장에서 빨랫줄과 빨래집게를 구해야지
싶어서 소년에게 물었더니, 이내 소년이 쾌활한 표정으로,
“아, 예. 그걸 사러 나가요!”
한다. 소년과 나는 손을 잡고 가게에서 나왔다.
“저어, 시장 구경 안가셔요?”
소년이 내 손을 끌면서 말하였다. 나는 소년이 이끄는 대로
따라나섰다.
일제 가전제품가게가 많은 길에서 소년이,
“저어, 돈을 꾸어주시겠어요?”
한다.
“얼마나?”
“계산기 하나 사게요.”
“그럼, 가게에 가보자.”
그러나 의외로 값이 400루피 이상 간다. 나는 소년에게 물
었다.
“아버지에게 승낙을 얻고 계산기를 사는 거냐?”
“아니오. 그렇지만, 집에 가서 갚아드리겠어요.”
소년은 낮은 목소리로 대답하였다.

“애, 넌 아이야! 싼 걸루 사서 써도된다.”

소년이 200루피짜리 일제 계산기를 집어들고 흥정을 하였다. 185루피로 결정하고는,

“좋은 아저씨, 꼭 빌려주시는 거죠?”

한다. 내가 돈을 지불하고는,

“이젠 됐으니 가자. 빨랫줄과 빨래집게를 사야지.”

하였다. 그제사 소년이 환한 얼굴로 내 손을 잡았다.

네거리 갈림길에서 신호등을 기다리는 동안 소년이 내게 말을 건넸다.

“어느 호텔에서 지냅니까?”

내가 호텔 이름을 대니 그 호텔 방향 쪽을 가리켜서 일러주면서,

“저쪽에 그 호텔이 있어요. 그쪽으로 이제는 가서요.”

한다. 나는 이때 아차 싶었다. 소년은 아버지에게 또 꾸중을 들을까 염려가되는 성싶었다.

“그래 잘 가거라!”

내가 소년에게 악수를 청하였다. 소년도 쾌활한 표정으로 웃으면서,

“잘 가서요. 한국 가시거든 동전을 꼭 부쳐주세요.”

하면서 주소를 적어주었다.

이튿날이다. 아침에 우르두 입문서를 사려고 시내에 나갔을 때였다. 뜻밖에 소년의 아버지를 길가에서 만나게 되었다.

냉차를 파는 한 가게 안에서 웬 신사가 나를 부르기에 돌아보니 소년의 아버지이다.

소년의 아버지는 내게 냉차 한 잔을 시켜서 마시게 한 뒤에,

"우리 아이가 새 계산기를 하나 가지고 있습니다. 어디서 났느냐고 물어도 시원스레 대답을 안합니다. 혹 아시거든 말씀해 주십시오."

하였다. 나는 천연스럽게 말하였다.

"아, 그 계산기가 괜찮을지 모르겠습니다. 제가 선물하였습니다만……."

소년의 아버지 표정이 대번에 펴진다.

"감사합니다. 정말 감사합니다. 그런 줄도 모르고 저는 걱정을 하였지요."

소년의 아버지를 따라서 다시 식품염료가게에 다다랐을 때에 먼저 소년이 나를 발견하고 깜짝 놀라는 표정을 지었다. 내가 악수를 청하면서 말하였다.

"야, 그 계산기가 괜찮아? 내 선물이 좀 좋지 않지?"

소년은 곧 밝은 표정이 되었다. 이때 소설 《장발장》의 한 대목이 머리에 떠올랐다. 스스로 꾸미기도 잘 꾸민다는 생각이 들었다.

소년의 깜찍스런 행위에 괘씸해 하면서도 나는 다만 웃을 뿐이다.

"조그만 선물이지만 잘 쓰거라!"

끝내 나는 선물 잘하는 좋은 사람 역할에 충실하였다.

# 델    리 ②



100일 만에 델리에 되돌아와서 쉰다.

이제 여권에 연장비자를 3~4개월 받아서 불적순례(佛跡巡禮)를 떠날 참이다.

와가 — 암리트사르 — 암바라 — 델리까지 12시간 버스를 타고 왔다.

델리 도착시간은 밤 11시 무렵이었다. 방을 구하느라고 1시간을 애먹었다. 오늘은 일요일밤인 탓인지 호텔마다 만원사례다.

밤 늦게 아이스크림을 파는 집에 들러서 간신히 방을 하나 차지하고 있다. 목욕 빨래를 마치니 밤 1시 반이다.



유스호스텔에 와 쉰다. 마음이 푸근하다. 사무소 일을 보는 이들도 구면이 되어 반겨 맞이해 준다.

낮에 이민국에 다녀와서 제일 먼저 랏시 스위트를 먹으러 갔다. 숙소 뒷골목 구멍가게를 지나 3분쯤 시장을 나가면 '나나크 파니어' 란 우유 도매집이 나온다. 텁텁하게 진한 거품이 얼음 속에서 떠오르는 걸 한 모금 마시는 맛이 가히 천하일미다. 거푸 두 잔을 마셔가면서 치즈덩이도 먹어치운다.

치즈는 두부같이 생겼으나 무척 단단하고 담박한 맛을 띠고 있다. 저녁에도 랏시 스위트를 마시며 치즈를 밥 대신 먹었다.

주인은 랏시 스위트에 우유 엉킨 덩이를 한 숟갈이라도 더 내 잔에 담아주려고 마시고 있는 잔에다가 두 번 세 번 자꾸 덜어준다.

랏시 스위트 한잔 맛에 여태까지 쌓인 시름이 다 씻기는 것 같다. 주인은 또 내가 랏시 스위트를 즐겨 마시는 걸 곁에서 구경하면서 홍거워한다.

이 집은 잔부터가 구미를 돋운다. 알루미늄 높은 잔에 랏시 스위트가 듬뿍 담긴 걸 보기만 해도 즐겁다.

9월 5일 (화)

유스호스텔은 세계 젊은이가 한 방에서 뒹굴며 정담을 나눌 수 있어 좋다. 내 곁에는 아그라에서 온 대학생과 파키스탄에서 온 젊은이가 있다. 파키스탄에 대한 이야기 끝에 라호르 박물관의 문제점을 이야기하며 크게 웃었다. 내가,

"파키스탄은 오직 모슬렘이야!"

하였기 때문이다.

첫째, 박물관에 비치된 기념카드 가운데 간다라 불상은 전혀 없다. 페샤워르도 마찬가지인데 박물관의 비중이 간다라 예술인 데도 불구하고 전무하니 문제점이 있다. 둘째, 조명이 너무 흐릿하고 진열상태가 만족스럽지 못하다.

9월 6일 (수)

힌디 입문서를 가지고 공부를 하기 시작한다. 인도를 잘 알

서역일기 101

기 위해서는 인도 음식과 함께 문화적 배경의 큰 줄기인 이 나라 언어를 익힐 필요가 있다. 밤 9시에 하르트워르 가는 버스편을 기다리는 시간에도 공원에서 힌디를 공부하였다.

밤거리 풍경은 몹시 이색적이다. 길거리에 나와 쓰러져 자는 사람이 아주 많다. 그중 돗자리나 깔개 없이 맨바닥에서 자는 이가 반수나 된다.

**9월 7일** (목)

힌도성지 하르트워르와 리쉬케쉬를 살펴보고 갠지스강에서 목욕도 하였다. 갠지스강 상류 물살이 몹시 빠르다. 강폭이 60~70m쯤 되는데 물이 흙탕물이다. 그래도 성수(聖水)에 와서 목욕하며 물을 마시고 게다가 약수(藥水)인 양 물통에 담아간다.

비쉬누와 쉬바의 신(神)이 발을 내딛는 땅이라고 하여 신전의 문(門)이란 이름이 붙어 있다. 강가에는 많은 힌두 사원이 절 동네를 이루고 있다.

한 사원에는 힌두신상(神像) 대신 사두의 소상(塑像)을 모시고 있었다. '바바 갈리 갈말 파와' 란 이름이 붙어 있다. 신의 화신(化身)으로 태어난 그는 어려서부터 명상을 하기 시작하여 훌륭한 구루(Guru)가 되었다고 한다. 생몰연대는 1919년 3월 3일 태어나 60세의 수를 누리며 교화를 하다가 이승을 떠났다.

**9월 8일** (금)

집 없는 이의 고달픔을 맛본다. 유스호스텔은 방을 수리하는 중이기 때문에 정처 없이 거리로 나와 헤매었다. 배낭의 짐은 무겁고 날은 무덥다. 호텔은 많아도 거의 100루피 이상이다. 고르고 골라서 헤매다가 35루피짜리 방을 하나 구하였다. 뉴델리역 쪽 차나카 호텔로 합숙소이나 깨끗한 편이다. 비자 만기일은 9월 20일이다. 그 무렵까지 기다려서 연기신청을 해야한다. 아직도 10여 일 남았다.

9월 9일 (토)

도서관 가는 길은(숙소에서 2㎞) 좋은 가로수가 늘어선 간디가(街)이다.

가로수는 두 종류로 보인다. 고목인 '님(Nim: 인도 사람들이 옛부터 사용해 온 칫솔나무)' 이란 나무는 아카시아와 비슷하나 가시가 없고 잎이 무성하며, 신품종으로 '님' 사이에 심어진 피팔(Pipal)은 우리가 보통 보리수라고 부르는 나무다. 보리수 잎이 손바닥만큼씩하게 넓적넓적하고 견실하여 몇 잎사귀를 따왔다. 인도의 국화가 연꽃이고 인도의 문장이 아쇼카 전륜성왕 석주(石柱)인 사자상(獅子像)이라는 점과 수도 델리의 거리 수목이 보리수로 바뀌고 있다는 점에 대해서 관심이 생긴다.

9월 11일 (월)

종일 도서관에서 힌디 공부를 하고 저녁에 숙소로 돌아왔다. 옷과 베개커버를 세탁하고 터진 곳도 꿰매었다. 호텔 사람이 베개커버를 꿰매는 모습을 보고,

"어느 나라 사람이오?"

서역일기 103

하고 기뻐하며 묻는다. 다른 베개커버로 바꿔주겠다는 것을
한사코 마다하고 내 손으로 다 꿰매었다. 호텔 변소와 목욕실
간물장도 깨끗이 청소하고나니 마음이 아주 개운하다. 한방
에서 지내는 인도인 노인이 차를 한잔 시켜줘서 잘 마셨다. 내
가 붓으로 먹물을 찍어서 일기 쓰는 모습을 모두 신기하게 바
라보는 눈치다. 조석 좌선하는 내 모습도 역시 그런가 보다.

**9월 12일 (화)**

‘님’ 이란 칫솔나무를 구해서 써보았다. 연필 크기만한 나
무줄기 끝을 자근자근 어금니로 씹어서 부드럽게 한 뒤에 칫
솔질을 한다. 약간 쓴맛이 나며 감촉이 퍽 부드럽다. 강원에서
율문(律文)에 칫솔나무가 나온 걸 잘 이해하지 못하였는데 이
제 의문이 풀렸다. 칫솔나무값은 1루피에 6개 준다. 한번 사
용한 뒤에 씻어서 말려두고 계속 오래 쓴다.

아직도 일부 인도 사람들은 이 칫솔나무를 사용하고 있다.

꽃공양과 향공양의 정성이 대단하다. 아침에 출발하기 전
차 안에 모신 비쉬누와 쉬바 등의 힌두신 사진이나 소상(塑像)
앞에 공양 올리는 일이 흔히 눈에 띈다. 파출소 안에서도 힌두
신상 앞에 꽃공양 향공양을 올리는 모습을 보았다. 내가 머문
호텔 복도 양벽에도 힌두신상이 모셔져 있고 조석 꽃공양 향
공양을 빠뜨리지 않고 정성스럽게 올리고 있는 모습을 보고
깊은 감명을 받았다.

9월 13일 (수)

인드라 간디 저택과 마하트마 간디 기념관 및 네루 저택을 돌아보았다. 고인의 생전의 모습을 유품(遺品)을 통해 재현시켜 보려는 노력이 가상하다. 생전의 육성 녹음을 틀어놓은 인드라 간디 저택은 고인 유물보존에 모범이 되리라 생각된다.

9월 14일 (목)

삭발 목욕하고 새로 세탁한 옷으로 갈아입고 동편을 향해 큰절을 올렸다. 조상 부모님께 올리는 절이다. 다음에 스승과 여러 친지 도반에게 절을 올렸다. 외국에 있으나 마음은 늘 한국 땅에 머물러 있다.

9월 15일 (금)

짐을 재정돈하고 출발에 앞서 만반의 준비를 한다. 건강도 회복되었고 바느질을 할 것도 대충 마쳤으니 이제 비자 연기 신청서만 통과되면 장도에 오를 작정이다. 타월도 새로 바꾸고 밀짚모자 대신 등산모를 하나 사왔다. 작은 가위와 바늘도 새로 갖추었다.

비자 연기신청은 곧바로 즉석에서 쉽게 통과될 수 있지만 다만, 종전의 비자만기일이 가까워야 하기 때문에 늦어지고 있다.

시내 기념품판매가게 앞을 지나지만 사지 않는다. 짐이 될 물건은 오히려 거저 줘도 사양할 형편이다.

9월 16일 (토)

몸의 일곱 군데 힘점을 기준삼아 앉으니 결과부좌가 잘 된다.
혀·단전(丹田)·항문·좌우 엄지손가락과 좌우 엄지발가락
에 힘이 꽉차있어야 결가부좌가 바른 줄 알게 되었다. 헐렁하
게 다리만 꼬고 앉은 결가부좌는 효과가 적다. 마치 한덩이 돌
과 같이 뚤뚤 뭉쳐진 기분이다.

9월 17일 (일)

힌디 공부를 하였다. 읽기와 쓰기를 하고 쉬운 회화공부도
하였다. 호텔 종업원들이 발음을 해주고 친절히 힌디 공부를
도와주었다. 나도 어언간 인도 사람을 닮아간다. 느리게 움직
이고 오래 기다리는 습성을 약간 익혔나보다.

9월 18일 (월)

60일간의 비자연기를 얻어서 마투라에 와 있다. 마투라는
델리 남쪽으로 350리 떨어진 15만 명의 인구가 사는 소도시다.
내가 이곳을 찾아온 이유는 다음 두 가지다.

첫째, 박물관에 가서 마투라 불상참배(佛像參拜)를 하면서
간다라 불상과 다른 점을 직접 보기 위함이다.

둘째, 크리쉬나가 태어난 힌두 8대 영장 성역의 한 곳을 살
펴보기 위함이다. 숙소는 쉬리지 바바 아쉬람(힌두 수도원: 1980
년 창건. 사방 200m의 거대한 3층 건물. 방 수는 약 50여 개)에 와 큰방
하나를 혼자 차지하고 있다.

유스호스텔 같은 곳이라면 8명이 합숙소로 쓸 만큼 크다.

# 아 그 라



순례 일정을 좀더 꽉 조인 시간으로 짜야겠다. 부처님 사대 성지(四大聖地)는 5일씩 머물고 그 외 지역은 3일 혹은 하루나 이틀씩 머물 예정이다.

아침에는 좌선 후에 불교성전을 1시간쯤 읽는다. 아주 마음에 와닿는 법문이 많다. 부처님이 머물렀던 땅·하늘·초목과 주변환경을 상상하면서 불교성전을 읽는 감동은 유별나다.

아침시간은 마투라박물관에서 보냈다. 붉은색을 띤 돌조각품 파편이 박물관 안과 밖에 가득 차 있다. 브라만교·불교·모슬렘교의 성상(聖像)들이다. 부처님 조각상은 책에서 본 대로다. 머리카락이 아주 짧고 콧수염이 없으며 간다라 불상보다 눈매가 강렬한 인상을 준다. 오후에 인근 도시 아그라 유스호스텔에 와 여장을 풀었다.



사랑을 위해 23년간 공들여서 지은 집이 타지마할이다. 샤자한은 죽은 왕후 아르주만드(혹은 뭄타지마할)의 명복을 빌기 위해 전무후무한 집을 지었다.

그후 2년이 지나 샤자한은 병상에 눕고 3년 후에 세상을 떠났다. 붉은색을 띤 3겹의 성곽 안에 색색의 보석으로 꽃무늬진 흰 대리석집을 모슬렘 사원 형식을 빌려 지었다. 분수대가

있는 못이 일품이다. 샤자한이 다시 검은 대리석으로도 지을
구상을 하였으나 병상에 쓰러진 바람에 이루지 못하고 말았
다. 아침 해뜰 무렵과 저녁 해질 무렵이 좋다고 하여 그 시간
을 맞춰서 구경하느라고 하루종일을 보냈다. 인간의 끝없는
갈애(渴愛) 때문에 지어진 타지마할로도 샤자한의 한(恨)은 못
다 풀었으리라.

9월 21일 (목)

　어제 타지마할에서 찍은 사진이 나왔다. 석양 무렵의 못에
비친 흰 대리석 건물이 일품이다. 한 사내 샤자한의 뜨거운

한낮의 타지마할

사랑이 여기 타지마할에 남아 덧없는 인생살이를 말해 주는
듯하다.

그가 사랑해 마지 않았던 왕후 아르주만드의 대리석 관 주
위를 한바퀴 돌면서 나는 쓸쓸함을 금할 길이 없었다. 일장춘
몽(一場春夢). 깨고나면 허망한 꿈이다. 부귀영화를 누렸던 샤
자한을 생각해도 역시 일장춘몽이다. 타지마할 정문 앞에는
세계 8대 관광명소의 하나라는 표찰이 붙어있다. 갠지스강 상
류 야무나 강변에 우뚝 선 타지마할의 장엄한 모습은 필설로
써 표현하기 어렵다. 인도 제일의 건물이 이 타지마할이라는
데에 수긍이 간다.

**9월 22일** (금)

아그라에서 출발하여 버스로 6시간 걸려서 파루카바드에
도착하니 밤이다(아그라에서 파루카바드까지 181㎞). 비가 내린
다. 나는 온몸에 두드러기가 심해 가려움증으로 잠을 이루지
못할 지경이다. 3일째 가려움증이 계속된다.

이 지역은 갠지스강 유역이다. 이제 곧 샹카샤에 도착할 것
이다.

아그라에서 1시간쯤 지나올 때 도로 북편에 아쇼카왕 사자
석주 일주(一柱)를 보았다. 밭 가운데에 우뚝 서 있었다. 이곳
중인도지역은 산이 거의 보이지 않는다. 해가 지평선에서 떠
서 지평선으로 진다. 사탕수수밭으로 해가 지는 모습이 장관
이다.

# 상 카 샤

참 배9월 23일

불자로서 부처님 성지를 순례하고 보다 깊고 친밀하게 부처님의 가르침을 따르고 싶은 마음은 누구에게나 있다. 어쩌면 불자로서의 의무일는지도 모른다.

30여 년 전 초등학교 시절의 이야기이다. 학교 운동장에서 밤에 인근 절에서 주관하여 포교용으로 상영한 영화 '부처님 일생(혹시 제목이 '석가모니' 였는지 기억이 희미하다)'을 관람하고 나서 부처님과 부처님이 태어나신 땅 인도라는 나라를 동경하게 되었다. 그날 밤 나는 영화를 관람한 감명이 어찌나 깊었는지 곧바로 집으로 돌아가지 않고 한밤중인데도 늘 다니는 인근 산으로 깊이 들어가서 몽유병 환자처럼 어두운 나무 사이를 헤매었던 기억이 있다. 그때 찬 바위등에 누워서 소나무 가지 사이로 밤하늘의 별들을 신비롭게 바라보던 시절이 새롭다.

그 이후 빡빡 깎은 머리를 좋아해서 '백호' 처럼 하얗게 면도로 밀고 소위 요가하는 걸 도서관 책에서 본대로 흉내내어 물구나무서기 · 결가부좌 등을 해보게 되었다. 중학교 2학년 때에 나는 자퇴서를 담임 선생님에게 제출하고 입산을 결행하였던 것도 아마 어린나이에 대단한 결심에서 이뤄졌다고 헤아려진다. 차츰 내 마음속에 인도와 부처님이 자리잡고 있었다.

하나, 입산의 좌절 그리고 뒤늦게 성년이 되어 비로소 입산 출가의 길을 걸어서 이제 동경해 마지 않던 부처님 성지에 발을 내딛는 감회는 별다르지 않았다. 마치 너무 배가 고픈 상태에서 음식을 대하듯 구미를 잃었을 정도로 지쳤다고나 할까. 동경의 꿈이 이뤄지는 순간 내게는 오히려 담담하게 느껴진다.

정작 기쁨과 만족으로 가득 차 있어야 할 내가 인근 산등성이를 넘나들 듯이 차분하게 착 가라앉은 기분이니 참 모를일이다.

각설하고 ―.

상카샤는 우리 한국 불자들에게 다른 성지만큼 잘 알려져 있지 않은 편이다. 내가 상카샤를 참배하러 갔을 때 안내를 하던 한 인근 주민은,

"네팔·티베트·미얀마·태국·일본 사람들은 더러 만났으나 한국 사람은 처음입니다."

하는 걸 보아도 짐작이 가는 일이다.

상캬샤는 다음 두가지 이유에서 우리 한국 불자들에게 생소하리라 생각된다.

첫째, 대승경전 '8대 영탑명호경(八大靈塔名號經)' 이 우리들에게는 잘 알려져 있지 않기 때문이다.

'8대 영탑명호경' 에는 부처님의 탄생지·성도지·초전법륜지와 열반지 등 4성지를 포함해서 왕사성터·사위성터·바이샬리와 상카샤 등 8성지가 선별되어 있다.

둘째, 교통편이 외진 편이기 때문이다. 대개 인도를 여행하는 이는 델리에서 마투라와 아그라를 거치는 관광코스를 타

고 바로 남행한다. 상카샤를 가려면 서쪽으로 450리 길을 빠져서 파루카바드에 와 여장을 풀고 아그라에서 다시 외진 길로 110리 길을 가야 한다.

상카샤는 부처님 8성지의 하나로 델리에서 다른 성지보다 가까운 지역에 있기 때문에 북쪽에서 남행하는 내게는 첫 번째 순서로 성지참배가 되었다.

교통편은 델리에서 상카샤 인근 도시 파루카바드까지 바로 가는 직행버스가 있고, 다른 길로 델리에서 힌두성지인 마투라와 타지마할이 있는 아그라를 거쳐서 파루카바드로 쉬어가면서 차근차근 여행하는 길도 있다. 델리에서 파루카바드까지 거리는 950리로 어느 길이나 비슷하다.

파루카바드에서 상카샤까지는 45㎞. 종점 사라야를 1㎞ 남겨놓고 버스에서 상카야에 내려서 도보로 2.5㎞ 아스팔트 길을 따라가야 했다.

참고로 파루카바드에 숙박시설이 있고 상카샤에는 없어 큰 짐은 파루카바드에서 모두 덜고 출발하는 요령이 필요하다. 나그네는, 특히 무더위 속의 인도여행에서는 짐이 적어야 고생을 덜하기 때문이다.

상카샤는 넓은 아스팔트 길이 성지에까지 나 있어 찾아가기가 쉬웠다.

내가 성지에 도착하였을 때는 9월 23일 추분의 정오 무렵이었다. 성지에는 마을 정자나무로 수령 100년이 넘게 헤아려지는 늙은 보리수 한 그루가 거인의 팔처럼 가지를 하늘로 뻗치고 서 있고, 보리수 그늘 아래서 30여 명의 마을 아이들이 선생님의 가르침에 따라 힌디 쓰기를 공부하고 있는 모습이 보였다. 보리수 아래에는 좌우로 아쇼카 석주(石柱)와 티베트 형식의 탑이 나란히 놓여 있었다. 아쇼카 석주는 흔히 보아온 사자 기둥머리가 아니고 코끼리 기둥머리인데, 꼬리와 코부분이 떨어져 나가고 없으나 거의 원형에 가깝게 석각(石刻)무늬가 잘 보존되어 있었다.

보리수에서 아쇼카 석주 쪽으로 서른 걸음쯤 떨어진 곳에 조그마한 동산이 있다. 동산 윗부분에 헐어져가는 붉은 벽돌 담이 초라하게 놓여있다.

여기가 부처님이 모친 마야부인을 위해 효행으로 구순(九旬) 안거 동안 도리천에서 법문한 후 보배계단에 내려와 하계(下界)하셨다는 전설을 간직한 성지다.

나는 성지 푯말을 찾아 살펴보다가 조그마한 안내문 앞에 걸음을 멈추어섰다. 인도 주정부에서 세운 일종의 경고문인데 내용은 다음과 같다.


〈보존 기념물〉
이 기념물은 옛 기념물 및 고고학적인 가치로 1958년 유물 관계 법령에 따라 국가 주요 보존기념물로 지정되어 있다.
누구나 이 기념물을 깨뜨리거나 다른 장소로 옮기고 바꾸거나 겉모양을 흉하게 하고 위태롭게 하고 혹은 오용할 경우에는 3개월 이내의 징역 혹은 5천 루피 이내의 혹은 이상의 징역과 벌금을 같이하는 형에 처한다.


이외에 다른 안내문은 보이지 않았다. 동산 위 한 고목 앞에는 힌두교 사당 비슷한 조그마한 집이 있었다. 처음 보는 순간 힌두제신을 모신 집인 줄로 알았다. 가까이 가서 살펴보니 흰 대리석(혹은 다른 종류의 돌인지 잘 모른다)에 조각된 한 뼘 남짓하는 석불좌상 한 구가 모셔져 있고 불상 앞에는 꽃공양을 올린 지 얼마 지나지 않은, 아직 생기가 도는 작은 꽃송이들이 가득 놓여 있었다. 동산 주위 뒷벽에는 돌로 된 힌두제신이 모셔져 있고, 고목 아래에 남근(男根)을 상징하는 링가 두 개가 불규칙하게 놓여 있었다.

짐작건대, 부처님을 힌두제신의 한 분으로 모셔서 인근 마을에 사는 힌두교 신자들이 정성스럽게 꽃공양을 하는가 보다.

힌두교에서는 힌두 오신(五神) 중에서 첫번째인 비쉬누의 아홉번째 화신(化身)이 부처님으로 모셔지고 있다. 우리가 인도의 힌두 사원 벽화에서 부처님을 간혹 대할 수 있는 것도 바로 이런 이유 때문이다.

나는 성지를 한바퀴 돌아보고 아쉽고 쓸쓸한 감정이 울컥 치밀어오름을 느꼈다.

동산 위에 허물어진 벽돌담이 흉몰스럽기 짝이 없었기 때문이다. 성지 상카샤에 참배하러 왔다가 간 불자들이 아쇼카 석주가 세워진 이후만 헤아리더라도 얼마나 많았을까. 폐허가 되어 가는 상카샤를 보고 모두들 어떤 생각을 하였는지 궁금하다. 산이 전혀 없는 밋밋한 평야 가운데에 망고나무가 사탕수수와 옥수수 밭 사이사이에 드문드문 서 있는 길을 천천히 걸어나오면서 나는 자주 수건으로 얼굴의 땀을 닦아냈다. 길가에는 추수하는 인도 사람들이 껍질을 벗겨서 옥수수를 말리는 손길을 멈추고 낯선 나그네에게 잠시 시선을 준다. 석양이 되려면 아직 이른 오후 무렵이다. 찌는 듯한 무더위 탓도 있겠으나 웬 까닭인지 맥이 빠지고 땀이 비오듯 쏟아져내려 나는 열탕에 들어간 기분을 맛보았다.



**9월 24일 (일)**

배낭을 꿰매고 휴식도 취하였다.

바나나가 무척 싸다. 계절이 추수철이기 때문에 헐값에 가깝다. 1루피(43원)에 3개씩 준다. 바나나를 실어나르는 화물차를 구경하였다. 바나나 송이가 어떻게 크던지 어깨짐으로 두 송이밖에 지지 못하였다. 바나나 한 송이가 200여 개의 낱개를 달고 있다. 사과와 달걀값도 싸다. 삶은 달걀 한 개가 1루피이고 사과는 주먹만한 게 3루피다.

이곳은 랏시(Lassi)도 맛이 좋아 오늘 하루 동안 6잔을 마셨다. 그대신 식당이 변변치 않다. 시내는 큰데 모두 구명가게 식당만 눈에 띈다. 호텔도 한두 군데밖에 없어 여행객에게 불편이 많다.

**9월 25일 (월)**

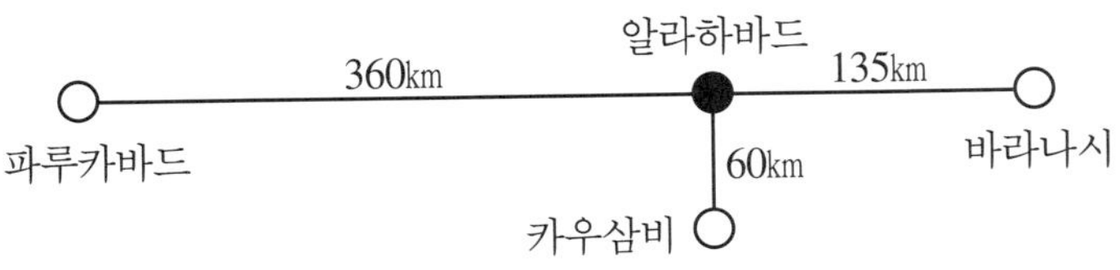



매일 반복되는 일로, 밤이면 세탁해서 방 한 켠에 빨랫줄을

쳐서 말리고 목욕이 끝나면 먹물을 갈아서 일기를 쓰는데 이력이 붙었다. 피곤한 날도 빠뜨리지 않고 해낸다.

오늘은 알라하바드에 와 여장을 풀었다. 버스표가 잘못되어서 50루피를 더 물었다. 매표원이 속여서 그런 것이다. 좋은 사람이 많으나 혹간에 외국에서 온 여행객을 얕보아서 속이는 일이 있다. 어린애들 장난같이 여겨진다. 한번은 길가 손수레에서 파는 과일주스 두 잔을 마셨는데 곱절요금을 받는 이가 있었다. 그러나 나는 더 준 요금을 즉석에서 받아내었다. 여행객이 한눈 팔다가는 코 베어갈 사람이다. 수업료를 무는 일이 그런저런 일로 생긴다.

이곳 알라하바드는 부처님의 발자취, 현장법사(玄奘法師:634)가 방문한 곳 및 아쇼카 석주 등으로 기념적인 도시다.

**9월 26일** (화)

아쇼카 석주와 현장법사가 이름지어서 ‘죽지 않은 벵골보리수’라고 한 나무를 보기 위해 ‘요새(Fort)’에 갔으나 들어가지 못하였다. 입장시간이 오후 4시인데 그 시간을 넘겼기 때문이다.

걸어서 돌아오는 길에 한 사건이 생겼다.

동성연애를 하는 델리 사내가 내게 접근하여 그의 오토바이 뒷자석에 나를 태우고는 어뚱하게 내 숙소 대신 호젓한 공원으로 데리고 가서,

“동성연애를 해본 경험이 있어요?”

하고 물었다. 없다고 대답하니 그는 다시 말하였다.

“공원이 마음에 들지 않으면 당신 숙소로 갑시다. 혹은 저

116

의 숙소도 좋지요. 오늘 저녁을 함께 보내면 어떨까요?”

슬며시 뒷자석에 앉아 있는 내게 손을 뻗치면서 남근을 만
지려고 한다.

나는,

“엑끼놈, 당장 꺼져!”

하고 뒷자석에서 뛰어내렸다. 그는 무안스러운 표정으로 사
정하였다.

“숙소까지만 모실 터이니 다시 타십시오. 제가 한 말은 잊
어주시오.”

그와 나는 내 숙소 부근에서 차를 나눠마시고 각자 헤어졌다.

**9월 27일 (수)**

숙소에서 4㎞ 떨어진 요새에 가 아쇼카 석주를 보려고 하였
으나 군사지역이라 출입할 수 없었다. 사무실에 들러 사정을
설명해도,

“델리에 가서 한국대사관에서 발행한 ‘요새출입허가증’ 을
얻어오라.”

는 말뿐이다.

알라하바드에 있는 세 곳 버스 주차장에 대해 기록해 둔다.

① 제로로드(Zero Road) 주차장에는 카쥬라호행 버스가 있다.

② 마하트마 간디로드(Mahatma Gandhi Road) 주차장 곁에는 여
행자 방갈로의 좋은 숙소가 있다. 바라나시행 버스가 있다.

③ 리데르로드(Leader Road) 주차장에는 카우삼비행 버스가
있다.

서역일기  117

오후 늦게 비가 한 차례 내리더니 바람이 선선해진다. 우리
나라는 지금 가을이어서 선선한 날씨라고 헤아려진다.


# 카우삼비




카우삼비에 다녀왔다. 비가 종일 오락가락 하였다. 부처님
이 친히 탁발하며 거닐던 곳을 내가 참배하니 감회가 새롭다.
아쇼카 석주가 서 있는 곳에도 참배하였다.

카우삼비에는 코삼비 또는 코우삼비로 발음표기된 곳이
있었다.



카우삼비 인근 도시인 알라하바드(Allahabad)는 델리에서 동
남으로 627km의 거리에 떨어져 있으며, 갠지스강과 야무나강이
합류되는 인도 곡창지역 한가운데 인구 100만명이 살고 있다.

7세기경에 이곳을 거쳐간 현장법사가 '죽지 않는 벵골보리
수'라고 이름한 나무와 아쇼카 석주 하나는 알라하바드 남동
쪽 변방 요새에 있으나 군사 지역으로 통제되어 들어가보지
못하였다. 나무는 아직 살아 있고 석주는 윗부분이 떨어져나
간 채 남아 있다는 소식만 듣고 돌아섰다. 나는 알라하바드에
서 60km 서쪽에 위치한 카우삼비를 다녀왔다. 이곳 아쇼카 석

주는 카우삼비 버스 종점에서 1km 떨어진 수수밭 가운데에 윗부분이 없이 기둥만 덩그렇게 서 있었다. 그 주위에 세워진 두 개의 안내판이 있다.

카우삼비 현지 안내문

전설의 카우삼비의 역사.

카우삼비는 옛날 브라만(Brahmans)시대 체디바타 자나파다 왕국의 수도였다. 이 도시는 힌두성전인 《마하바라다(Mahabharata)》, 《라마야나(Ramayana)》와 불교 및 자이나교의 문학과 《푸라나(Purana)》에 곧잘 나오는 지명이다.

카우삼비가 처음 생겨난 일에 대하여는 전설들이 각각 다르다.

《마하바라다》에서는, 제디왕인 바수 우파리차라(Vasu Uparichara)의 셋째 왕자인 쿠삼바(Kusamba)가 카우삼비를 건설하였다고 설명한다.

《라마야나》에서는, 쿠사의 아들인 쿠삼바(Kusamba)가 카우삼비를 건설하였다고 설명한다.

한 불교성전에서는, 현자 코삼바(Kosamba)가 은둔한 곳이라는 데서 카우삼비 이름이 생겼다고 설명한다.

《푸라나》에서는, 팔키시타 판다바(Parksita Pandava)의 가계 6대손인 니착수(Nichaksu)가 하스티나푸르(Hasinapur)에서 카우삼비로 천도하였다고 설명한다.

부처님 재세시에 카우삼비는 인도의 가장 중요하고 번창한 6대 도시 가운데 하나였다. 이곳은 수도로서 고대 경제의 중추역할을 하였고 해상 교통의 종착지였으며 순례의 중심지였다.

중국의 성지순례자 법현 스님과 현장 스님은 이곳을 참배하였다.

카우삼비는 기원후 6세기 무렵 후나(Huna)인 침략자 토라마나(Toramana)에 의해 종말을 고하고 말았다.

유적은 알라하바드에서 51.2km 떨어진 야무나강 왼편 뚝의 남서쪽으로 외각 주위 6.45km 넓이로 펼쳐져 있다.

성채로 둘러쌓인 이 도시는 동·서·남 삼면에 문이 설치되어 있었고, 도시 계획으로 설계되었으나 전체 윤곽이 가지런하지 않은 장타원형이다.

이외에 稜保(요새의 오각형을 이루는 돌출부)와 小門이 있었으며 壕러 삼면이 둘러쌓여 있었다.

1949년부터 1966년까지 샬마(G. R. Sharma) 교수의 지도 아래 알라바하드대학교 연구팀이 발굴하여 드러난 지역들은 다음과 같다.

① 주거지역이었던 아쇼카 석주 주위
② 고시타라마 수도원(The Ghositarama Monastery)
③ 방어시설들(The Defences)
④ 궁전 복합체(The Palace Complex)
⑤ 씨에나씨티(The Syenaciti)


## 아쇼카 석주 현지 안내문

카우삼비 아쇼카 석주 부근 지역은 수도자의 주택(승당)이나 궁전 같지 않은 특별한 주거지역이었던 것 같다. 이 지역에서 발굴된 도로는 도시의 중심부분의 도시계획을 통제하였다. 모든 집은 바로 혹은 샛길을 통하여 쉽게 아쇼카 석주 지역으로 통할 수 있었다. 이 지역의 큰 도로는 도시의 주요 公路 중의 하나와 이어졌는데 아쇼카 석주는 큰 도로와 주요 공로가 모아지는 지점에 서 있었다. 아쇼카 대왕이 카우삼비에 탑 하나와 석주 두 개를 세웠다고 전해지는 말이 있다.

이 석주 가운데 하나는 알라하바드 요새 안에 놓여 있다.

믿을 만한 자료에 따르면, 기원전 4세기 중반부터 기원후 4세기 초반 무렵까지 식민지(Settlement) 땅이었던 이 지역에 평민들이 이주해 들어와 살고 있었다고 한다.

주택들은 도로 혹을 샛길과 일렬로 나란히 서 있었고 방향은 가장 중요한 지점들과 바른 방위를 유지하였다.

주택 외형은 같으나 내부 외부 2개의 간살방으로 이루어졌다.


내가 아쇼카 석주 안내판을 살펴보고 있는 새에 6명의 무장한 하급 군인이 가까이 와서 내게 말을 건다. 그들은 순찰중으로 카우삼비에 주둔하고 있었다.

이때 아쇼카 석주 주위에서 소를 먹이던 동네아이들이 자취를 감추고 나를 길 안내한 노인네도 건성으로 인사를 하고 슬금슬금 마을 쪽으로 사라져버렸다. 군인들은 형식적인 인사 외에 다른 말을 하지 않았으나 수수밭 가에 남아 있겠다는 나를 그대로 놔두지 않고 버스 종점까지 동행하였다. 무슨 이유인지 알 수 없으나(그들은 영어를 할 줄 몰랐다) 나도 비가 올 듯싶은 구름 낀 하늘을 살펴보고 걸음을 재촉하였다. 하늘가에 망고나무 숲이 무성하다. 한 길에는 등에 가득 짐을 실은 낙타가 타박타박 걸어가고 있었다.

평야 가운데에 자연 취락단위의 농가가 드문드문 서 있는, 부처님재세시에 번영하였던 카우삼비의 자취를 찾아보고자 하나 흔적이 희미하다.

그러나 율문 사분율(43장)에는 부처님의 육성처럼 화합 법문이 생생하다.

카우삼비에서 한 비구가 대중공사로 대중에게서 쫓겨났을 때 부처님은 여러 비구들에게 말씀하셨다.

"여기 기억하고 사랑하고 존중해야 할 여섯 가지 화합하는 법이 있다. 이 법에 의지하여 화합하고 다투는 일이 없도록 하여라."

첫째, 같은 계율을 같이 지켜라.

둘째, 의견을 같이 맞추라.

셋째, 받은 공양을 똑같이 수용하라.

넷째, 한 장소에서 같이 모여 살아라.

다섯째, 항상 서로 자비롭게 말하라.

여섯째, 남의 뜻을 존중하라.

이튿날 아침 부처님이 카우삼비에 들어가 탁발을 마치고 비구들을 불러 다시 말씀하셨으나 부처님의 간곡한 가르침에도 불구하고 카우삼비 비구들은 끝내 싸움을 그치지 않았다.

부처님은,

"이같은 어리석은 이들이 겉모양에만 마음을 팔고 있으니 어쩔 수 없구나."

하시고 가르치던 대중이나 공양을 올리던 신도들에게도 아무 말씀없이 훌쩍 카우삼비를 떠나셨다. 그리고 사밧티에 돌아와 어느 조용한 숲속에서 홀로 고요함을 즐기셨다. 마치 큰 코끼리가 많은 코끼리 새끼들을 떠나 번거로움 없이 즐기듯 하셨다.

이때 카우삼비 신도들은 부처님께 사밧티 쪽으로 떠나가셨다는 말을 듣고 서운해 하고 슬퍼했다. 그리고 비구들이 시비를 그치지 않기 때문에 가신 거라고 그들을 원망하였다.

신도들은 모임을 열고 오늘부터 카우삼비에 있는 비구들에게 공양도 올리지말고 예배하지도 말고 아는 체도 하지

말자고 결의하였다. 공양을 받을 수 없게 되자 비구들은 하
는 수 없이,

　"부처님께 찾아가 이 싸움을 끝맺고 말자."
　하고 행장을 꾸려 사밧티로 길을 떠났다.

(불교성전, pp.586~592)

**9월 30 (토)**

부처님 8대성지의 두 번째 순서가 되는 초전법륜지가 눈앞
에 놓여 있다.

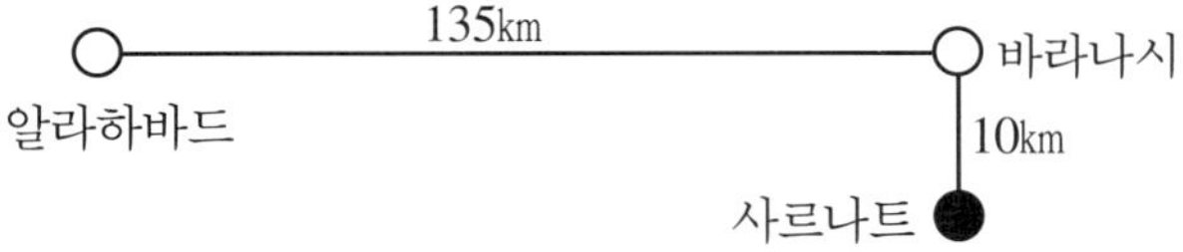


　바라나시에 와서 여장을 풀고 사르나트 가는 교통편, 룸비
니 가는 교통편 등을 관광안내소에 들러서 알아보았다. 여기
서 버스로 룸비니 가는 삯이 100루피이다. 호텔 식당 게시판
에 힌디 단기코스 회화교습소 안내가 나와있다.

　사르나트는 부처님이 성도 후 이곳에 오셔서 중도(中道) 사
제(四諦) 팔정도(八正道) 및 계율로 삼귀의(三歸依)와 오계(五戒)
등을 법문하신 곳이다.

　불교성전을 펴서 그 대목대목을 읽어보았다. 중도법문(中道
法門)에서 수행방법은 학대하듯이 고행하지 않고 쾌락에 좌우
되어 흔들리지도 않아야 한다는 말씀을 되새겨보았다.

## 반은 인도 사람

벼르던 원고를 다 썼다. 호텔 1인용 방으로 옮겨온 값을 치른 셈이다. 그동안 이틀을 네명이 한 방에서 쓰는 합숙방에서 지내다가 여기로 옮겨오고나니 그렇게 자유로울 수가 없다. 합숙방이나 2인용 방이 다 한 호텔 안에있다.

이 호텔에서는 좋은 일을 하고 있다. 상급 2인용 방값이 380루피(에어컨 시설이 되어 있는 방)이고 하급 2인용 방값이 150루피(선풍기만 천정에 달려 있는 방)인데 합숙방은 겨우 17루피다. 시설은 어느 방이나 비슷하고 방의 크기와 에어컨 유무에 따라 수준이 달라진다. 오늘 아침까지 머문 합숙방도 그러고 보면 꽤 괜찮은 시설이다. 물도 잘 나와서 어느때에나 목욕을 할 수 있고 시원한 음료수가 나오는 시설도 있어 어느 방 못지 않게 좋다.

아마 사회복지 투자형식으로 합숙방을 운영하는 것 같다. 절약해 가면서 다니는 나그네에게는 안성맞춤이다. 이부자리가 깨끗해서 무엇보다 좋다.

호텔이 그저 나그네 자고 가는 곳인 줄만 알았던 내게는 새로운 사실이다. 주인이 어떤 이인지는 모르나 상당히 깨어 있는 선각자 같다. 이곳 알라하바드말고도 인도 전역에 이런 유의 호텔이 10여 군데 있다고 한다. 돈을 벌어서 조금은 나그네에게 다시 선심 쓰는 그 마음이 알뜰하게 여겨진다.

2인용 방에 한 사람이 자면 값을 반만 치르게 한다. 이 점도 다른 호텔에서 찾아보기 어려운 일이다. 원고를 쓰고 나니 마침 음력 8월 그믐날이어서 삭발도 하고 조용한 시간을 좋은 방에서 혼자 보낸다. 내일 새벽 첫차로 바라나시(Varanasi)로 떠날 채비도 한다.

식당은 호텔 아래층 한컨에 잘 되어 있다. 종업원이 다 친절하여 주인을 만날 기회가 있다면 인사라도 하고 싶다. 그 대신 음식값이 약간 고급호텔에 속하기 때문에 좀 수준이 높은 편이고 세금이 또 붙는다. 그래서 나는 한두 끼니는 밖에 나가서 흔히 '다바' 라고 하는 싸구려 식당을 찾는다.

오늘 저녁식사는 호텔 주위 길가 '디바' 에 들러서 때웠다.

'디바' 는 집앞에 포장을 치고 탁자를 두세 개 놓고 있는데 음식맛은 괜찮다. 어둑해진 거리에 불빛이 차츰 켜지기 시작한다. 먼저 와서 탁자에 자리잡고 앉아 있던 손님 서너 명이 내게 자리를 내어주며,

"어디서 왔소?"

하고 묻는다. 물론 힌디를 하고 영어 아는 이가 퍽 드문 편이다. 호기심 어린 눈으로 나를 주시하는 그들을 향하여,

"나마스테!"

하고 인사부터 한다. 그들도 역시,

"나마스테!"

한다. 내가 한국에서 왔다고 하니 무척 반긴다. 나는 주인을 향하여,

"파니 라오(물을 주시오)."

하였다. 주인과 심부름 하는 아이가 웃으면서,

"파니(물)?"

한다. 내가 다시

“이다르 아오(이리와요).”

하였더니, 이번에는 주위에 앉아 있는 이들까지 한꺼번에 와아 웃는다. 내가 해명한다.

“힌디 또라또라(힌디는 조금조금 하지요).”

주인이 물컵을 가져다주며 무얼 먹겠느냐고 묻는다(표정으로 더 잘 알아차린다).

“포리짜르(튀김빵 4개).”

주위에서는 나를 보고 인도 사람이 다 되었다는 말을 한다. 조금씩 익힌 힌디로 말을 배우기 시작한 어린애같이 더듬거리는 내가 재미있는가보다.

물컵의 물로 손을 씻고 오른손으로 뜨거운 튀김빵을 떼어 먹는다. 반찬으로 ‘달’이 있어 여기에 찍어서 먹는다. 또 우유를 발효시킨 시큼한 맛을 낸 커드도 반찬으로 나온다. 양파와 그밖의 야채볶음도 나온다. 나는 인도 사람처럼 잘 먹는다.

“기드나 파이사(값이 얼마요)?”

“체(6루피).”

값을 치르고 나서,

“포리 아차 해(튀김빵 맛이 좋아요).”

“피르밀 렝게(다음에 봐요).”

하고 나왔다. 주위 손님이나 주인 모두 내가 힌디로 말하는 걸 보고 손을 흔들며 웃는다. 이때 나는 인도 사람처럼 특징있게 고개짓을 갸웃하듯 해본다. 그들은 더욱 크게 웃는다. 이제 인도 생활에 큰 어려움이 덜어져서 즐겁기만 하다. 물과 음식과 언어장벽을 서서히 무너뜨리고 인도 사람이 되어가는가 보다. 호텔에 들어와서 칫솔질도 칫솔나무로 사용해 본다. 씁쓰름한 뒷맛이 괜찮다. 인도에는 지금도 칫솔나무를 쓰는 이가 있다. 나는 인도와 인도 사람이 그저 친근하게 느껴진다. 부처님의 나라라는 이유 때문인지도 모른다.

이런 즐거운 여행이 있기까지 여러 사람의 수고가 많았다. 더욱이 도반의 힘은 말한 나위가 없다. 멀리 고국 땅 하늘 아래 열심히 살아가는 여러 이웃들에게 고마움을 크게 느낀다. 살아 있다는 기쁨이 용솟음친다.

**10월 1일**

날이 흐린 탓인지 갠지스 강가에는 참배 와서 목욕하는 이가 드물었다. 나는 북쪽에서부터 강변을 따라 남쪽으로 걸어 내려오다가 화장(火葬)과 수장(水葬)을 하는 모습을 보았다. 화장터는 강변에 10여 군데서 모닥불 피우듯이 장작더미를 쌓아놓고 시체를 그 위에 눕힌 채 태웠다. 남자 시체의 얼굴들은 다 탈 때까지 거의 드러나 있었다.

한 가지 특이한 점은 시체를 대나무 사다리 위에 실어서 들쳐 메고 강변에 와 우선 강물에 푹 담궜다가 건지는데 '람 남 사티야 해' 하고 외치는 소리다. 힌두교의 장례의식의 하나라고 한다. 우리 불교로 치면 '나무아미타불' 이나 '나무지장보살마하살' 에 해당하는 모양이다.

타가는 시체가 드러나 사람이라기보다 한 동물의 모습으로 비춰보였다. 시체는 10분 이내에 한 구씩 화장터에 도착하여 많이 밀려 있었다. 화장비용은 200루피에서 500루피까지 받는다.

화장터에서 싸우는 이를 처음 보았다. 본래 화장터에서는 싸우는 이가 없다는데 별일이다. 내가 1시간 가까이 화장터에서 구경하고 있자 한 사내가 와서 말을 걸면서

"구경한 값으로 얼마 내시오."

한다. 내가 영문을 몰라서,

"당신이 사무원이요?"

하였더니,

"저쪽이 사무실이요."

하고, 묻는 데에 대한 답이라기보다 어정쩡하게 얼버무리며 답하는 게 부당하게 보인다.

"신분증이나 구경 값을 받아야 한다는 허가라도 있소?"

내가 묻는 이 말에 그는 또 물음에 대한 대답은 아니하고 장황하게 딴 이야기를 한다.

"여기서 모은 구경 값 성금은 실수로 물에 빠져 죽은 이나 기타 좋은 일하는 데에 사용됩니다. 선생님은 성금을 얼마 내실 겁니까?"

내가 물었다.

"성금이라니 자유군요?"

그는 아예 기가 질려서 목소리가 전보다 낮아졌다.

"자유?"

"가봐. 내가 내고 싶어야 낸다. 성금은 내 마음이다."

이런 엉뚱한 친구가 외국인 여행객 주머니를 털어내고 있음이 분명하다. 그 사내는 뒤돌아서서 간 후 소식이 없었다.

화장터에 개가 서너마리 떠나지 않은 이유를 뒤늦게 알아

냈다. 타다 만 시체를 먹이로 노리고 있는 것이다.

수장은 맷돌모양의 돌 위에 사람을 묶어서 강 가운데쯤에 내려놓는다. 아주 간편하게 처리하였다. 내가 강변에 머문 동안 5~6세쯤 되어 보이는 아이들이 다가와 몇 마디 인사말을 걸다가 머뭇머뭇 떠나지 않고 서 있다.

"무얼 원하지?"

하고 물으면 '1루피' 하고 야릇한 표정을 짓는다. 거지 아이는 아니고 멀쩡한 가정의 아이들이 이런 짓을 하고 있다.

갠지스 강변 마을 거리에는 마침 오늘이 복권당첨자 발표 날로 술렁거렸다. 복권당첨자 발표 용지를 호외(號外) 돌리듯이 돌리는데 나는 처음 무슨 뉴스인가 하였다. 복권에 대한 열의가 뜨겁다. 한길가에는 어른들 틈에 꼬마들이 많이 낀 주사위 도박판이 벌어지고 있었다. 아마 구걸해다가 이런데다가 쓰기도 하는 모양 같다. 어른이나 아이들이나 모두 타성에 젖어서 사람 태우는 모습은 대단치 않게 여기는 표정이다.

# 사르나트



사르나트까지 가는 버스가 있으나 아쉬아푸르에 내려서 시골길로 2㎞를 걸어 들어갔다. 차마 부처님이 맨발로 걸으셨던 녹야원을 버스로 횡하니 오가는 일은 미안스러워 할 수 없기 때문이다. 배낭을 지고 붉은 벽돌이 쫙 깔린 시골길을 걸었다. 옆 벽에는 소똥을 땔감으로 쓰기 위해 주물럭주물럭해서 납작하게 호떡처럼 만들어 붙인 것이 잇따라 있었다. 무척 가난한 농가들이다. 한 논에는 벼가 여물어서 익어가고 있었다.

중화불사(中華佛寺)란 중국 절에서 여장을 풀었다. 1939년에 덕옥(德玉) 스님이 창건하였다고 한다.

절이 깨끗하고 객실도 한가해서 좋다.

오후 늦게 대승보리회 절에 가보았다.

내가 지금까지 인도 성지순례 중에 본 불교사찰 가운데서 제일 멋진 절이다. 전부 석조건물인데 외형도 단순하면서도 눈에 띄게 잘 지어져 있다.

**10월 3일**

중국 음식이 세계 여러 나라 음식 가운데 제일간다는 말이 맞다. 절에서 주는 식사가 깨끗하고 맛이 좋아 좀 많이 먹었다. 식후에 노스님이 방명록을 펼쳐보여서 보았다. 한국인도 꽤 많이 왔다갔다. 아는 스님들도 더러 보인다. 송광사 스님이 그중 많아 보인다. 나도 방명록 맨 끝머리에 이름 한자를 올렸다. 아는 이의 이름을 보니 반갑다. 나그네 신세를 지는 기간이 길어진 탓인지 모르겠다. 노스님이 참 친절하시다. 말이 통하지 않아 묵언하는 양 지객을 보는 노스님은 손짓과 발짓을 해보일 뿐이다.

푸근한 인정은 충분히 오고간다. 나는 처음에 노스님이 묵

130

언중인 줄 알았다. 영어와 힌디를 모르고 인도에 계시니 그럴 수밖에 없는 일이다.

스리랑카 절(대승보리회 소속)에 아침 참배 나갔다가 옛 녹야 원터에도 들렀다. 아침해가 떠오를 무렵이 장관이다. 오후에 는 박물관에 가서 시간을 보냈다.

**10월 4일**

옆방에 탱화수업 중인 일본인 여 선생님 팀들과 이야기를 나누면서 나의 의견을 다음과 같이 말하였다.

옛 화공들은 탱화를 보다 세밀하게 정성껏 그렸다. 붓에 정 성이 듬뿍 들어 있어 아주 조심스럽게 그렸다.

가능한 한 한 번 붓이 지나간 자리는 두 번 손대지 않는 듯 하다.

재료에 구애되지 않고 오직 정성 하나만으로 심혈을 바쳐 서 그렸다는 등의 이야기.

또 부처님은 귀걸이 목걸이와 다른 장신구를 사용하지 않 는 이유를 설명해 주었다.

"완벽한 인간에게는 장식이 필요없다."

이 말을 아주 귀담아듣는 듯하다.

**10월 6일** (금)

종일 섭씨 33도의 무더위 속에서 가져온 자료를 정리해 가 며 읽었다. 더운 선풍기 바람 때문에 일의 진도가 더디다. 에 어컨의 시원한 바람이라도 쐬고 싶을 정도다. 한밤중에도 30

서역일기 **131**

도 이상이다. 바람기라고는 한점 없는 무더위다. 한더위는 40
도 이상을 오르내린다니 알 만 하다. 우리나라 계절로는 10월
서늘한 때인데 여기는 삼복더위다.

아침에 녹야원(鹿野苑) 주위 호수를 산보 나갔다. 홍련(紅蓮)
은 동남쪽 호수에 피어 있고 백련(白蓮)은 북쪽 호수에 피어 있
다. 동서로 길게 뻗친 호수가 바다같이 넓다. 약용수초(藥用水
草)가 거의 덮여 있는데 약과 거름을 주는 이들이 보인다. 동쪽
호수 부근에는 사르나트 기차역이 있다. 절모양의 역사(驛舍)
가 지어져서 처음에는 어느 나라 절인가 싶었다. 입구는 탑으
로 세워져 있고 뜰엔 요즈음 만든 아쇼카 석주가 서 있다.

부처님 재세시 부처님이 '야사'를 만난 장소가 어디쯤인가 궁
금하여 동서남북으로 호수 주위를 거닐어보았으나 알 수 없다.

경전(經典)에서 강으로 표현된 곳이 바라나시 북쪽에 위치
한 지금 바루나강 임에 틀림없다. 녹야원 주위에는 이곳 호수
이외에 다른 강이나 내[川]가 될 만한 장소가 없기 때문이다.
오후 석양녘에는 부처님이 좌선하셨다는 터로 알려진 중심
불당(佛堂)터와 다섯 비구에게 최초로 법문하셨다는 터로 알
려진 다멕탑에서 시간을 보냈다.

**10월 7일** (토)

자료를 모았다. 녹야원 성지유적 안내판 내용을 모두 옮겨
적었다. 모두 열두 종류다.

조석(朝夕)으로 녹야원 주위를 거닐면서 해돋이와 석양을
바라보는 즐거움이 크다.

132

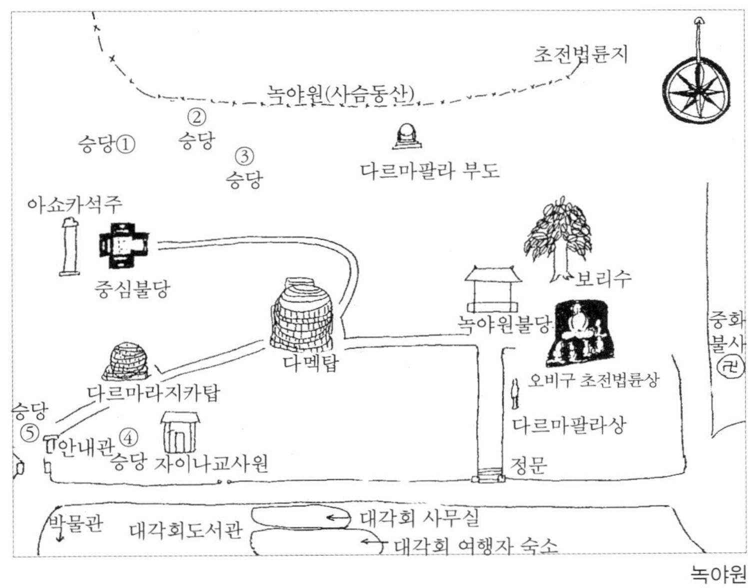


녹야원

바라나시 산스크리트대학에서 공부하는 한국 비구 도웅(道雄) 법형이 오늘부터 중국 절에서 나와 함께 머문다. 태국 가사를 입고 있다. 진한 오렌지 빛깔이 밝아서 무엇보다 좋다. 산뜻한 가사를 나도 입고 싶다. 이곳에서는 색깔이 밝고 환해야 제격이다. 처음 부처님 가사색깔도 아마 태국 가사 색깔과 같지 않았을까. 오랜만에 도웅 법형과 랏시를 싫도록 마셨다.

사르나트(녹야원) 현지 안내문

불전에는 재미있으면서도 슬픈 사슴의 이야기가 나와 있다. 옛날에 바라나시의 왕이 사슴들이 살 땅으로 녹야원 숲을 내주었다는 내용이다.

이곳의 처음 이름이 무리가다바(Mrigadava) 즉 '사슴 동산(녹야원)'이 된 내력과 요즘의 이름인 사르나트는 사랑나타(Sarangnatha) 즉 '사슴의 왕'에서 유래됨을 이야기한다. 이곳의 세 번째 이름인 리쉬 팟타나(Rish Pattana) 즉 '현명한 짐승이 사는 곳'이란 이야기도 나와 있다.

이 녹야원에는 부처님이 오시기 전에 다섯 수행자가 살고 있었다. 그들은 부다가야에서 부처님이 수자타의 우유죽 공양을 받아 잡수시는 장면을 보고 부처님을 떠난 고행 위주 수행자들이다.

정각을 이루신 부처님이 최초로 이곳에 오셔서 다섯 수행자들에게 법문하신 초전법륜지(初轉法輪地)로 불교의 출발점에 해당한다.

부처님의 사대성지(四大聖地)를 꼽는다면 탄생하신 룸비니, 깨달음을 얻으신 부다가야, 초전법륜지인 이곳 사르나트, 열반에 드신 구시나가르 등이 되는데 이곳은 세계 불교 순례자들의 참배 코스로 으뜸이 된다.

이곳에서는 가끔 유물이 출토된다. 시대 추정은 대개 기원전 3세기 마우리아왕조 아쇼카왕 시대로부터, 사실상 불교가 생겨난 인도 땅에서 불교의 자취가 사라진 기원후 12세기까지다.

주요한 유물 다멕탑과 아쇼카 석주 등이 있다.

유적지에는 많은 승당과 부속 건물 외에 여러 시대를 걸쳐 세워진, 시주자의 간절한 발원(發願)이 담긴 작은 모형의 탑들이 있다.


## 다멕탑

옛 이름은 법륜탑(法輪塔:Dharma Chakar)이며 최초로 설법장소로 기록되어있다. 이 탑이 세워진 때는 마우리아왕조 시대

다멕탑

이며 지금 남아 있는 형태는 굽타왕조 시대의 건축 특징인 장
엄한 모습을 지니고 있다.

튼튼한 원통형 탑의 기단부는 직경이 28.50m이고 높이가
33.50m. 본체 구조는 높이 11.20m로, 원통형의 벽돌기둥모양
을 이루고 있다. 기단부 중간쯤에는 사방팔방으로 석불 여덟
상이 조각되어 있다. 불상 아래에는 굽타시대의 예술의 극치
를 보여주는 연꽃무늬, 새와 인간의 모습을 디자인한 석각품
등이 탑 표면을 아름답게 에워싸고 있다.

### 아쇼카 석주 위의 사자상

아쇼카 대왕(BC272~BC232 재위)이 세운 석주의 사자상(獅子像)은 마우리아왕조 예술 작품을 대표하며 오늘날에는 인도의 국가문장(國家紋章)으로 지정되어 있다. 원형은 명문이 새겨진 석주 위에 사자상이 놓여 있었고, 이 사자상 위에는 다시 부처님의 법문을 상징하는 법륜이 맨 위에 장식되어 있었다.

아쇼카 석주 위의 사자상

사방을 향해 포효하는 네 마리의 사자들은 사캬시마(Sakyasimha)로 부처님, 불교 및 교단의 힘찬 기상을 상징한다. 사자들이 딛고 선 둥근 받침돌에는 사방사면으로 불법이 항시 힘차게 약동함을 나타내는 법륜과 함께 네 마리의 '위대한 동물' 인 코끼리·사자·말 및 황소가 양각(陽刻)되어 있다.

### 아쇼카 석주

남아 있는 석주의 크기는 기단부 직경이 2.25피트(68.6㎝)이고 높이가 50피트(15.24m)로 아쇼카 석주의 일부분들이다. 부서진 시기는 알려져 있지 않다.

마우리아시대의 특징인 반짝반짝 빛나는 석주 꼭대기에는, 현재 녹야원 박물관에 진열되어 있는 네 마리의 웅장한 사자상이 놓여 있었다. 석주 서쪽 면에는 불교 교단의 불화합을 막기 위하여 사르나트에 머물고 있는 비구와 비구니에게 경고한 아쇼카의 유명한 칙령이 새겨져 있다.


### 중심불당

이 불당은 부처님께서 좌선하셨던 처소로서 사르나트의 '무르간다 쿠티'를 나타낸다. 건물 형태는 정사각형 모형으로 한 길이가 18.29m이고 좌향은 동향이다.

이곳을 참배한 현장법사는 이 건물의 높이가 약 61m였다고 기술하였다. 지금도 볼 수 있는 벽의 두께는 분명 웅장하고 높은 건물을 지탱해 주었음을 증명해 준다.

건물장식과 유형은 굽타왕조 시대의 작품이다. 불당 남쪽에서 출토된 입불상(立佛像) 역시 굽타왕조 시대(4세기) 유형에 속한다. 불당 중창불사는 지붕이 무너지는 걸 막기 위하여 주요 부가물을 바꾸어 원형 모습이 변경되었다.


### 다르마 차크라 지나 승당

비문에 의하면, 카나주(1114~1154)의 고빈다 칸드라왕의 쿠마르데비 왕비가 시주하여 창건하였다고 한다.

동서의 경내 길이 232m 안에는 많은 건물이 들어서 있었다.

서쪽에는 마당이 있고 다른 삼면에는 작은 방들로 에워싸여 있었다. 높이가 2.44m인 승당에는 지하에 아름다운 조형물이 조각된 벽돌로 잘 꾸며져 있었다.

큰방과 작은 승방은 사라지고 없다. 두 개의 동문이 88.44m 간격으로 서 있었다.

이 승당의 부지는 그 이전의 여러 작은 승당의 폐허된 자리
였다.

서쪽의 맨 앞 단에는 조그마한 승원으로 통하는 중세풍의
지하통로가 있다.

### 돌난간

현재 중심 불당 남쪽의 기초담 아래에 보존되고 있는 이 돌난
간은 최초에 다르마지카탑의 윗부분 난간이었음에 틀림없다.

이 난간은 큰 돌덩이 하나를 구멍 뚫어 만들었으며 아쇼카
석주의 특징처럼 표면이 반짝반짝 윤기를 낸다.

난간 표면에 1~4세기경에 쓴 명문(銘文)이 몇 자 남아 있다.

### 승당 5호

사방이 방들로 에워싸여 있고 한가운데는 마당이다. 9세기
무렵의 승당인 듯 하다. 출입구는 북쪽 가운데 방 사이와 앞쪽
두 수위실 사이이다.

### 스리랑카 아누라다푸라에서 가져온 보리수 묘목 유래

싯달타 태자가 부다가야 한 보리수 아래서 정각을 얻은 이
후 보리수는 부처님과 똑같이 예불의 대상이 되어 왔다.

기원전 288년 아쇼카 대왕의 공주였던 상가미타 비구니가
부다가야에서 그 보리수의 한 가지를 묘목으로 가져와서 당
시의 스리랑카의 수도인 아누라다푸라에 심었다. 이 이후 보
리수는 무성하게 잘 자라서 고목이 되었다.

대각회의 창설자인 다르마 팔라는 녹야원 불당을 새로 창건하면서 낙성 회향식날인 불기 2475년(1931) 11월 12일에, 그 역사적인 아누라다푸라의 보리수 한 가지를 묘목으로 다시 가져와서 이 자리에 기념식수 하였다.

다르마 팔라 스님의 묘비명

"불법과 인류를 위해 봉사의 삶을 살다가 일생을 마친 아나가리카 다르마 팔라 비구의 화장한 유골이 여기에 묻혀 있다.

그는 대각회(大覺會)의 창설자이고 인도 불교를 중흥시킨 개척자이다.

1864년 9월 17일에 태어나서 1933년 4월 29일에 입적하다."

녹야원 불당 안의 사리 내력

1913~1914년에 펀잡주(州)의 옛 도시 탁실라(Taxila) 부근에 있는 다르마라지카탑 주위의 한 불당에서 발견된 부처님 진신사리가 이곳에 모셔지기까지의 내력을 옮겨보면 대략 다음과 같다.

사리함 안에 든 은두루마리에서, 136년(대략 기원후 79년)이란 연대가 명문(銘文)으로 나왔다. 또 부처님의 사리라고 기록되어 있다.

사리의 증정자는 윌링톤의 백작이며 인도의 총독인 바이셔리(H. E. Viceroy)씨이다. 인도의 총독 조지 5세(George V.) 통치 22년째인 서기 1931년에 모시다

차우칸디 동산

이 팔각탑(八角塔)이 서 있는 벽돌 동산은 역사적으로 두 사건과 관련되어 있다.

첫째, 굽타시대 '계단식 탑'의 유물로 축대 세 개로 된 초석이 있다.

부처님이 처음 이 지방에 다다라서 녹야원에서 머물고 있는 다섯 수행자의 모습을 발견한 일을 기념하여 세운 것.

둘째는, 1588년에 고발단이 세운 팔각탑이 있다. 고발단은 아크발왕 때의 사령관이었고 라자 토다말의 아들이었다. 그는 하루 동안 허마연(Humayun)을 방문한 것을 기념하여 이 탑을 세웠다.

10월 8일 (일)

'대각회 법당 부처님'은 유적지에서 발굴된 5세기 석불 초전법륜상을 기본으로 현대판으로 재현하였다.

예불은 미묘한 음악이 연주되듯 아름다운 가락으로 주지 스님이 범패를 연창(演唱)한다.

대중은 6~7명 가량 되어 보인다. 티베트와 중국 스님들이 모여 있다.


## 사르나트① 10월 9일 (월)

사르나트(Sarnath) 마을이 불교성지라는 인상은 마을 두 큰 길 이름에서 먼저 느껴진다. 길 하나는 아쇼카(Ashoka)이고, 다른 길 하나는 다르마 팔라(Dharma Pala)이다. 처음에 아쇼카 대왕은 귀에 익숙한 편이나 다르마 팔라는 그렇지 않다. 나는 녹야원 아담한 석조 불당(佛堂:현재 스리랑카 절)에 참배한 다음에 창건주 다르마 팔라 스님에 대해서 차츰이해하게 되었다. 그의 흰 대리석 입상(立像)은 절 앞뜰에 서 있고, 부도는 뒤켠 사슴이 있는 '녹야원' 곁에 있다.

그의 탄생 100주년 기념행사가 15년 전에 크게 베풀어졌을 때에 다르마 팔라 스님을 '제2의 아쇼카'로 부를 만큼 높이 평가되었다고 하니, 그의 공적은 짐작할 만하다.

불당 동편에는 고목의 보리수와 그 아래에서 다섯 비구에게 법문하고 계시는 부처님상(像)이 모셔져 있고, 불당 서편에는 옛 초전법륜지 현장인 다멕탑이 윗부분은 헐리어진 채 우뚝 버티고 서 있다.

다멕탑은 녹야원의 가장 중요한 유적의 하나로 가치가 높다. 부처님이 다섯 비구에게 최초 법문하셨다는 장소이다.

> 수행의 길을 걷고 있는 사문들, 이 세상에는 두 가지 극단으로 치우치는 길이 있다. 사문은 그 어느 쪽에도 치우치지 말아야 한다. 두 가지 치우친 길이란, 하나는 육체의 요구대로 자신을 내맡겨 버리는 쾌락의 길이고, 또 하나는 육체를 너무 학대하는 고행의 길이다. 사문은 이 두 가지 극단을 버리고 중도(中道)를 배워야 한다. 여래는 바로 이 중도의 이치를 깨달았다. 여래는 그 길을 깨달음으로써 열반에 도달한 것이다.
>
> (불교성전, p.45 인용)

이어서 부처님은 불교의 기본교리인 사성제(四聖諦:苦集滅道)

를 설하시고. 팔정도(八正道)를 설하셨다.

이곳 녹야원에 관한 몇 가지의 책자에는 초전법륜지를 다 멕탑이 아닌 다른 곳으로 지적한 데가 있다.

첫째, 7세기경에 이곳을 참배한 현장법사는 다르마라지카 (Dharmarajika)탑 자리로 보고 있다.

둘째, 야쇼카 석주 자리가 아닌가 추정하는 이가 있다.

그러나 이곳은 모두 100m 이내의 위치에 있어 이 유적지 일원이 녹야원 초전법륜지인 이상 굳이 좁은 한 곳을 정하여 '이곳이 초전법륜지이다' 라고 갑론을박을 할 필요성을 느끼지 않는다.

전하는 바에 의하면 부처님의 안거(安居)처소는 유적지 큰 불당 터이다.

중심 불당 주위에서 발굴된 석불(石佛) 등 유물은 굽타시대를 거슬러 올라간다. 이 중심 불당을 에워싼 일곱 군데 절터는 12세기까지 중수 증축되어 왔다고 하니, 그때까지 절 모습을 잘 갖추고 있었던 모양이다.

5세기 초에 법현(法顯) 스님이 이곳을 참배하였을 때에는 두 개의 큰절이 있었고, 그 후 현장법사가 참배하였을 때에는 30여 사찰이 있었고 한 절의 대중이 대략 100에서 3천 명이었다는 기록이 있다. 지금은 1931년에 다르마 팔라 스님이 창건한 녹야원 불당을 처음 시작으로 일본·중국·미얀마·티베트·태국 등의 6개국 사찰이 들어서 있다. 이 가운데에 우리 한국 사찰이 빠져있다.

뿐만 아니라, 이곳 도서관에 들러봤더니 세계 각국의 경전이 다 모여 있는 가운데에 유독 한국어 불경만 보이지 않아 씁쓸한 일면 부끄러웠다.

처음에는 한국 불교 종단을 탓하고 선대 스님들을 탓하다가 보니 그게 아니었다. 30~40대에 들어선 스님들이 이제 일을 하고 책임을 져야 할 때가 되었음을 느끼고, 내가 할 일들을 돌아보았다. 10, 20년 후에는 우리의 후대 스님과 불자들이 나와 같은 씁쓸함과 부끄러움을 느끼게 될 것 같아 어깨가 무거워졌다.

아쇼카 석주에는 몇 가지 내용의 글씨가 새겨져 있는데, 아쇼카 대왕이 당시 승가에 대한 칙령의 몇 구절 내용을 대충 옮겨본다.

녹야원에 안거하는 비구와 비구니는 부처님의 계율에 따라 화합하고, 승가를 분열시키고 대중 화합을 깨뜨리는 일을 삼가할 것을 칙령으로 공포한다.

화합승가는 예나 이제나 크게 강조되는 일이다.

## 사르나트②
초전법륜의 성지 유적 녹야원에 와 머물면서 조석으로 나는 호수 주위를 산보하였다. 동편에 홍련이 많이 피고 서편에는 백련이 많이 피었다. 해가 떠오를 무렵 밤새 활짝 핀 연꽃을 호수 가까이 가서 바라보는 즐거움은 말할 나위 없이 컸다. 연꽃을 보고 솜씨없는 스케치도 하는 멋을 부렸다.

내가 녹야원 주위 호수를 가까이하며 유별난 관심을 보인 데에는 까닭이 있다. 그것은 야사(Yasa,野舍)이야기에 나오는 ‘강’이라는 지명 때문이다.

> 부처님은 다섯 제자를 거느리고 녹야원에서 한동안 머무르셨다. 어느 날 새벽 부처님은 강물에 얼굴을 씻고, 강변을 조용히 거닐고 계셨다. 그때, 저쪽 강기슭에서 이리저리 뛰어다니는 한 젊은이가 보였다. 그는 미친 사람처럼 마구 고함을 치며 뛰어다녔다.
>
> “아 괴롭다. 괴로워!”
>
> 그 소리는 가슴을 쥐어짜는 듯했다. 부처님은 말없이 강 건너에 있는 그 젊은이를 바라보고 계셨다. 이윽고 젊은이는 어떤 힘에 이끌리듯 강을 건너 부처님 곁으로 왔다. 그는 부처님 앞에 무릎을 꿇고 앉더니,
>
> “이 괴로움에서 저를 구해 주십시오.”
>
> 하고 하소연을 했다.
>
> “여기에는 괴로운 것이 아무 것도 없소. 대체 무엇이 그렇게도 괴롭소?”
>
> 이 젊은이는 바라나시에 살고 있는 큰 부자의 외아들 야사였다. 야사는 왕 못지않게 호화로운 생활을 하고 있었다.
>
> 어느 날 야사는 한 잔치의 파흥 끝에 인생무상을 뼈져리게 느끼고 집을 뛰쳐나와 거리를 헤매다가 부처님을 뵙고 그 길로 머리를 깎고 출가하여 부처님을 따르는 제자가 되었다.

(불교성전, pp.46~47)

녹야원 주위의 ‘강’으로 먼저 머리에 떠오른 것은 바로 이 호수였다. 그러나 녹야원과 가장 가까운 거리에 위치한 이 호수는 바라나시와는 정반대편에 있다는 결함이 있다. 설사 부

144

처님 재세시에 강물로 흘러내렸다고 하더라도 이 호수는 이런 이유로 야사가 건넌 강은 아닐는지 모른다.

그 다음으로 유력한 건 바루나(Varuna)강이다. 이 강은 바라나시 북쪽에 위치하며 서쪽에서 동쪽으로 흘러 갠지스와 합류된다. 경전의 '강 건너 수행자들이 사는 녹야원' 이란 구절 가운데의 '강' 은 바라나시와 녹야원 사이에 가로놓인 강을 말하고 있다. 그렇다면, 야사 이야기에 합당한 '강' 이 바로 바루나강이 아닐까 하는 생각을 떠올리면서도 다시 선뜻 단정을 내리기 어려운 데가 남아 있다. 녹야원에서 바루나강은 8km 떨어진 거리에 놓여 있기 때문이다. 녹야원 주위의 강이라고 보기에는 약간 무리가 온다.

> 최초 부처님이 성도(成道)하신 후, 바라나시 녹야원에서 다섯 수행자가 귀의한 다음 장자(長者)의 아들 야사도 출가를 하였다. 야사의 부모는 집을 나간 외아들이 돌아오지 않는 것을 걱정하던 끝에 사방에 사람들을 놓아 아들을 찾게 하였다. 아버지 자신도 아들을 찾아나섰다. 강변에 이르러 야사가 벗어놓은 듯한 황금빛 신을 발견했다. 강 건너 수행자들이 사는 녹야원에 가지 않았을까 하는 생각에 곧 강을 건넜다. 찾아간 곳은 부처님이 계신 처소였다.
> 부처님은 그를 위해 여러 가지 방편으로 설법을 하셨다. 야사의 아버지는 그 자리에서 마음을 열리어 신도가 되기를 원했다. 부처님은 그를 위해 삼귀의(三歸依)와 오계(五戒)를 차례대로 말씀하셨다.
> 이렇게 해서 야사의 아버지는 부처님의 가르침 아래서 맨 처음으로 삼귀의와 오계를 받는 신도가 되었다.

(불교성전, pp.560~561)

서역일기 145

이제 암베드칼 박사(Dr. Ambedkar)에 대한 자료수집으로 시간을 보낸다. 태국 절에 가서 암베드칼 박사 전기를 빌려왔다. 태국절 주지 스님이 나그푸르(Nagpur:인도 한가운데에 있는 마을로 인도 스님들이 많이 안거하고 있음) 태생이라 여러 모로 자상한 배려를 베풀어주었다. 태국 절의 터가 넓다. 지금 큰 법당을 짓고 있는 중이다.

요사채 등은 2층 빌딩으로 진작 잘 지어져 있다. 우리는 법당부터 짓는데 태국 절은 법당을 맨 나중에 짓는다. 태국 스님들이 아주 수행자다운 느낌이 든다. 담배는 피우지만 그래도 표정에서 승체(僧體)가 뚜렷하다.

# 나그푸르



인도의 한복판 도시 나그푸르(인구 150만 명)에 와서 불지사(佛地寺: Buddha Bhoomi)에서 여장을 풀었다. 나그푸르 시민의 4분의 1에 해당하는 37만 5천 명이 불자라고 한다. 절 수는 50여 군데이고 스님은 40명 가량 머물고 있다. 이 가운데 스리랑카 스님이 3명, 태국 스님이 6명, 일본 스님(인도에서 출생한 이)이 1명이고 그 외는 모두 인도 스님이다. 비구니는 4명이다.

인도불교에 관한 소식이 궁금하던 차에 좋은 자료다.

인도에 불자는 전인구 8억 가운데 2.5%로 2천만 명이며, 인도 스님은 나그푸르 30명, 봄베이 100명. 캘커타 100명, 델리 50명, 기타 지역 20명으로 모두 합해서 300명 가량 된다.

**10월 13일** (금)

나그푸르는 우후죽순처럼 불교사원이 들어서고 있는 마을이다.

동네마다 불교기가 나부끼고 그 아래에는 금동불상·토불상·석불상과 암베드칼상이 모셔져 있다. 한길가나 동네 가운데에서 으레 이런 성상을 본다.

암베드칼 박사는 보살의 화현(化現)으로 출현한 이라고 불지사 주지 스님이 설명한다.

아침 9시 반에 불지사 대중을 따라 공양초청에 가보았다. 집 앞에는 밀가루와 색깔이 든 가루로 만다라가 곱게 그려져 있어 쉽게 찾아갈 수 있었다.

법회가 안방 불단 앞에서 1시간 가까이 베풀어졌다. 우리가 처음 도착하였을 때에 공양청을 한 보살이 물로 발을 씻어주고 정례(頂禮)를 발등에 하여 감격하였다. 공양하고 나올 때에도 법회에 동참한 30명 이웃 불자 가운데 많은 이들이 우리 발등에 정례하였다.

두 번째로 간 집은 불상을 새로 모시는 봉불의식(奉佛儀式)의 법회였다. 마찬가지로 집앞 마당에 만다라가 그려져 있었다. 대개 '불자의 집' 표시로 보리수잎이 문설주에 매달려있었다.

세 번째 집은 아주 부유한 장자(長者)인 듯해 보였다. 인도인 가정에서 공양 및 차 대접을 받아본 일에 크게 감격한다.

오후에는 SOS 어린이마을에 가보았다. 불지사가 운영하는 무의탁 어린이 보호소다. 창설 이후 23년 동안에 300여 명의 아이들이 이곳을 거쳐갔다고 한다. 지금은 어린 꼬마아이 및 초등학생 35명이 있었다.

**10월 14일 (토)**

곳곳에서 제33주년 암베드칼 박사 개종일 기념법회가 열리고 있었다. 마침 보름달(음력)법회가 낀 날이다. 불지사에는 350명가량 신도가 모였다. 목탁과 요령이 없을 뿐 대체로 우리 절 포교당과 같다. 점심공양도 모두 절에서 한다.

식판이 아니고 나뭇잎 위에 쌀밥과 반찬을 받아놓고 먹는다. 스님들은 발우공양을 할 때 열을 지어서 앉는 자세대로 공양을 한다.

암베드칼 박사가 개종을 선언한 장소에 가보았다. '디크샤 아 부미(Deeksha Bhoomi)' 사원이 원형 체육관처럼 들어서고 있었다. 대형 암베드칼 박사 흉상이 그 앞에 놓여 있다.

암베드칼 박사의 이름을 딴 암베드칼대학의 건물은 원형법당 뒤로 물러나 있다. 그 주위 조그마한 법당에는 암베드칼 박사의 스승, '찬다르만(Chandramant)' 스님 진영(眞影)을 모신 데가 있었다. 30% 가량 이뤄진 원형법당 아래층 불상 앞에는 20여 명의 남자들이 법회를 하는 중이다. 향·초·꽃공양이 가득하다.

11시 30분경에는 '법륜(Dhamma Chacra)'이란 처사의 집에 들러서 한글 독경으로 삼귀의와 반야심경을 해주었다.

일반 가정집이다. 집을 짓고 있는 중으로 거의 지어진 상태다. 담벽과 대문의 칠을 밝은 갈색으로 칠하는 중이다. 방이 세 칸이고 부엌과 두 개의 욕실이 갖춰진 현대식 고급주택이다. 다섯 식구가 우리에게 정례하기를 두 차례 하였다. 처음 갔을 때와 나올 때 하였다. 지극정성이었다.

밤거리에서 부처님과 암베드칼 박사상이 모셔져 있는 곳에 촛불이 켜져있는 모습도 보였다. 불교기가 펄럭이는 거리가 인상적이다.

밤에는 파우니(Pauni) 일본 절에서 합동기념법회가 있어 동참하였다.

인도 스님 외에 스리랑카·티베트 스님도 눈에 띄었다. 대략 14~15명 스님이 동참한 듯하다. 법회 중에 내게 인사말을 해주기를 청하여 서툰 영어로 10분쯤 말하였다. 곁에서 불지사 총무 스님이 힌디로 통역하였다.


"나마스테!"
나는 이 자리에서 여러 사부대중과 만나 기쁘다. 4개월 20일 동안 인도성지를 참배해 온 중 이런 기쁨은 처음이다. 불교기가 나부끼고 부처님과 암베드칼 보살이 여기저기 모셔진 모습도 장관이다. 만일 이 소식을 우리 한국 불자들이 듣는다면 인도성지로서 제일 먼저 이곳 나그푸르에 올 줄 안다. 나그푸르는 이제 새로운 불교성지다.
우리 한국에서 성지순례 하는 곳은 거의가 불교성지다.

이것은 인도에서 태어나신 부처님의 가르침이 이웃나라 중국을 거쳐서 전하여진 이후 불교사원이 많이 들어선 까닭이다.

인도는 이렇게 보면 맏형에 해당한다. 중국·한국·일본·태국·미얀마·스리랑카·네팔 및 티베트는 동생이다. 동생들 나라가 불교를 흥하게 하며 三寶를 받들어 모시는 일이 강하다. 인도는 중간에 불교가 자취를 감추듯이 약한 적이 있었다. 형이 병들고 약한 것을 섭섭하게 생각하던 차에 이제 예전 부처님 재세시처럼 불법이 크게 일어나기 시작하여 다행으로 여긴다.

끊임없이 암베드칼 같은 보살이 태어나 인도 불교가 흥하기를 기원한다. 나그푸르에서 제2·제3·제4의 암베드칼이 나와 불교가 부흥되어야 한다.

**10월 15일 (일)**

기차로 이타르시(Itarsi)까지 왔다. 자리가 없어서 서서 6시간 가까이 왔다. 나는 이 혼잡스런 기차 안에서 한쪽에 글 쓸 자리를 마련해 원고 두 편을 썼다. '다시 자라고 있는 인도 불교 — 암베드칼 개종 기념법회를 보고'와 '무소의 뿔처럼 혼자서 가라'를 썼다. 이곳에서 '다시 자라고 있는 인도 불교'는 불교신문사에 속달로 부쳤다.

**10월 17일 (화)**

사르나트 중국 절에 새벽녘에 도착하였다. 오전 내내 잤다.
승복을 태국 오렌지 색깔 가사로 바꿔입어보았다. 녹야원 큰 법당에 가서 참배하고 사진도 한 장 찍었다.

150

새로 중노릇을 시작하는 기분이 든다. 색깔이 밝고 환한 가사가 마음에 든다. 치마 위에 티베트 절 스님들처럼 속내의를 위에 입고 가사를 입는 법을 몇 차례 익혔더니 쉽게 해낼 수 있었다.


# 부다가야




현대 인도 불교 중흥 보살 '암베드칼의 금동입상'을 그동안 써서 모아둔 원고와 함께 항공우편으로 부쳤다.

짐을 덜어서 절에 맡기고 홀가분하게 부다가야로 떠난다. 룸비니 들어갈 때 다시 사르나트에 와서 침낭·등산화 등 짐을 챙겨서 떠날 참이다. 오렌지 색깔 가사를 입고 주위 연못에 가서 홍련을 보고 즐기다가 왔다. 서서히 성지순례의 즐거움과 보람을 느낀다.

비하르주로 넘어와 부다가야 부탄 절 객실에 여장을 풀었다. 도중에 5시간 반 동안 밤열차를 탄 탓으로 밤 10시에 도착

하여 가야 역사(驛舍)의 의자에 앉아 밤을 새웠다. 밤새 꿈을 꾸었다. 송광사에서 내년에 한국 절을 세울 장소라는 말이 있어 더욱 부다가야에 대한 관심이 높아진다.

10월 19일 (목)

보리수가 있는 대각사(大覺寺: Mahabodhi Temple) 큰법당에 참배하고 주위를 둘러보았다.

높이 50m의 거대한 피라밋형 대각사 큰 법당 주위 우루빌라 마을에서 부처님 자취를 살펴보았다.

10월 20일 (금)

부처님 수행처를 살펴보고 '부처님의 생애' 란 전기를 쓰고 싶은 생각이 난다.

전정각산(前正覺山)은 돌산으로 높이 200m쯤 되는데 다섯 봉우리가 있다. 첫 번째 봉우리(부다가야 편에서) 북편에 석굴이 있다.

부처님이 좌선하셨던 자리로 전해진 곳에 잠시 앉아보았다. 만감이 오고 간다. 또 다른 석굴이 있다. 높이는 1m, 넓이는 1평 남짓되는 석굴이 지금은 동네사람들의 휴식처로 쓰이고 있다.

전정각산의 위치는 부다가야 대각사에서 북동으로 4.5km 떨어져있다. 주위에 두 줄기 강이 있을 뿐이며 녹초지 혹은 논이 망고나무·보리수·코코아나무 등 사이에 깔려 있고 낮은 산이 바로 보여서 쉽게 찾아갈 수 있었다. 부처님이 목욕하셨

152

다는 니련선(尼連禪)강에서 오후 시간을 보내며 목욕을 싫도록 하였다. 강물이 아주 조용히 남에서 북으로 흐르고 있다. 깊은 곳은 무릎까지 물이 차오른다. 강폭은 넓어 거의 1㎞쯤 되어 보인다.

부처님이 수자타의 우유음식 공양을 받아 드신 곳, 수자타의 집터 등의 위치를 다시 그려본다. 우루빌라 마을은 강마을이다. 소·염소·개·돼지·닭 등 가축이 마을거리와 강 모래벌에서 나다닌다. 우루빌라 마을은 빈농으로 토담집·초가집이 대부분이고 기와집도 더러 있다.

신발을 신은 이와 신지 않은 이가 반반이다. 아이들은 외국인들에게 손을 내밀며 '한 푼 줍쇼' 하고 끈질기게 따라다닌다.

나는 그동안 여행 중에 인도사람들에게서 배운 대로 쉽게 거지 쫓는 방법을 써먹었다. 허리를 굽혀서 마치 신을 벗어드는 시늉을 내기만 하면 아이들을 질겁을 하고 달아난다.

한번은 한 인도 사내가 사기꾼을 붙잡아 신을 벗어서 그의 뺨을 때리는 모양을 본 적이 있다.

자세히 보니 뺨에 신바닥을 갖다대는 시늉을 할 뿐 힘껏 때리는 게 아니다. '더러운 줄을 알아라, 염치를 지켜라' 하는 정도에서 그친다. 그러고 보니 중국·한국·일본 등 북방 사람들은 독하고 매서운 데가 많이 있음을 알았다.

주먹질과 발길질을 해도 '어디가 부러져 나가라' 하고 내지르기가 십상이다. '더러운 줄을 알라, 염치를 지켜라' 하는 정도와는 다르다.

발길질도 인도 사람들은 연약하다. 주먹질도 역시 연약하다. 말소리 역시 고함치는 일은 하지 못한다. 물론 예외로 독한 이가 더러 있어 보이나 대다수 인도 사람들은 양같이 순하게 느껴진다.

벼가 익어가고 박넝쿨·호박넝쿨·수세미넝쿨 등이 한국 농가의 한 풍경처럼 초가지붕에 뻗쳐 있는 모습도 보인다. 소달구지도 지나다니나 농사는 경운기로 경작하는 이가 많다. 평야지역이기 때문에 농산물이 아주 흔하고 값이 싸다. 고구마를 1kg에 4루피 주고 사와서 저녁에 쪄먹었다.

**10월 22일** (일)

참고로 몇 가지 주워들은 이야기를 적어본다.

버스로 가는 부탄 길이 있다. 실리구리에서 푼트샤링으로 건너뛰는 길이 있다고 한다. 부탄에서 온 도르지 남겔(Dorji Namgyel)씨 내외 이야기다.

부다가야 8성지가 있다. 이제부터는 8성지 이름과 위치를 찾아나서야겠다. 대강 알 수 있는 곳이나 두세 군데는 미심쩍다.

이곳 부다가야 축제일을 알아냈다. 그날은 바이사크 푸르니마데이(5월경, Vaisakh Purnima Day, Falling In May)이다.

부다가야 지명 역사를 도서관에서 알아보았다. 처음 이름은 우루빌바(Uruvilva) 혹은 우루벨라(Uruvela)였고, 부처님 성도 이후 부다가야(Buddha Gaya) 혹은 보드가야(Bodh Gaya)로 널리 알려졌다.

보리수 이름은 피팔수(Pipal Tree) 혹은 아스바타(Asvatta)라고 한다.

강 이름이 지금도 네란자라(Neranjara) 혹은 나란자라 (Naranjara)로 쓰이고 있다.

10월 23일 (월)

오후에 가야산 등반을 하였다. 가야산은 부처님이 최초 좌선하셨던 곳으로 알려져 있다.

해인사 가야산을 생각하고 옷차림을 간편히 하는 등 등산차림을 갖추었는데 어이없이 10분도 못되어 정상(頂上)에 오르고 말았다.

산 높이가 150m밖에 되지 않는 낮은 언덕이다. 역사의 현장은 때로 우리를 이렇게 당혹스럽게 하기도 한다. 상상한 것이 현실로 비춰보일 때 너무 큰 차이가 나서 실소를 금치 못한다. 이곳 부다가야의 안내책자가 없어 불편이 많다. 큰절 안내책자만 이곳 도서관에 비치되어 있다. 내일 새벽에는 안내자를 따라 수자타의 집터를 찾아가 확인해야겠다.

10월 24일 (화)

부다가야 성지약도를 그릴 생각으로 여기저기 뛰어다니다가 밤늦게 숙소에 들어와 쓰러져서 잔다. 방위와 거리측정은 대충 정할 수밖에 없어 안타깝다. 오늘은 아침 6시에 출발하여 안내자를 데리고 뛰었다가 밤 8시에 돌아와 빨래하였다. 가야산 등반할 때 갑자기 하늘에 비구름이 끼더니 무지개가 선명하게 떴다. 주위는 박하숲으로 꽃이 파란색으로 피어 더욱 장관(壯觀)이었다. 향긋한 박하향기에 반쯤 취해 있던 차에

무지개까지 떠있어 기쁨은 절정에 이르렀다. 오를 때는 숲으로 돌아서갔고 내려올 때는 440계단으로 내려왔다.

10월 25일 (수)

참 많이도 부다가야 백사장을 헤매었다. 이레 동안 전정각산을 두 차례 오르고 가야산을 두 차례 다녀왔다. 수자타 사원을 매일 찾아가듯이 하였고 관계문헌과 아는 이를 수소문하여 방문하기를 이레 동안 한 결과 이제 좋은 지도가 하나 생겨났다. 지도를 구하려고 헤매었다가 결국은 내 손으로 그린 것이다. 이건 꼭 필요한 지도와 안내문이다. 아주 힘든 작업이다.

10월 26일 (목)

지도를 복사해서 대각사 안내 스님과 처사, 그리고 여러 관광 안내소 직원들에게 나눠줬더니 모두 좋아하면서 반긴다.

내가 머물고 있는 부탄 절 스님들과 성지순례차 머물고 있는 나그네들에게도 나눠주었다. 이제 내일 아침 5시에 라즈기르행 버스에 오를 것이다.

한숨 푹 자고 나서 원고 '보드가야'를 쓰고 싶다. 한 짐을 던 기분으로 홀가분하다. 피곤이 한꺼번에 몰려온다. 일을 마치고 나니 아픈 데가 눈에 띈다. 몇 군데 다친 데가 보여 약도 발랐다.

### 부다가야 대각사 현지 안내문

대각사(大覺寺)는 BC 3세기 아쇼카왕에 의해 창건되어 수차례 흥망을 거듭해 오다가 11세기 때에 없어졌고, 현 건물은 1882년에 복원되었다.

① 뒷나무 : 보디 팔란까(정각을 이루신 곳)

싯달타 태자는 기원전 623년 만월이 뜬 날 바이사카(Vaisakha)에 이 보리수 아래에 앉아 정각을 이루셨다. 보리수 아래의 바즈라사나(Vajrasana, 金剛座)는 공양 참배의 중심지이다.

② 입구 왼편 : 아니메사 로카나(부동자세로 응시한 곳)

부처님께서 정각을 이루신 이후 이곳에서 선정에 들어 부동자세로 보리수를 바라보면서 두 번째 주 7일을 보내셨다.

③ 왼편 Ⅰ : 카나마나(보행 회랑)

부처님께서 정각을 이루신 이후 이곳 위 아래를 걸으시며 세 번째 주 7일을 보내셨다. 대 위의 연꽃들은 당시 걸으셨던 부처님의 발자국을 나타낸다.

④ 왼편 Ⅱ : 라타나가라(기초 명상소)

부처님께서 정각을 이루신 이곳에서 선정에 들어 파따나(인과법)를 심사숙고하시면서 네 번째 주 7일을 보내셨다.

⑤ 입구 나무 : 야쟈팔라 니그로다 나무(벵골보리수)

부처님께서 정각을 이루신 이후 이 나무 밑에서 선정에 들어 다섯 번째 주 7일을 보내셨다.

이곳에서 부처님께서는 브라만에게,

"출생에 의해서 브라만이 되지 않고 그 사람의 행위에 의해서 브라만이 된다."라고 대답하셨다.

팔구강
대각사에서 떨어진 거리표시
수자타의 집터 : 약 2km
수자타 절 : 약 2km
티베트 절 : 약 2km
우루빌라 카샤파 절(다람라니) : 2.5km
목요하신 곳 : 약 1km
저정각산(둔게쇠리) : 약 5km
가야 : 약 11km
가야
불적행로
석굴
전정각산
(90m)
네 란
자라강
모하내강
부다가야
수자타의 집터
음식공양을 받았던곳
(현재는 수자타 절)
②
⑤
③
⑦
⑥
④
①
대각사
(정각을 이루신곳)
목욕을 한 후
음식공양을
드신 곳
티베트 절
우루빌라 카샤파 절

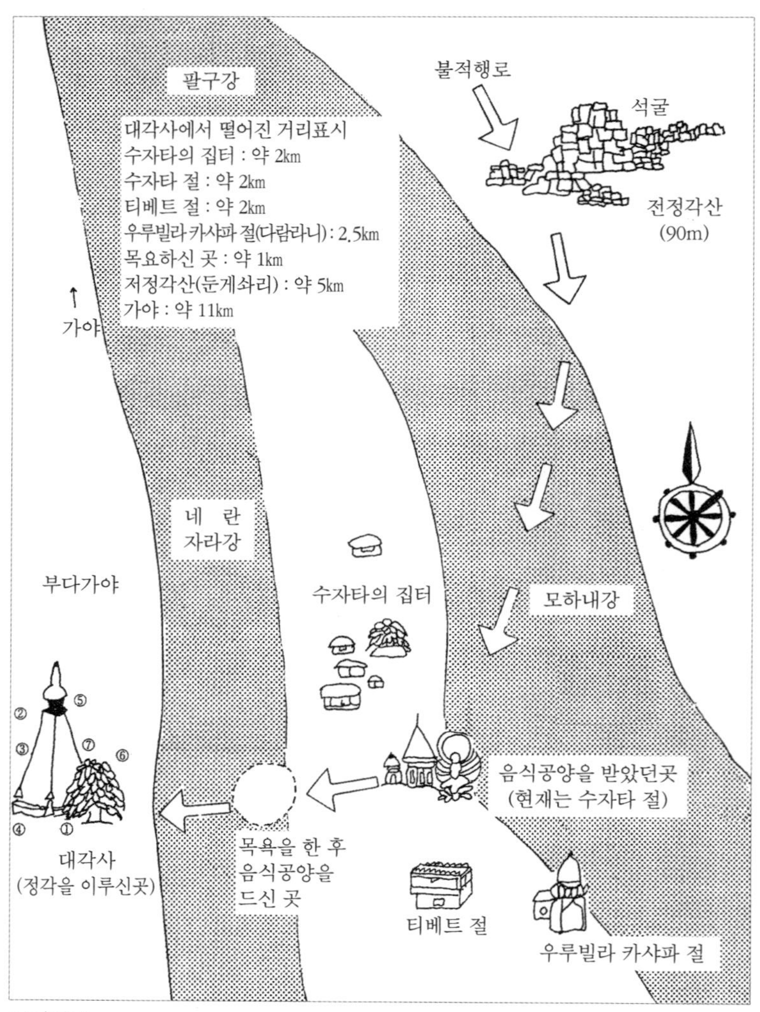

부다가야

⑥ 오른쪽 연못 : 무칼린다(뱀 왕의 거처)

부처님께서 정각을 이루신 이후 이곳에서 여섯째 주 7일을 보내셨다. 부처님께서 선정에 들었을 때에 심한 우레와 폭풍우가 내리쳤다. 이때 부처님을 보호하기 위한 신이 나타나서 우레와 폭풍우를 물리쳤다.

⑦ 오른쪽 보리수 : 라자야타나(삼림수의 일종)

부처님께서 정각을 이루신 이후 이곳에서 선정에 들어 일곱 번째 주 7일을 보내셨다. 선정이 끝날 무렵에 두 상인, 타뿌사와 발리까지가 부처님께 떡과 꿀을 공양 올리고 위안의 법문을 청하였다.

삼보(三寶) 가운데서 불보와 법보는 성립되었으나 승보(僧寶)는 그 당시 성립되지 아니하였다.


# 라즈기르




카메라 대신 나침반과 1.5m짜리 줄자 하나로 성지순례길에 나서 필요한 곳에서 안내도(案內圖)를 그려보는 재미도 괜찮다.

왕사성터 길이와 넓이, 위치 등을 살펴본 다음 이곳도 안내도가 필요하다는 걸 알았다. 나는 대동여지도를 그린 김정호 선생을 생각하고 보다 안내도를 정확하게 그려보려고 거듭 거리를 확인했다. 아침부터 작업이 시작되면 어두울 무렵에야 숙소에 돌아오고 다시 밤에는 조사해 온 자료 정리에 눈코

뜰 새가 없다. 라즈기르에 와서 새로운 일거리가 생긴 것이다.
숙소는 미얀마 절 객실이다.

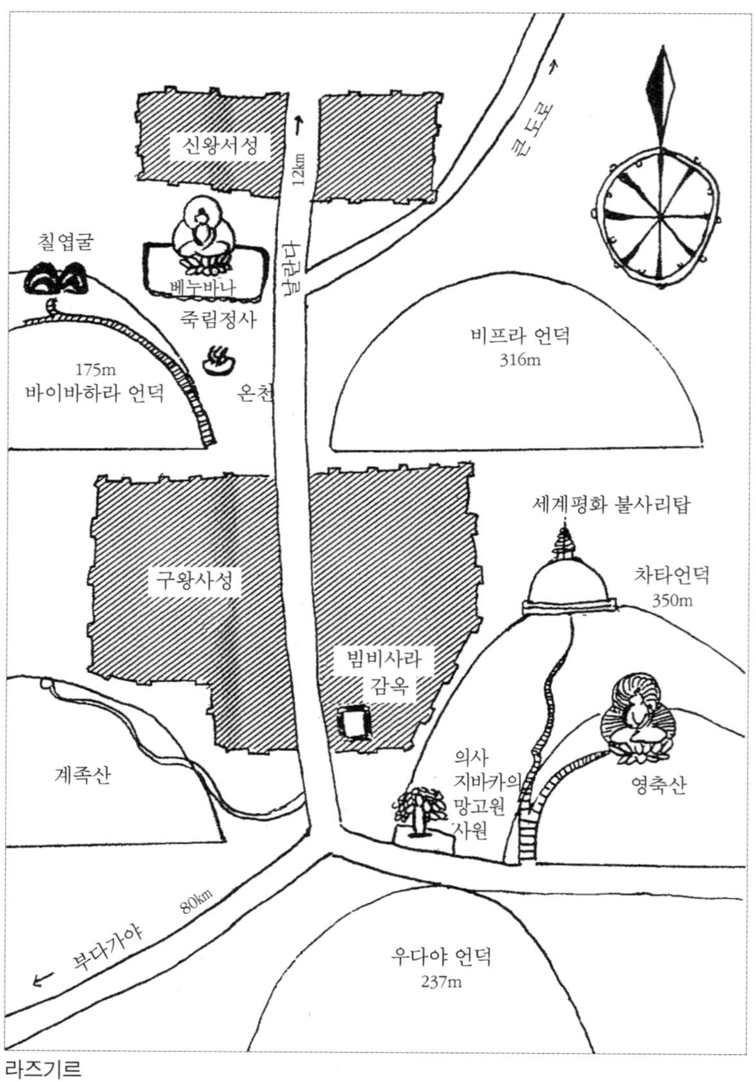



라즈기르

160

삭발 목욕을 하고 향을 피웠다. 나그네 신세이나 삭발목욕 일이면 즐겁다. 감자와 고구마를 사다가 쪄서 무김치에 먹는 맛도 좋다. 김치 담는 일도 즐거운 일과중의 하나다. 소금으로 간기를 할 뿐이나 그래도 자꾸 담아 먹는다. 삼사일이 지나면 곧 시어진다. 이틀째 먹는 김치맛이 제격이다. 라즈기르(王師城)는 여러모로 뜻이 깊은 성지다.

첫째, 부처님이 웃다카 라마풋타 스승을 만나 비상비비상처(非想非非想處) 수행을 익히신 곳이다.

둘째, 부처님이 부다가야에서 성도한 뒤에 녹야원으로 가는 도중에 거쳐가신 곳이다. 아마 웃다카 스승에게 설법하려고 이곳에 왔으나 아깝게도 얼마전 세상을 떠난 뒤였던 모양이다.

셋째, 부처님이 안거(安居)를 가장 오래 하신 곳이 사위성(舍衛城)이고 그 다음이 이곳이다. 기록에 따라 다르지만 왕사성이 5안거처 혹은 12안거처로 전한다.

넷째, 부처님이 열반 직전 구시나가르로 출발하기 전의 장소이다.



힌두교 부(富)의 신 카리(Kali)를 모시는 드와리(Dwali) 축제 날이다.

밤이 깊어가도 축포소리가 끊이지 않고 집앞에 켜 놓은 촛불도 밝아 라즈기르 5만 시민은 좀체 홍분을 가라앉히지 못하는 듯하다.

아침에는 목욕재계하기 위해 마을 온천에 다녀오는 인파(人波)가 끊이지 않았다.

나는 절 뒷방 조용한 곳에 짐을 옮겨놓고 죽림정사(竹林精舍)터와 영축산(靈鷲山)에 다녀왔다.

죽림정사는 불교의 최초 사원으로 기념적인 곳이다. 아직도 죽림정사 주위에는 대밭이 잘 보존되어 있다. 죽림정사의 연못(500평) 앞에 부처님 좌상이 모셔져 있어 참배하였다.

죽림정사터는 대략 6천여 평 되어 보이며 좌우로 영축산과 칠엽굴이 자리한다. 부처님이 목욕하셨다는 온천은 죽림정사 바로 앞쪽에 있고 신왕사성터는 죽림정사 바로 뒤쪽에 자리한다.

**10월 30일 (월)**

영축산에 올라가보고 느낀 점이 하나 있다. 그건 현장법사 공로다. 영축산이 부처님 성지(《妙法蓮華經》을 위시하여 상당한 양의 경전이 전하여진 곳)로 밝혀진 것은 순전히 현장법사의 노력이다. 영축산 앞은 툭 터진 벌판이고 벌판이 끝나는 곳에 산이 길게 누워 있다. 영축산의 모양이 독수리를 닮아 보인다.

왕사성(라즈기르) 현지 안내문

영축산편.

① 암자(불교사원) : 이 유적은 7세기경에 현장법사가 지적한 '영축산내 암자' 로 보인다.

② 돌집(Stone House) : 이 두 돌집들은 7세기경에 현장법사가 지적한 '영축산내 돌집' 으로 보인다. 진흙을 구워서 만든 불전 탁자가 출토되었다.

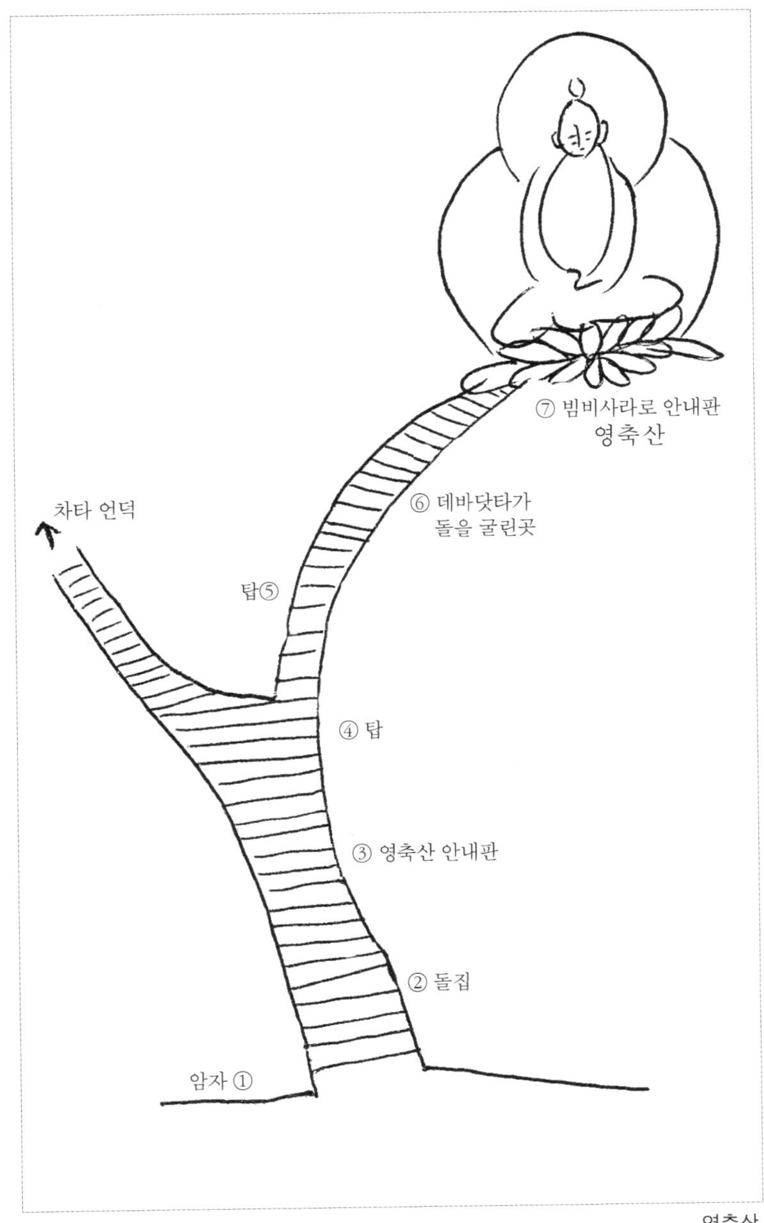


영축산

③ 영축산 유적 : 왕사성 주위에 있는 차타 기리(Chhatha Giri)의 산 일부인이 영축산 유적지에는 부처님(BC 563~BC 483)의 많은 설법 장소가 있다.

④ 탑 : 빔비사라(Bimbisara)왕이 영축산에 계시는 부처님을 친견하기 위하여 권속들을 거느리고 와서는 그들을 돌려보낸 장소가 바로 이 탑이 세워진 자리고 여겨진다.

⑤ 탑 : 빔비사라왕이 부처님을 친견하기 위하여 수레에서 내려서 친히 걸어 올라간 장소가 바로 이 탑이 세워진 자리로 여겨진다.

⑥ 말다쿡쉬(Mardakukshi) : 이곳은 말다쿡쉬 승당이며, 또 한편으로는 데바닷타(Devadatta)가 부처님께 돌덩이를 굴려서 해치고자 하였던 역사적인 장소로 여겨진다.

⑦ 빔비사라(Bimbisara) 로 : 빔비사라왕이 부처님을 친견하기 위하여 새로 만든 길로 여겨진다.

| | |
|---|---|
| 새벽부터 칠엽굴에 참배 올리고 | 早朝參拜七葉窟 |
| 지금은 바위 덮인 영축산에 올라 있네 | 巖壁靈鷲今我攀 |
| 자나깨나 부처님의 금강보좌 보려더니 | 悟昧欲見金剛座 |
| 하늘엔 바람기없이 한가로운 흰구름. | 靑天無風白雲閑 |

**10월 31일 (화)**

어느 때보다 신심 굳고 단단해짐을 느낀다. 간밤에 일본 절에서 빌려온 《묘법연화경(妙法蓮華經)》을 독송한 탓인지 모르겠다. 부처님의 설법 현장에 와서 그 대목 법문을 다시 읽는 재미가 그만이다.

현실감이 느껴져서 이해가 깊어진다.

오늘 아침에는 죽림정사터에 가서 부처님께 참배하고 빌려온《묘법연화경》도 되돌려주고 왔다.

종일 자료정리에 골몰하였다. 이제 나의 부처님 성지 답사 방법을 적어둔다.


(1) 예비준비

① 자료를 읽고 찾아나 설 곳을 정한다.

② 불경이 설하여진 대목을 읽는다.

③ 지명과 위치를 현지지도와 안내책자로 확인한다.

(2) 현장답사

① 현장에 가서 주위를 돌아보고 참배한다.

② 필요한 자료를 모은다.

③ 현장에서 설하여진 부처님 법문을 상기한다.

④ 자료와 대조해 보고 재확인한다.

(3) 자료정리

① 약도를 그린다.

② 신구(新舊)지명을 경전에서 사용된 지명과 대조해 본다.

(4) 마무리 작업

① 원고지에 느낀 점을 대충 쓴다.

② 원고지를 재삼 읽어가면서 고칠 곳은 고쳐 쓴다.

③ 미심쩍은 곳은 다시 현장답사하거나 아는 이를 방문해
　 확인한다.

# 날란다



계속 북행이다. 날란다대학터 대총림(大叢林)을 보고 감탄이 절로 나왔다. 세계 불교대학으로서 최대의 규모로 전해진다. 당시 멀리 여러 나라에서 학생으로 온 스님들의 수효는 1만 명이고 교수님은 2천 명으로 한 교수 밑에 4명의 학생이 공부한 셈이다. 5세기 때부터 12세기 무렵까지 번창하다가 모슬렘 교도에 의해 파괴 방화되고 말았다는 안내문이 있다. 여기서 출토된 석불 등은 앞쪽 박물관에 가득 진열되어 있다.

현재 박물관터는 대사원(Maha Vihara)이 들어앉았던 자리다. 한 가지 특이한 점은 날란다에 지금도 대학이 있다는 사실이다. 인근 도시 비하르(인구 20만 명)와 라즈기르(인구 5천 명)보다 작은 2천 명의 시골에 대학이 있어 비하르 사립(Bihar Sharif)과 라즈기르 학생들이 날란다에 모인다. 옛날처럼 교육 도시 면모는 여전한 것이다.

다음으로 현장기념관에 가보았다. 대학터에서 2km쯤 북동쪽에 떨어져 있다.

내가 지금까지 인도 부처님 성지순례를 하면서 크게 감사해야 할 두 분이 있다. 첫째는 아쇼카 대왕이고, 둘째는 현장법사이다. 부처님 성지라는 확인은 거의 이 두 사람의 공적으로 이뤄진 줄로 안다. 아쇼카 석주와 《대당서역기(大唐西域記)》는 이런 의미에서 큰 보물이다.

날란다의 새 대학

파트나 호텔에 와서 여장을 풀고 내일부터 인근 부다로(路)
에 있는 유명한 '파트나발물관' 관람을 해야겠다.

### 날란다대학 유적 현지 안내문

날란다대학은 고대의 가장 위대한 대학 중의 하나로서
불교와 동양예술 분야 학문의 중심을 이룬 대총림이었다.
최초 창건은 굽타황제 쿠마라 1세(413~455)의 후원으로 이
뤄진 듯하다. 이 이전인 411년 인도 불교 성지를 참배하였
던 法顯 스님이 날란다대학에 대하여는 아무 말이 없는 것
을 보면 이 사실은 분명해진다.

637~642년 사이에 현장법사가 날란다대학에서 공부한
게 인연이 되어 인근에는 '현장기념관' 이 들어서 있다.

카나주(Kanaj)의 할사발다나(Harshavardhana, 606~647)왕
은 깊은 신심으로 날란다대학을 후원하여 크게 융성케 하
였다. 동인도의 팔라(Pala)왕들도 꾸준히 날란다대학을 후
원하였다(8~12세기).

이 왕조의 데바팔라(Devapala, 815~854)왕은, 수발나드비파
(Suvarnadvipa 혹은 Sumatra)의 발라풋라데바(Balaputradeva)
왕이 세운 날란다대학내의 절 보존을 위하여 왕사성(라즈기
르) 인근 마을 다섯 군데를 하사하기도 하였다. (이 안내문
내용에는 다른 자료에 나타난 사실을 약간 덧붙였으나 뒷부분
은 생략함.)

## 날란다 스님

지난날 인도 날란다대학의 '날란다 스님' 하면 곧 당대의
최고 지성인이며 법사(法師)로서 존경을 받았다. 물론 입학도
까다로워 먼 나라에서 수학 온 스님일지라도 대다수가 되돌
아가기 일쑤였다. 요즘 명문대학 입학의 문보다 경쟁률이 훨
씬 높았던 모양으로 입학하러 온 이들 10명 가운데서 7,8명
혹은 그 이상의 숫자가 되돌아가곤 하였다. 당시 입할률은
20~30% 정도였다고 헤아린다. 뿐만 아니라 입학 후 곧 토론
에 들어가서 힘겨운 코스를 겪었다는 현장법사의 기록이 있
다. 자료를 살펴보면, 졸업하는 과정도 무척 힘겨웠던 것 같
다. 대학생활의 엄격하면서도 활기찬 분위기가 날란다 순례
자 이칭(I-Tsing : 義淨)의 기록을 통해서 나타나 있다. 규칙적인
하루 일과는 물시계를 사용해서 마쳤다. 이곳에는 중국 스님
은 물론 한국 스님도 여럿이 와서 머물다가 떠나갔다.

교과목은 상당히 주목할 만하다. 유적 유품으로 보아 5세기
부터 12세기까지의 시기였는데도 동양의 전래 학습과는 다르
다. 교과목을 보면, 불교성전(대승과 소승을 포함), 논리학, 산스
크리트 문법, 베다(Veda:힌두교 성전), 의학, 형이상학, 동양

168

불교 최대의 날란다 대학 유적·중심 큰 법당과 탑

예술(미술) 등이다.

유적으로 선원(禪院)의 터도 있다.

현장법사가 수학할 당시 학생 1만 명에 교수가 2천 명이었다는 건 현대 대학교육의 발전된 일면과 통한다.

날란다대학 유적의 한 곳은 계단교실이라고 한다. 아마 극장식 좌석 배치로 된 강당인 모양이다. 전체 대중의 토론도 이런 계단교실에서 종종 이뤄지고 있어서 요즘 우리 승가 교육 현장을 비춰보면 거꾸로 구시대를 뒤쫓는 느낌이 든다. 1천 년 전의 날란다대학은 오늘의 우리 승가 교육과정보다 훨씬 발달된 모습을 갖추고 있었음이 확실하다.

날란다대학의 대규모는 당대뿐만 아니라 오늘날에 이르기

까지 승가 교육기관으로서는 이를 넘기기가 어렵다. 부지 14헥타르(약 4만 3,500평)에 대학건물이 들어서서 1만 명이 숙식을 함께 하며 머물렀던 사실은 한마디로 놀라울 뿐이다.

여기서 이제 날란다대학의 마지막 모습을 살피려고 하니 깊은 통탄이 앞선다. 폐허된 붉은 벽돌 건물 자취는 어쩌면 13세기 이후부터 자취를 감춘 인도 불교의 현장일는지도 모른다. 여기에 봉안되었던 부처님상(像)은 출토되는 대로 옛 대사원(大寺院)터에 세워진 날란다박물관에 모셔져 있어 가슴을 아프게 한다. 13세기 초에 모슬렘의 잔인한 왕 모함마드 박티얄 킬지(Mohammad Bakhtiyar Khilji)에 의하여 법당·도서관·대학 건물은 불태워지고 스님들은 죽음을 당하고 말았다.

1951년에 인도 스님 자가디사 카사파 마하테르(Jagadisa Kasapa Mahather, 1908~1976)에 의해 이곳 날란다대학터 부근에 새 날란다대학이 세워졌다. 오늘날에는 교수진(25명)과 학생들(200명)이 각처 각국에서 모여 산스크리트·파리(Pali)·힌디(Hidi) 등과 불교학을 활발하게 공부하고 있으며, 이 가운데 18명의 스님들이 5년 코스의 과정을 공부하고 있다.

날란다는 '자비무한(慈悲無限, Charity Without Intermission)의 뜻을 담고 있다고 현장법사는 말한다.

지금 새 날란다대학의 기숙사 젊은 스님들의 '자비무한' 실현 의지는 매우 굳세어 보인다.

이제 '날란다 스님' 가운데서 우리에게 잘 알려진 몇 분을 소개할까 한다.

사리푸타(Sariputta, 舍利佛)

날란다대학이 들어서는 큰 인연은 부처님과 사리푸타에서 시작된다.

부처님은 종종 이곳 날란다에 들르셔서 법문하신 적이 있다.

"부처님이 날란다 성 바바리 암라 동산에 계실 때였다. 하루는 견고(堅固)라는 남신도 한 사람이 부처님을 찾아왔다……."

《장아함 견고경(長阿含 堅固經)》은 이렇게 시작된다. 신통을 비구가 경계해야 한다는 법문을 내리신 대목이다.

날란다는 지혜 제일 사리푸타 존자가 태어나고 입적(入寂)한 곳이다. 사리푸타는 태어난 방에서 다시 입적하여 사리푸타의 생가(生家)는 절이 되었다. 현재 발굴된 유적지의 남서쪽 끄트머리에 아쇼카 대왕이 탑을 세웠다는 티베트 불교의 자료가 있다. 사리푸타의 고향이 나라(Nala) 혹은 나라카(Nalaka)·나라카그라마(Nalakagrama)라는 곳은 모두 같은 옛 지명이다.

뒷날 사리푸타는 이곳에서 12km 남쪽에 위치한 라즈기르에서 날란다 태생인 목갈라나(Moggallana, 目連尊者)와 함께 부처님께 귀의하였다.


나가르주나(Nagarjuna, 龍樹보살)

대승(大乘)불교 대학자 용수보살로 더 잘 알려진 나가르주나는 2세기경에 이곳 날란다대학에서 공부한 후 빼어난 교수로 활약하면서 지낸 적이 있다. 후일 그는 남인도 나가르주나 콘다(Nagarjuna Konda) 혹은 나가르주나 상가(Nagarjuna Sanga) 라고 하는 지역에서 교단을 이끌어가며 대승불교 논장(論藏) 저술과 학교를 설립하는 등으로 큰 활약을 한다. 본디 이 지역은 비자야푸르(Vijayapur)였으나 나가르주나의 높은 명성으로 지명이 바꾸어졌으니 그의 위력은 알 만한 일이다. 나가르주나 콘다는 1969년 댐 공사로 인공호수 속에 잠수되어 그의 이름처럼 이제는 용궁(龍宮) 속에 나가르주나 콘다가 머물고 있다고나 할까.

## 아상가(Asanga, 無着보살)와 바수반두(Vasubandhu, 世親보살)

아상가와 바수반두는 형제로 4세기 무렵의 '날란다 스님'을 대표한다. 아상가는 요가(Yoga)학파의 불교 철학자로 그의 말년 12년 동안을 날란다대학에서 보냈다.

아상가의 사상은 동생 바수반두에게 이어졌다. 바수반두는 날란다대학의 가장 빼어난 스님들 중의 한 사람으로 후대에 끼친 영향이 크다.

## 현장법사

현장법사가 날란다대학에서 수학한 햇수가 만 5년(637~642)이라고 안내판에 나와 있다. '날란다 스님'으로서 오늘날까지 날란다에서 영예를 차지하고 있는 스님이다. 날란다대학 유적 주위에 우뚝 선 '현장기념관(玄奘紀念館)이 이 사실을 말하여 주고 있다.

날란다대학의 상세한 자료는 대개 현장법사의 기록에 의존
하고 있다. 성지순례 중에서 이와 비슷하게 느낀 일들이 많다.
예를 들면, 라즈기르의 법화도량(法華道場) 영축산이 불교성지
로 밝혀진 것도 오직 현장법사의 기록덕분이다. 그의 성지순례
기인 《대당서역기》는 이런 의미에서 큰 보배가 아닐 수 없다.


### 이 칭(I-Tsing, 義淨)

현장법사보다 30년 뒤인 673년에 인도를 성지순례하는 길
에 날란다대학에서 공부하였다. 날란다 절의 스님 수효가 3천
명을 넘으며 200여 마을 촌락이 왕의 후원으로 유지되고 있다
는 등의 그의 성지순례 기록은 현장법사 다음으로 귀중한 자
료다.

티베트 불교의 자료에는 날란다대학의 최후 모습을 담은
기록이 있다.

"1235년 여름 두 절에 스님 80명이 남아 있었다."


### 11월 2일 (목)

파트나박물관에 가보았다. 10세기부터 11세기 사이에 만들
어진 석불(石佛) 중에 왕관을 쓴 부처님이 눈길을 끌었다, 여
태까지 나는 '부처님은 완벽하시기 때문에 몸에 더 장식할 필
요를 느끼지 않는다' 라는 생각을 가지고 있었다.

보살상과 같이 화관을 쓴 부처님, 목걸이·팔찌·발목장
식·귀걸이 등을 한 석불상이 다섯 분 눈에 띄었다. 큰 석불은
길이가 1m가 넘었다.

돌아오는 길에 사리파라고 하는 맛좋은 과일을 1kg 사와서 먹었다. 괜스레 맛좋은 과일을 앞에 두고 있자니 여러 친지와 존경하는 스님들 생각이 났다. 벌써 인도 성지순례길에 오른 지 5달 10일이 지났다. 여기도 가을추수 중이고 과일도 수확 철이라 계절은 비슷한 셈이다.

11월 3일 (금)

갠지스강을 끼고 있는 파트나는 아쇼카 대왕 시절 옛 수도 였고 지금도 비하르주 수도인 만큼 번화하다.

식당도 고급호텔이 많아 골라가면서 좋은 식당으로 다닌 다. 서비스도 좋고 음식도 다양하게 갖추어져 있어 여행자에 게는 쉴 만한 곳 같다. 나는 거리의 싸구려 포장마차 음식으로 지내오다가 갑자기 왕이 된 기분으로 식당 종업원의 서비스 를 받아가며 팁도 내어준다. 돈 쓰는 이들의 멋을 알 만하다. 인도 상류층 사람들은 참 고급스런 옷차림에 시종을 둘씩 데 리고 다니며 구경 다닌다. 박물관에서 내가 멋모르고 어느 인 사 곁에 섰더니 하얀 제복 위에 붉은 띠를 찬 시종이, 제 주인 곁에서 떨어져서 구경하라고 점잖이 요구해 왔다. 식당에서 도 상상하기 어려운 비싼 음식들을 많이 시켜먹고 팁도 후하 게 내밀고 가는 걸 더러 보았다. 사성계급(카스트)제도의 일면 이 역연하다.

거리에 나서면 도로포장공사, 건물신축공사 현장의 잡부 임금이 15루피에서 20루피라고 한다. 8백 원 가량 되는 저임 금이 그들의 생활비니 그 가난은 알 만 하다. 고급식당 음식한 그릇 값이 대개 15루피 이상 간다. 빈부차이가 심해도 너무 한다는 생각이 든다. 나도 한 끼니 잘 먹고 나면 20루피에서 30루피는 보통이다. 호텔 사용료는 하루 30루피에서 50루피가 보통이다. 내가 매일 100루피에서 150루피씩 쓰는 걸 보고 '부자' 라는 말을 한다. 여행 중에 가난한 인도 사람들이 내게 한 말이다.

# 바이샬리

**11월 5일 (일)**

바이샬리 유마거사의 마을에 닿았다. 바이샬리는 마치 내 옛집이 있는 고향마을 같은 느낌이 든다. 해진 뒤 호수 주위 고목 숲으로 인력거를 타고 지나올 때 마냥 즐거웠다.

나의 숙소는 호수 주위 유스호스텔이다. 조용하고 깨끗한 방, 더구나 넓고 아늑하여 쉴 만하다. 값이 너무 싸다. 하루 8루피, 델리 같았으면 200루피 이상을 호가할 방인데 시골이라 거의 무료 같다.

| | |
|---|---|
| 한밤중 호수에는 달빛이 춤추고 | 夜半湖水月光舞 |
| 아육왕 석주 위에 사자는 잠들었네 | 阿育石柱獅子眠 |
| 유마의 옛집은 어디에 있을까? | 維摩故家何處在 |
| 두어라, 불이보살은 어디에나 머문다. | 不二菩薩無處住 |

바이샬리 현지 안내문

### 사리탑

이곳에서는 리크카비칸에 의해 세워진 바리샬리 몫의 부처님 진신 사리탑이 발굴되어 드러났다.

최초의 진흙탑은 5세기 초 무렵에 세워졌으며 나중에 세워진 탑은 세 차례에 걸쳐 중축되었다. 첫 번째 중축은 마우리아 왕조 시대로 믿어지며 두 번째 세 번째 중축은 각기 기원전 1세기와 기원후 1세기에 속한다.

흙과 재를 섞어 빚은 진흙탑 안에서 사리함이 발굴된 바 있다. 다른 유물로는 마크가 붙은 동전 다발, 두 종류의 유리구슬 다발, 한 개의 전폐 및 조그마한 얇은 금조각이 있다.

### 아쇼카 석주와 코루아탑

코루아(Kolhua)는 옛 바이샬리의 주요 부분이었다. 이 지역에서 사자 기둥머리와 명문(銘文)이 있는 아쇼카 석주 및 벽돌탑이 발견되었다.

아쇼카 석주와 벽돌탑 사이의 제한된 발굴로, 벽돌탑이 세 번 개축되었다는 사실이 밝혀졌다.

이 벽돌탑은 두 번째 개축 단계에서 제 모습을 갖춘 듯하다. 이외에 다른 설계 및 다른 크기의 소탑이 벽돌탑 부근에서 발견되었다.

마우리아 왕조 시대의 작품인 이 아쇼카 석주와 벽돌탑은 발굴에 의해 그 주요 부분들이 빛을 보게 되었다.

주요 발굴물은 아름다운 치장벽토, 불두(佛頭), 소조(테라코타), 명문이 새겨진 가슴장식, 입불상(立佛像), 부서진 사리함 파편, 테라코타의 구슬 및 준 보석 등이다.

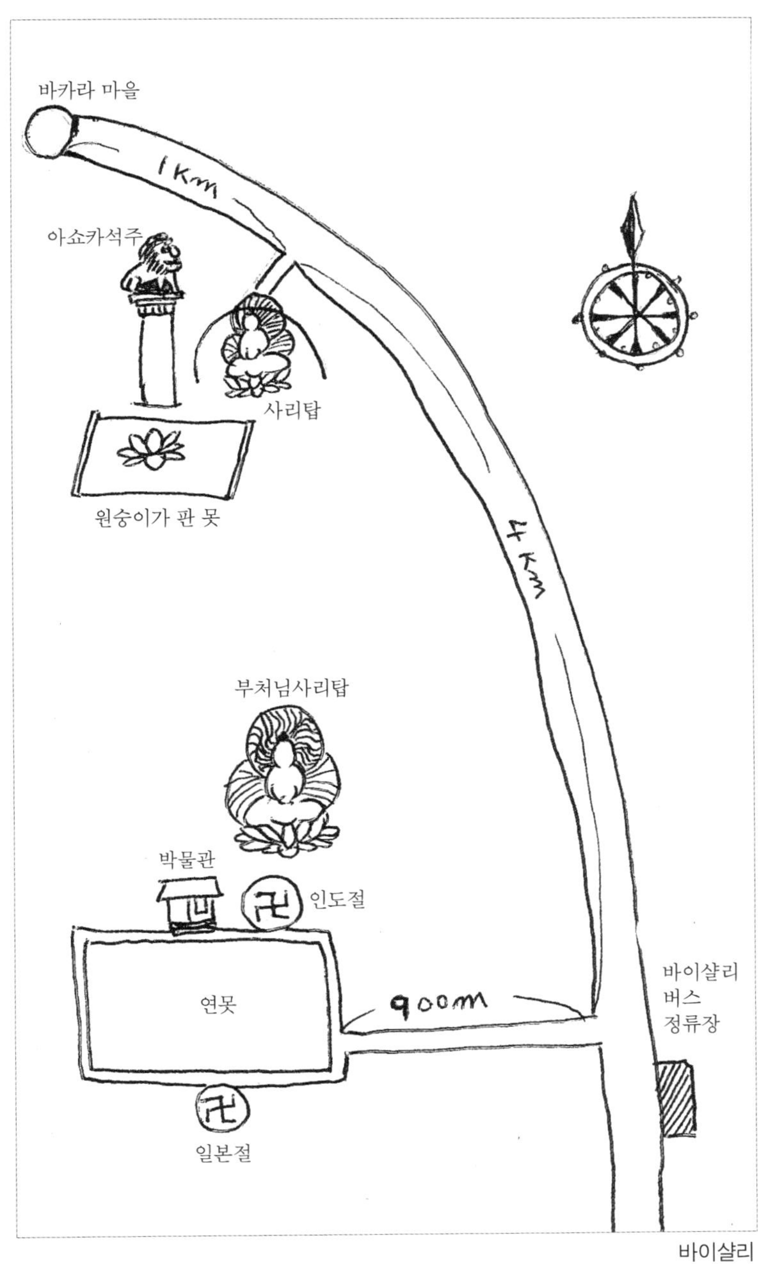

바카라 마을
1 Km
아쇼카석주
사리탑
원숭이가 판 못
부처님사리탑
박물관
인도절
연못
900m
4 Km
바이샬리
버스
정류장
일본절
바이샬리

식전에 아쇼카 석주와 부처님 사리탑 유적지를 참배하였다. 낮에는 빨래를 하고 인근 박물관, 인도 불교사원, 일본 불교사원 등을 살펴보았다.

오늘 아침 나절에 스리랑카에서 불사리탑(佛舍利塔) 성지에 참배 온 일행이 바이샬리를 자동차로 한 바퀴 휙 돌아보고 구시나가르로 떠나면서,

"자동차가 있으니 함께 갑시다."

하였다. 스님 한 사람과 처사 세 사람이다. 그러나 나는 좋은 기회를 만났으면서도 동행하지 않았다. 부처님이 안거하셨던 땅 그 마을에서 밥을 먹어보고 잠을 자보고, 천천히 생각할 여유를 가지고 조석으로 거닐어보기를 즐겨하는 나는 자동차 일행들과는 어울리지 않기 때문이다.

흔히 서둘러서 성지 참배하는 이들의 경우를 보면 무슨 관광지를 거쳐가는 기록을 세우기라도 하는 듯이 스치고 지나간다. 물론 시간이 없기 때문에 그럴 것이다. 바쁜 생활 중에 열흘 이상 보름간의 짬을 얻어낸다는 건 어려운 일인 줄 안다. 그렇다고 하더라도 일생일대의 성지순례길에서는 조금도 조급히 서두를 필요가 없다고 생각한다. 무엇이 이보다 더 바쁜 일이 있을까.



정전이다. 식당에서 석유램프를 빌려다가 놓고 일기를 쓴다. 모기소리가 윙윙거린다. 모기장이 있어서 걱정은 없다.

나는 석양 무렵에 앞 못에서 헤엄을 치고 일본 절 쪽으로 건너갔다가 왔다. 수영 실력이 늘어서 속도가 빨라진다. 바다같이 너른 이 호수는 옛날 임금님의 대관식이 거행될 때에 관수(灌水)하였던 곳이라 한다.

수영을 마치고 숙소에 돌아오니 인도 스님이 기다리고 있었다. 오는 12일 부다가야에 가자고 한다. 달라이 라마 법회가 있으니 동참하자는 것이다. 그러나 나는 할 일이 있어서 함께 갈 수가 없다. 이곳 바이샬리 소감을 써야 한다. 마치 한 성지에 닿으면 숙제를 받은 아이처럼 긴장된다. 소감을 다 쓰면 그렇게 홀가분할 수가 없다. 그냥 휙 한 바퀴 돌아보는 거야 쉽지만 소감을 쓰자니 두세 번 혹은 서너 번 성지현장을 돌아보고 관계자료를 검토하기에 바쁘다. 큰 공부가 되긴 하지만 늘 바쁘다. 대개 한 성지에서 머무는 기간이 4일 이상 되는 까닭도 물론 이 소감 쓰는 일 때문이다. 후일 자료로서 충실을 기하자면 노력하지 않을 수 없다. 바이샬리는 내가 토굴을 짓고 살고 싶은 마을로 여겨진다. 평화롭고 아늑해서 좋다.

## 바리샬리

바이샬리(경전에서는 베살리(Vesali:毘舍利, 毘耶離)로 나온다. 3천 년 전에 이곳을 도읍으로 하고 다스리던 왕이 라자비샬(Rajavishal)이었던 까닭으로 여기에서 지명이 연유되었다고 한다)는 아주 한적하고 아름다운 마을이다. 너른 진흙들판 사이사이에는 큰 연못이 곳곳에 들어서 있고 연못가에 선 아름드리 나무들은 연못 수면 위에 아로비춰 그림같이 아름답다. 더구나 해뜰 무렵과 해

질 무렵은 장관이다. 바나나와 코코넛 등 열대 식물이 많은 것
도 이 지방 특색의 하나이다.

부처님은 바이샬리와 인연이 깊다. 맨 처음 출가하여 외도
(外道) 수행을 할 때에 아라라 칼라마(Alara Kalama) 스승 밑에
서 무소유처(無所有處) 공부를 하신 곳으로 알려져 있다. 그리
고 최후 열반 직전에 바이샬리에서,

"아난다, 나는 이제까지 모든 법을 다 가르쳐왔다. 법을 가
르쳐주는 데 인색해 본 일이 없다. 이제 나는 늙고 기운도 쇠
했다. 내 나이 여든이다. 낡아빠진 수레가 간신히 움직이고 있
는 것처럼 내 몸도 겨우 움직이고 있다."
하고 말씀하신 후 바이샬리 지방에 흩어져 있는 비구들을 모
이게 하고는, 석 달 후에는 열반에 들겠다고 하신 곳이다. 그
외에도 이곳 바이샬리에서 안거를 하시며 교화한 적이 있다.

율장 사분율(四分律)에서는 비구 수다나의 음행으로 인하여
계본(戒本)의 첫째 조문이 제정된 곳으로 알려져 있다. 부처님
은 이때 모든 비구들에게 다음과 같이 말씀하셨다.

"차라리 남근(男根)을 독사의 아가리에 넣을지언정 여자의
몸에는 대지 말라. 이와 같은 인연은 악도에 떨어져 헤어날 수
없기 때문이다. 애욕은 착한 법을 태워버리는 불꽃과 같아서
모든 공덕을 없애버린다."

교단이 생긴 지 다섯 해 만의 일이다. 이 이후 부처님은 수
범수제(隨犯隨制)하여 비구와 승가의 잘못이 있을 때마다 경계
하는 계율을 마련하였다.

바이샬리에 와서 제일 궁금하게 여긴 일이 하나 있다. 바이

샬리 장자(長者) 유마힐(維摩詰)의 옛집을 찾아내는 일이다. 만나는 이들에게 수소문하여 백방으로 노력하였으나 헛수고였다. 이 지방에는 전혀 유마힐의 존재를 알지 못하고 있다.

생각해 보면, 부질없는 일이다. 유마거사는 무처부주(無處不住)하여 바이샬리에만 머물렀을 리 만무하다. 유마경의 무대 바이샬리에 와서 불이(不二) 법문을 읽으면서 유마거사 옛집을 찾는 일은 제쳐두었다.

지금 이곳에는 두 불교사원이 있다. 옛날 대관식이 있었던 큰 연못(Coronation Loutus Tunk) 남북으로 일본 절과 인도 절이 마주보고 서 있다. 스님은 한 절에 한 사람씩 머물고 있고 참배 차 온 불자들로 간신히 불전에 향연(香烟)이 이어져가고 있는 실정이다.

진흙 불사리탑(Relic Stupa)터는 인도 절 뒤편에 자리한다. 부처님 열반 후 불사리를 분배받아서 곳곳에 세운 7탑 혹은 8탑 가운데 1기(基)에 해당한다.

이 진흙 불사리탑터에서 출토된 불사리함(佛舍利函), 동전 및 다수 염주알과 소라고동 껍질 한 개, 금판(金版)조각 등의 일부는 부근에 세워진 박물관에 진열되어 있다.

박물관 중앙에는 왕관을 쓴 부처님이 모셔져 있어 눈길을 끈다. 높이 1m가 넘는 흑색 석불좌상을 9~10세기경의 작품으로 추정하고 있다. 소품으로 왕관을 쓴 불두(佛頭)는 11~12세기로 추정된다. 파트나박물관에도 이와 유사한 왕관을 쓴 부처님이 다섯 분 모셔져 있어 이색적이다.

북서쪽으로 4km 떨어진 지점에 아쇼카 대왕의 석주와 부처님탑, 원숭이가 파서 부처님께 불공하였다는 300평 남짓한 못이 있다. 아쇼카 석주는 거의 완벽한 상태로 보존되어 있다. 높이 18.5m 돌기둥 위에 북쪽을 향한 실물 크기의 사자 한 마리가 앉아 있다. 이 석주를 남북으로 붉은 벽돌로 된 부처님탑터와 원숭이 못이 자리한다. 부처님탑은 마우리아왕조 때의 작품으로 확실시 되고 있다. 여기서 출토된 불두, 도기 등의 일부는 바이샬리박물관에서 찾아볼 수 있다.

산치탑의 한 조각에서 '원숭이의 꿀공양' 모습을 볼 수 있는데, 이 원숭이들이 여기에 못을 팠다는 전설이 전해 내려오고 있다.

인근 주민들은 바이샬리를 소개할 때에, 바이샬리가 최초 민주국의 발생지라는 말을 빼놓지 않고 설명한다. 기록을 들춰보고 이 말이 사실에 가깝다는 생각이 들었다.

불교사에서는 밧지(Vajji)족의 십사비법(十事非法) 대목에서 바이샬리가 언급된다. 최초 불교 교단의 분열이 이곳 승가를 통해 발생한다.

당시 바이샬리는 매우 부유한 상업도시였다. 비구는 돈을 갖고 있지 않아야 한다는 계목(戒目)이 있었으나 이곳 비구들은 돈을 갖고 있는 데서 문제의 논쟁이 일어났다. 십사비법에서 이 문제 외에 소금도 저장해 두지 않아야 한다는 말도 들어 있다. 옛 승가 전통을 굳게 따르려고 하는 노장 스님들과 상당히 시대의 흐름에 맞춰 편리하게 승가생활 모습을 바꿔야 한다는 바이샬리 젊은 스님들 사이의 논쟁이 승가의 최초분열을 초래한다. 아마 바이샬리가 '최초 민주국 발생지' 라는 분위기 탓으로 그런 일이 가능하였는지 모른다.

그 외에도 칠엽굴에 이어서 제2경전 결집이 이뤄진 곳이며,
돈 많은 기생 암라파리(Amrapali)가 제 소유의 망고 과수원을
부처님께 바치고 후일 비구니가 되었다는 이야기는 바이샬리
주민들 사이에 화제로 전해 내려오고 있다.

**11월 8일 (수)**

오랜지색으로 물드는 해뜰 무렵과 해질 무렵 모습이 장관
이다. 호수 위에 비치는 그 아름다움은 놀라우리만큼 환상의
세계를 이뤄 감탄을 자아낸다. 오래 머물고 싶은 바이샬리 마
을이다. 여기 바나나나무를 자세히 살펴보니 파초(芭蕉)였다.
바나나나무와 파초를 따로 알고 있었는데 그게 아니다.

**11월 9일 (목)**

일단 바이샬리의 성지순례길을 거두고 바라나시로 향하였다.
이제는 네팔 가는 준비를 해야겠다. 룸비니 참배를 할 차례
다. 비자 기간이 촉박하여 곧 인도를 떠나야 할 실정이다.

바라나시 화장터(Harishchadra Ghat)에서 밤을 새웠다. 시신
이 끊임없이 들어와 장작불이 밤새 탔다.

우는 이는 없다. 가족 10여 명이 지켜보는 가운데서 화장이
진행되고 맨 나중에 물을 끼얹는 것으로 끝이 난다. 이때 개들
이 몰려와 탄 뼈와 고기를 먹는 게 보였다. 가장 인상적인 것
은 긴장대로 타들어가는 시신을 자주 후려쳐서 빨리 태우려
고 애쓰는 모습이다.

현봉(玄鋒)·현전(玄田) 스님 등 송광사 스님들이 녹야원에 참배 왔다. 지난 달 28일에 출국하였다고 한다.

오늘은 제58회 대각사 창건기념일이다. 축제가 성황리에 이뤄졌다.

불일암(佛日庵) 스님도 11월 10일 인도순례 길에 오르셨다는 소식이다.

'관음대사 영첨(觀音大士 靈籤)'을 그동안 3일간 철야작업으로 한글로 옮겨써서 두 벌 복사하였다.

달밤에 녹야원 대탑(大塔) 참배를 하였다. 감동이 크다. 결제 날 밤은 스리랑카 스님들이 모여서 예불하는 대각사에서 지냈다.



한국서 온 스님 일곱 사람과 점심을 산스크리트대학 기숙사 도웅 스님 방에서 먹었다.

현봉·현전·도웅·혜월(慧月, 스리랑카인)은 비구 스님이고, 법선(法宣)·현원(玄原) 스님은 비구니 스님이다. 쌀밥에 김치를 먹으면서 즐거워하였다. 저녁은 중국음식점에서 잘 먹었다.

그동안의 회포를 풀며 싫도록 웃었다. 서로 도움되는 여행정보와 비싼 수업료(비싸게 물건을 사서 바가지 쓴 이야기 등) 바친 이야기도 하였다.

# 룸비니



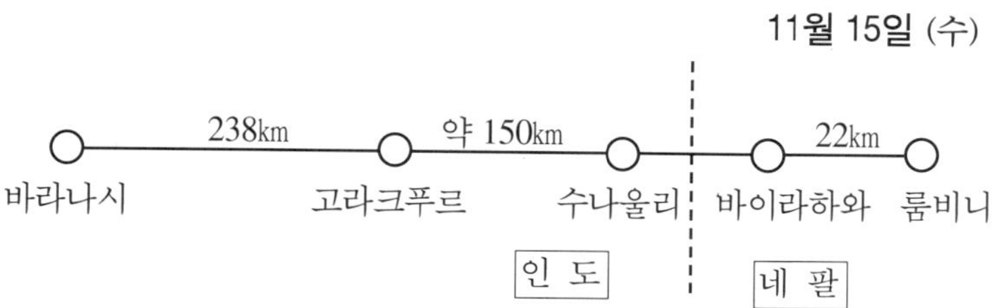



바라나시에서 새벽 2시에 일어나서 짐을 챙겨 싸들고 나서서 밤 6시에 네팔 룸비니에 도착, 무려 16시간을 버스길로 강행한 셈이다. 룸비니(부처님 탄생지)에 닿아서 우선 참배부터 하였다.

석양빛이 차츰 스러지고 있었다. 구룡지 못몰 위에 오래도록 오렌지색깔 하늘빛이 잠겨 있었다.

무슨 인연이 있었기에 룸비니 이런 성지에 발을 멈추고 부처님을 보다 가까이 느낄 수 있는가 생각해 보았다. 부처님 일대기나 경전에서는 먼 전설같은 룸비니가 이제 현실로 돌아와 눈앞에 놓여 있어 감격스럽다.

룸비니는 원래 네팔 말로 룸민데이(Rummindei) 혹은 힌디로 루파데비(Rupadevi)이며 '아름다운 여자' 란 뜻으로 부처님의 외할머니 존함이다.

숙소를 룸비니 성지 가까이 있는 네팔 절로 정하였다. 1953년에 창건되었다는 이 네팔 절에는 스님 한 분이 절을 지키고 있다. 날이 조석으로 쌀쌀하다. 네팔 비자는 15일간 받았다.

룸비니 오는 길이 의외로 수월하고 편한 느낌이 든다. 일본 사람 참배객이 많이 눈에 띄었다.

성현 한 분이 태어난 자리에 절이 들어서고 성지 참배객이 끊임이 없다. 또 성현의 발 닿는 곳마다 성지이다. 따로 절 지을 생각을 아니 하여도 발 닿는 곳마다 절이 들어선다. 여기에서 부처님의 법문이 가깝게 되새겨진다.

풀 한포기 꽂아놓고 절이 다 되었다고 한 법문은 오래 머리에 머문다. 풀한 포기 없이 절을 다 지어놓는 법문이라도 알 듯하다.

**11월 17일** (금)

룸비니 동산에서 서쪽으로 25㎞ 떨어진 카필라 바스투에 다녀왔다. 해돋이 무렵에 자전거로 출발하여 해질 무렵 숙소로 돌아왔다.

길이 잘 나 있으나 차가 다니지 않아서 참배하기가 어렵다. 카필라 바스투는 왕궁이나 성(城)이라기보다 저택에 가깝다는 생각이 들 만큼 소규모였다. 현재 동문터가 남아 있는 카필라 바스투의 규모는 400~500m 이내에 들어 있다. 카필라 바스투는 주위에 평야가 드넓은 대신 강이 없어 크게 대도시로 발돋움할 수 없지 않았나 느껴진다. 고대 국가의 큰 도시는 거의 큰 강을 끼고 있어 교통이 원활했고, 상공업은 물론 문화교육의 중심지가 되어 있었다.

룸비니 동산 위에는 힌두교 사원이 들어서 있어 현 네팔 왕실이 힌두교도인 점이 주목을 끈다. 불교의 힌두화를 일러 학자들은 '판테온' 이란 말을 사용하고 있다. 인도 불교의 종말에 불교 잔해(殘骸)가 힌두교 속에 들어가 안주하여 생기(生氣)와 청정(淸淨)한 품위를 잃던 때를 가리킨 말이다.

중국에서 불교가 도교의 영향으로 선이란 독특한 형태를 파생시킨 경우와 인도 불교의 '판테온' 경우는 결코 비교될 수 없다. 선은 불교의 생명력을 크게 일깨운 반면 인도의 '판테온'은 위축시키고 말았으니 어찌 함께 자리를 할 수 있을까. 지금 룸비니 동산 힌두 사원에 모셔진 마야부인의 부처님 탄생도 조각 성상 앞에서 불자들은 향을 사르고 꽃공양을 올리고 예불하고 있다.

힌두교도도 불자와 마찬가지로 참배하고 꽃공양 등을 올린다. 뿐만 아니라 룸비니 성역 가꾸기 일환으로 시작한 룸비니 개발 사업에도 힌두교인이나 네팔 왕실은 크게 관심을 가지고 선처배려를 아끼지 않는다. 힌두교도는 부처님을 힌두의 신 비쉬누의 아홉 번째 화신으로 믿기 때문이다.

불교는 세계 종교이나 힌두교는 인도와 인접국에 국한되어 소규모이다. 보편성이 약하기 때문에 힌두교는 오직 인도에서만 남아 있을 수밖에 없지 않을까.

**11월 18일 (토)**

룸비니 성역 가꾸기 개발사업 현장에 나와 있는 삼부토건의 소장 이순규씨와 현장감독 이평식씨를 만났다. 반가워서 한참 이야기를 나눴다. 그들은 내가 머물고 있는 네팔 사원 큰 법당에 참배 왔다가 떠났다. 그들과 이야기를 나누는 동안 몇 가지 좋은 소식을 들었다. 카필라 바스투에는 아쇼카 석주와 부처님의 부모 묘소가 있다는 소식이다. 모레 다시 자전거로 카필라 바스투를 다녀와야겠다. 그곳 박물관도 들를 겸 자전거 여행을 할 필요를 느낀다. 또 룸비니에서 북쪽으로 가면 부처님의 외갓집이 남아 있다고 한다. 경전에서 콜리성이라고 하는 곳이다.

오늘은 종일 룸비니 동산 중심부를 자로 재는 작업과 탑·법당·승당터 등을 살펴보았다.

법당터가 한 곳이고 승당터가 네 곳이고 탑 자리가 여덟 군데로 나타나 있다. 아쇼카 석주 높이는 해 그림자로써 계산하여 5m인 줄을 알아내었다.

## 세계평화의 성지, 룸비니

룸비니는 부처님의 탄생지로서 불자들의 고향이고 세계평화의 성지이다. 부처님의 생애를 이야기하는 대목에서 룸비니는 이렇게 서술되고 있다.

산월이 가까워지자 마야 왕비는 그 나라의 풍습에 따라 해산을 하기 위해 친정인 콜리성으로 길을 떠났다. 늦은 봄 화창한 날씨였다.

왕비 일행은 카필라와 콜리의 경계에 이르렀다. 저 멀리 히말라야의 봉우리들이 흰 눈을 이고 우뚝우뚝 장엄하게 솟아 있는 모습이 보였고, 가까이에는 평화로운 룸비니 동산이 있었다. 동산에는 이름 모를 꽃들이 다투어 피고, 뭇 새들은 왕비 일행을 축복하는 듯 지저귀며 날았다. 룸비니 동산의 아름다움에 도취한 일행은 그곳에서 잠시 쉬어가기

← 바관푸르
포카라
부트왈
네 팔
박물관
티라우라코트
카필라바스투
타울리하와
아쇼카석주
도서관
박물관
바이라
하와
사캬성지
123평
수나
울리
나우
탄와
123평
TEMPLE
30km
22km
21km
룸비니
피프라하와
카필라바스투
17km
10km
카카라하와
고라크푸르
인 도
※ 현재 카필라바스투
후보지는 두곳이다.
90km
발람푸르
나우가르
고라크푸르
80km

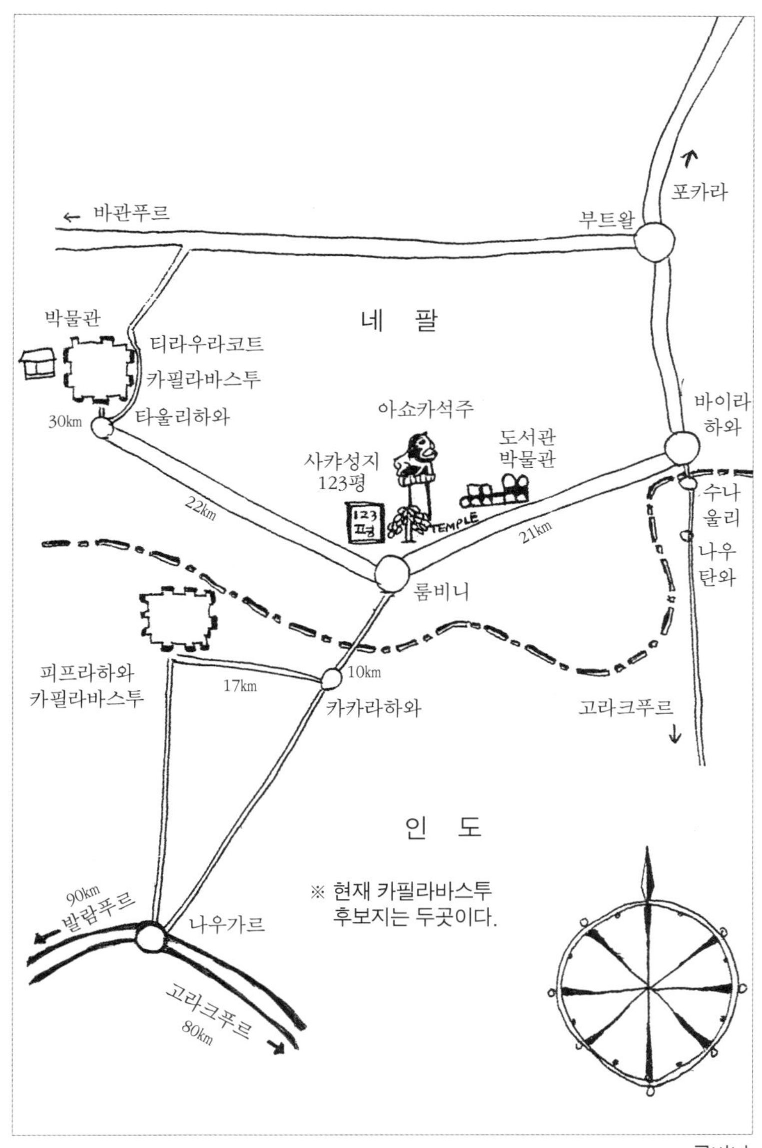

룸비니

로 했다. 마침 가까운 곳에서 무화수(無憂樹)꽃이 활짝 피어 아름다운 향기를 뿜고 있었다. 왕비는 아름다운 꽃가지를 만지려고 오른손을 뻗쳤다. 그 순간 갑자기 산기를 느꼈다. 일행은 곧 나무 아래에 휘장을 쳐 산실을 마련했다. 이때 태어난 왕자가 뒷날 임금의 자리를 버리고 출가수행하여 부처가 된 후, 무수한 중생을 교환한 석가모니 부처님이시다. 지금으로부터 2,500여 년 전의 일이다.

(불교성전, p4)


룸비니가 성역화되어 가는 과정에서 큰 공로자로 세 사람을 꼽는다.

첫 번째는 기원전 3세기경 아쇼카 대왕이다. 아쇼카 석주 비명(碑銘)에는,


데바스신의 가장 큰 사랑을 받는 피야다시왕(아쇼카)은 대관식 20년 후에 석가모니 부처님 탄생지를 참배하며 돌 난간 울을 설치하고 석주를 곧바로 세우노라.

룸비니 마을에는 토지세를 면제하고, 추수한 농작물은 수확세로 8분의 1만을 내도록 감면하노라.

BC 249년


라는 말이 새겨져 있다. 석주는 지금도 5m의 높이로 머리 부분이 떨어져나간 채 서 있다. 석주가 서 있는 자리가 바로 부처님이 탄생하신 곳으로 알려져 있다.

두 번째 기원후 7세기경 이곳을 참배한 현장법사이다. 《대

당서역기》에는 다음과 같은 말이 씌어져 있다.

> 룸비니 아쇼카 석주(가운데서 약간 비켜 있음), 마야 왕비
> 사원, 성지(聖池) 및 몇 기(基)의 탑이 서 있는 테라르 강변
> 에 있다.

성지는 20m 정방형(123.4평) 못으로 마야 왕비가 산후(産後) 목욕한 곳으로 부처님이 탄생하자 아홉 마리의 용이 물을 뿜어주었다고 하여 구룡지(九龍池)라고 전해 내려온다.

탑이 섰던 자리는 성지와 마야 왕비 사원 및 아쇼카 석주 주위로 모두 여덟 군데로 나눠져 붉은 벽돌 기초가 부지로 드러나 있다. 이 탑터 사이사이에 법당터가 한군데 있고 승당터가 네 군데 있다. 아쇼카시대에 세워지기 시작하여 후대로 내려오면서 보수 신축을 거듭해 오다가 기원후 9세기에 와서 끝을 맺는다.

이 이후, 독일 사람 푸흐러(A. Fuhrer)씨에 의해 600여 년간 흙속에 반쯤 묻힌 아쇼카 석주가 발견된 때는 1895년이다. 물론 이 석주를 찾아내는 데에는 현장법사의 《대당서역기》가 큰 몫을 해냈다.

이제 600여 년간 룸비니가 잠들었다가 깨어난 지 1백 년이 가까워 크게 발돋움한다.

룸비니 동산에 있는 최초의 탄생불

룸비니 성역화 가꾸기 사업 공로자 가운데 우선 미얀마 사람으로 전 유엔사무총장 우 탄트(U Thant) 거사를 빼놓을 수가 없다.

1967년 4월에 부처님 탄생지 룸비니를 참배한 우 탄트 거사는 네팔 왕실과 정부에 성지개발의 뜻을 전달하여 의견의 일치를 보았다. 같은 해 10월 네팔 정부는 정식으로 유엔에 '세계 평화의 성지 룸비니 개발사업 백서'를 제출하여 12월에 유엔 조사단이 파견되는 결실을 보았다.

1970년 룸비니 개발 국제위원회가 열세 나라가 모인 가운데에 뉴욕에서 구성되어 본격적인 룸비니 성역개발 사업착수에 들어갔다.

인도·태국·일본·미얀마·인도네시아·네팔·스리랑카·싱가포르·라오스·캄보디아·아프가니스탄·파키스탄·말레이시아 이상 열세 나라 가운데 한국이 유독 빠져 있어 섭섭함을 금치 못한다. 뒤늦게 여기에 동참한 나라는 한국·부탄·방글라데시이다.

1978년 도쿄에서 인도·태국·네팔·일본 등 네 나라의 대표가 모여서 룸비니 개발 마스터 플랜을 최종 확정지었다. 이에 따라 1985년 룸비니 개발 트러스트가 설치되면서 기초공사를 시공하였다.

언제 마스터 플랜이 실현될지 아무도 모른다. 네팔 왕세자가 룸비니 개발 트러스트 회장으로 주관하는데 성금이 걷히는 대로 일이 빠르게 진척되리라고 한 관계자는 보고 있다.

네팔은 휴일이 토요일이고 일요일은 일한다. 박물관도 오늘 문을 열어서 다행이었다.

카필라바스투 동문과 서문 사이 간격은 400m. 내가 자로 재어보고 확인하였다.

## 카필라바스투

부처님 생애의 서두는 카필라바스투에서 이렇게 시작된다.

히말라야 남쪽 기슭에 샤카족이 살고 있었다. 그들은 지금의 네팔 타라이지방에 카필라라는 조그마한 왕국을 이루고 있었다.

카필라는 쌀을 주식으로 하는 농업국이었다. 숫도다나왕(淨飯王)은 어진 정치를 베풀어 백성들이 태평한 세월을 즐길 수 있었지만, 이웃에 코살라와 같은 큰 나라가 있어 침해를 받지 않을까 두려웠고, 왕권을 이을 왕자가 없는 것이 걱정이었다.

(불교성전, p3)

한편 부처님은 뒷날 카필라바스투의 태자시절을 회상하면서 이렇게 말씀하신 적이 있다.

"나는 이루 말할 수 없이 호사스런 나날을 보냈다. 아버지의 왕궁에는 커다란 연못이 있었는데, 거기에는 여러 가지 빛깔의 연꽃이 피어 있었다. 그것들은 모두 나를 즐겁게 하기 위해 마련된 것이다."

크고 작은 두 개의 연못터는 지금도 북편에 위치하고 있다. 전체 성안의 규모는 동서로 400m이고 남북으로 500m이며, 성 북서쪽으로 400m 떨어진 곳에는 우기(雨期)에만 흐르는 강이 길게 뻗쳐 있다.

이 강 이름은 반강가(Banganga)이지만, 경전에는 바기라티(Bhagirathi)로 표기된다고 하는 설명문이 있다.

룸비니에서 자전거로 두 차례 티라우라코트(Tilaurakot)의 카필라 바스투(迦毘羅城)를 다녀왔다. 한 번 왕복하는 데 120리 길로 6시간이 걸렸다.

카필라 바스투는 동문과 서문·왕궁·연못터 등이 남아 있고, 성내와 요새 주위는 발굴을 멈추고 있는 상태에 있다. 첫째는 발굴기술과 장비의 부족이고, 둘째는 발굴된 유물을 보관해 둘 박물관이 없기 때문이라고 한 관계자는 말한다. 여기에서 그동안 발굴된 유물은 인근 박물관에 진열되어있으며, 연대는 기원전 800년에서 기원후 200년의 유물들이다.

내가 성(城)터 북쪽을 살펴볼 때였다. 마침 까마귀 떼가 동물 시체 위에 까맣게 앉아 먹이에 열중하고 있는 장면을 목격하였다. 동물의 시체는 아마 소였던 것 같다. 까마귀 밥이 되기는 사람도 마찬가지일 것이다.

불전(佛傳)에는 부처님도 어린 시절에 이런 무상(無常)한 장면을 목격하셨다는 대목이 나온다.

이곳 주위 마을에서 지금도 병든 노인이 자전거에 간신히 실려 나가고 있고, 헐벗은 동네아이들이 거친 음식을 길가에 앉아서 마구 먹어치우고 있는 모습은 여전하다. 빼빼마른 어

린아이들을 네댓 명이나 데리고 맨땅에 앉아 변변치 않은 음
식을 먹고 있는 젊은 여자의 모습을 대할 때, 삶의 의문이 머
리에 절로 떠오른다.

맨발로 다니면서 하루 종일 노동을 한 대가가 15루피에서
20루피(한화로 900원 미만). 인도의 소시장에서 어미 소의 값을
알아보았더니 800루피에서 1천 루피(3만 5천 원에서 4만 5천 원
사이)를 호가하고 있으니 소 값이 개 값에 지나지 않는다. 네
팔은 인도보다 품삯이나 물건 값이 더욱 싸니 그 가난은 짐작
할 만하다.

카필라 바스투는 왕궁이나 성이라기보다 저택이라는 표현
이 적합하다. 경전에서나 부처님 전기를 통해서 알고 있는 카
필라 바스투는 현지에서 살펴본 바 큰 차이를 가져온다. 성 중
위는 산이라고는 없는 끝없는 평야로 이어져 있어 밋밋하고
단조롭기 이를 데가 없다.

카필라 바스투를 벗어나서 북쪽으로 곧장 400m쯤 걸어가
니 부처님 부모의 원형 쌍탑(Twin Stupa)이 나왔다. 지금은 붉
은 벽돌의 기초 자리가 남아 있어 참배하였다. 큰 탑 자리는
직경 15m, 작은 탑 자리는 직경 9m이다.

돌아오는 길에 아쇼카 석주가 세워졌던 한 곳을 들렀다. 카
필라 바스투에서 북동으로 6㎞ 떨어져 있다. 아쇼카 석주는
두 토막으로 부러진 채 논 가운데의 작은 못가에 누워 있다.
석주에 남아 있는 당시의 글씨(50여 자)는 뚜렷하다.

석주의 직경은 75㎝, 길이는 큰 도막이 4.6m, 작은 토막이
1.3m이다.

나는 유적을 돌아보면서 하나하나 지도에 그려나갔다. 한 유적지를 참배하기 위해서 의외로 힘이 들 때가 있다. 첫째는 주민들과 말이 통하지 않아서 큰 고역일 때이다. 시골에서는 영어를 아는 이가 드물고, 거의 문맹자에 가까워 힌디를 읽고 쓰는 이도 흔치 않다. 둘째는 유적지에 대해서 아는 이가 적을 때이다. 대부분의 성지순례자는 그냥 곁에 놔두고 스쳐지나 가기가 일쑤였다. 하루 종일 안내자를 대동하고 헤맨 경험이 있는 나는 이제 성지의 주위환경을 대충 짐작할 수가 있다. 뿐 만 아니라, 고생한 덕분에 다시 부처님 생애에 관해서 책을 읽을 때에는 보다 흥미롭고 친밀하게 대할 수 있어 기쁘다.

### 카필라성 현지 안내문

샤카(Shakya)족의 수도인 옛 카필라 바스투의 유적들이 이 곳에서 확인되었다. 22피트(6.7m) 폭의 호와 10피트(3m) 폭 의 방어시설이 요새를 이뤄서 에워싸고 있었던 것 같다. 발 굴조사에서 이 부지의 중심에 있는 동서 통로와 두 개의 복 합 구조 건물이 드러났다.

가장 오래된 도기는 북쪽에서 발굴되었다. 검은색을 띤 연 마 도기와 붉은색을 띤 도기가 나왔던 기원전 8~7세기의 도 색 회색빛 도기다. 표시가 된 구멍 뚫는 기구(Panch Marked) 와 구리 동전, 도장, 바다표범을 포함하여 소조 인물 및 동물 상, 구슬, 금속과 다른 많은 물건들은 여기서 발견되었다.

한편으로 마하 비니스크라마나 드바라(Maha Bhinis-kramana Dwara)로 알려진 동문은 부처님께서 세속을 떠나 출가하셨던 성문이다.

이 성문의 복합건물은 능보(요새의 5각형을 이루는 돌출부) 에 의해서 각면에 19피트(5.8m)의 도로로 이루어져 있다.

196

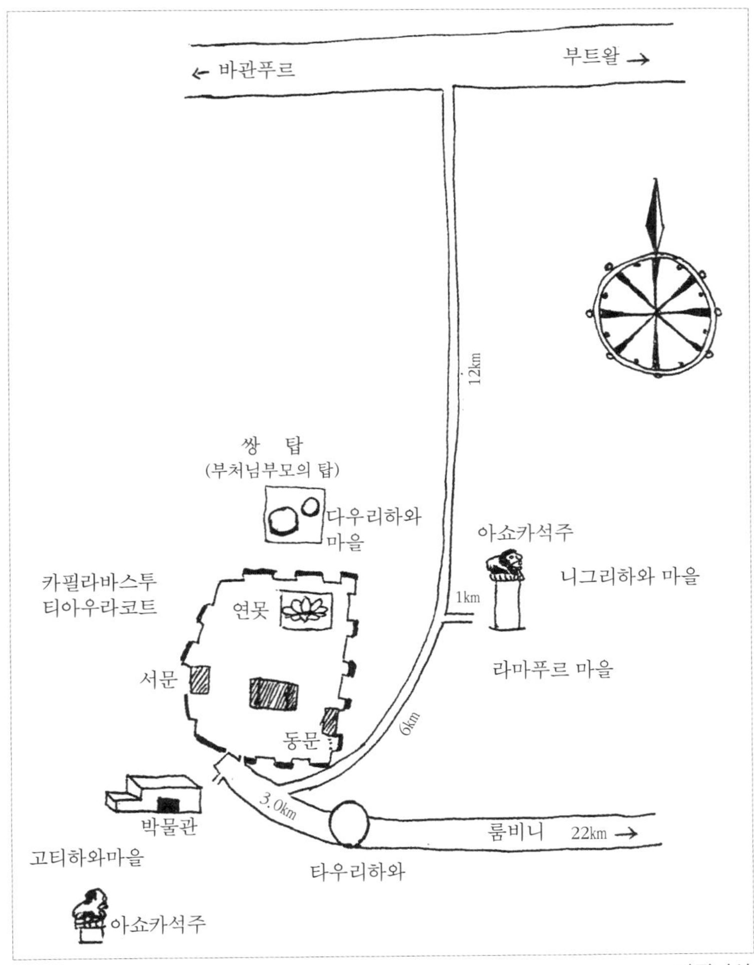


카필라성

**11월 20일** (월, 음 10.22)

내 생일을 부처님 탄생지에서 맞아서 기쁘다. 네팔 절에서
는 주지 스님이 내 생일을 위해 저녁식사를 잘 차려주어 맛있
게 먹었다.

내일은 부처님 외가 콜리성을 찾아나설 예정이다.

오후 늦게 한국인 성지순례단 18명이 참배와서 내가 안내를 했더니, 모두 반가워하였다. 경주와 대구 불자들이다. 그들은 달러를 모아서 보시금을 내게 내놓고 바라나시로 떠났다.

내가 오렌지색 남방 가사를 입고 있으니 성지순례단 불자들은,

"인도 스님이 한국말을 참 잘합니다."

하고 칭찬해서 크게 웃었다. 영락없이 남방 스님의 모습이다. 나그푸르에서 암베드칼 박사 개종기념일 축제에 동참하였을 때 새 가사를 보시 받아서 부다 부미 주지 스님을 은사로 약식으로,

"한국 비구 지묵은 테라바다(남방 근본불교) 계율에 따르겠습니다."

하고 절을 올리는 것으로 이 가사를 입는다는 승낙을 얻었던 터이다.

**11월 21일** (화)

부처님의 외갓집인 옛날 콜리성에 와서 여장을 풀었다. 룸비니에서 출발하여 바이라하와·부트왈·수나울 그리고 이곳 파라시까지 200리 길이다.

내일은 람그람마(Ramgrama)탑을 찾아갈 예정이다.

고물버스 지붕 위에 올라앉아 사방 구경을 해가면서 오는 재미도 괜찮다. 이제 히말라야 산기슭 한쪽이 드러나 보인다. 룸비니에서는 불전(佛傳)에서 말한 흰눈을 인 히말라야가 안개 탓인지 보이지 않았다.

198

나는 네팔 온 김에 기왕이면 하고 콜리성을 찾아나섰다. 그저 풍문으로 아는 곳을 찾아내기가 쉽지 않으리라고 예상은 하였으나 이틀이 지나도록 기미가 보이지 않아 한풀 꺾이어 있던 차에 좋은 조언자를 만나 해결을 보았다.

무슨 일에서도 그렇겠지만 끈기있게 물고 늘어져서 찾아헤맨다면 결실이있다. 여행길에서 집을 찾는다든지 어느 위치를 찾는다든지 할 때에는 정말 끈기가 필요하다. 나는 집을 찾기 위해 참 오랫동안 헤맨 적도 한두 번이 아니다. 여행에서 다른 사람들과 함께 다니기 어려운 이유 중의 하나가 바로 이 점이다. 신경질은 커녕 차근차근히 계획표를 작성하여 제1단계·제2단계·제3단계…… 이렇게 몇 가지 방안을 모색해 나가니 곁에서 보면 기가 찰 수밖에 없는 일이다. 그것도 하루 종일 헤매면서 말이다.

이번 콜리성 옛터는 어렵게 참배하였다. 위치를 알고 찾아나섰으나 쉽지 않았다. 나중에는 숙소가 변변치 않아서 곤욕을 치르며 밤을 새워야 했다. 물론 시골 벽촌이라 음식점도 구멍가게뿐이어서 두 번 찾아나서기 힘든 곳으로 기억에 남는다.

하지만, 인심은 후하고 넉넉하기 이를 데가 없었다. 옛날 부처님의 외갓집이라는 인상이 지금 내게 남아 있기 때문일까. 어떻든, 파라시(Parasi) 숙소와 구멍가게 음식점 주인들은 하나같이 고향사람처럼 푸근하고 우자야니 마을 사람들의 친절한 안내도 좋았다.

조그마한 친절을 베푼 뒤에 손을 내밀면서 돈을 요구해 온

많은 무뢰한 들을 겪어온 나는, 이곳에 와서는 아주 마음 편
하게 친절을 받으면서 헤어질 때에 부담없이 그들의 손에 팁
을 쥐어줘도 좋았다. 콜리성 옛터에는 아직 때가 묻지 않은 곳
이다.

우자야니 마을이 옛 콜리성이었다는 증거로 람그람마
(Ramgrama)탑의 유적이 마을 뒤에 있다. 이름이 탑이지 지금
은 조그마한 동산이고 큰 무덤의 규모에 지나지 않는다. 곁에
는 타라히강이 흐른다.

람그람마 주위에는 두 겹의 철조망이 처져 있을 뿐이나 동
네 안내하던 청년과 학생들은 그곳에 가볍게 정례(頂禮)를 올
리고 무척 조심스럽게 접근하였다. 이때에 흰두교인이 불교
유적을 모시는 정성은 대단하다고 느꼈다.

너무 일찍 참배에 나선 까닭에 아직 람그람마 관리사무소
는 문을 열지 않았다. 그 대신 동네사람들과 만나서 이야기를
나누었다.

"부처님의 외갓집이 이 동네지요?"

내가 그들에게 질문하였더니 모두 쉽게 고개를 끄덕인다.
영어를 아는 이가 안내를 잘해 주어서 여러모로 편리하였다.

"맞아요. 옛날 부처님의 외갓집의 동네랍니다."

"마야 왕비의 친정집이 이곳이었습니다."

나는 이만하면 됐다 싶어서 대절해 온 릿샤(인력거)꾼을 손
짓해서 불렀다. 이 릿샤꾼은 나를 부를 때에 몸을 굽신거리며
꼭꼭 '사두 사두 사두' 한다. 돌아오는 길에 식전에 파라시에
서 여기까지 나선 릿샤꾼은 이따가 도사(감자를 으깨어서 만든 튀

김 빵류)를 먹고 가자고 손짓을 거푸하였다. 마침 논두렁가에 있는 조그마한 노점이 문을 열어서 그곳에 들러 잠시 쉬었다.

아침 해가 부옇게 안개 낀 하늘로 솟아올랐다. 산이라고는 없는 이 마을은 드넓은 평야 가운데 서 있다. 벼가 익은 벌판이 무척 눈에 익숙하다.

초가지붕·호박·박 등도 우리 시골 옛 모습을 연상케 한다. 소달구지에 야채를 잔뜩 싣고 읍내 장터로 떠나는 모습도 우리 옛 풍경을 옮겨온 듯 느껴진다. 모두가 푸근한 인상이다. 가을이 깊어가고 조석으로는 쌀쌀한 날씨다.

네팔 사람들은 몽골리안 계통으로 우리나라 사람 인상과 비슷한 점이 많다. 언뜻 보기에는 한국 사람인가 여겨질 때도 있다.

콜리성 옛터에 사는 사람들 중에는,

"한국에 가서 살고 싶다."

고 말한 이가 몇 사람 있었다. 그들도 마찬가지로 내 얼굴이 자기들과 비슷하게 생겨서 친밀감을 느끼는 모양이다.

한편 내 머리 속에는 한 생각이 언뜻 스친다.

"부처님의 모계(母系)는 어쩌면 몽골리안계에 속할는지 모른다."

부처님의 부계(父系) 샤카족에 관한 연구에는 소수 의견으로, 부처님은 몽골리안계에 속한다는 주장이 있다. 이 의견 역시 전혀 엉뚱한 주장이라고 생각되지 않는다. 히말라야 산맥을 끼고 살고 있는 사람 가운데 네팔·티베트·중국 사람 등은 대부분이 황생인종 몽골리안계에 속하기 때문이다.

끝으로, 부처님의 외할아버지는 안자스(Anzas)왕이고 외할머니는 루파데비(Rudpadevi) 왕비이며, 옛 콜리성의 이름이 콜라얀(Colayan)임을 덧붙여둔다.


# 카투만두




새벽 5시 무렵에 카투만두에 닿았다. 부트왈(Butwal)에서 카투만두까지는 280㎞의 거리인데 무려 11시간이나 걸렸다.

네팔 수도 카투만두를 한차례 돌아보고,

"네팔은 인도의 제26주나 다름없구나!"

하는 생각이 들었다. 모든 것이 인도와 비슷해서 하는 말이다. 인도 25주 다음에 네팔 한 주를 더하여서 26주인 셈이다. 태반이 힌두교이고 불교는 티베트 불교로 30%에서 35% 가량 된다고 이곳 한 안내자는 말한다. 인도에서 보기 힘든 술집이 흔하게 많고 술주정꾼이 골목에서 비틀비틀 걷는 모습도 눈에 띈다.




'아난다 쿠티 비하르' 라는 아주 쾌적한 절에 와서 지내게 되어 기쁘다. 낮에 현담 스님을 속칭 몽키 템플에서 만났다.

그는 몽키 템플 부근의 내가 머무는 절로 옮겨오기로 하였다. 현재는 시내 한국인의 호텔에서 지내는 중이다. 내가 머물고 있는 이 절은 스리랑카 불교권에 속하는 네팔 절로 노스님이 몇 분 눈에 띄어서 더욱 좋다. 대중은 오후불식(午後不食)을 하고 있다. 숲속에 절맛이 나는 곳으로 나그네에게는 더없이 조용하고 편안한 곳이다.

조실 스님과 한동안 한국 소식 이야기를 나누다가 한국의 많은 어른 스님들이 이곳 절을 거쳐 간 사실을 알게 되었다. 주지 스님은,

"네팔 불교 인구는 전체 인구의 40% 가량 된다."
고 하신다. 카투만두에는 불교도가 상당히 있는 모양이다.

**11월 25일 (토)**

아침 6시 무렵에 네팔 스님들과 아침 공양(쌀죽과 구운 빵)을 하였다. 대중이 7,8명 되어 보인다.

이곳은 인도보다 시차가 15분 빠르다. 처음에는 절 식당에서 시계를 보고 내 시계가 고장난 줄로 알았다.

소얌부 큰절(일명 원숭이 사원)에 가서 아침시간을 보냈다. 원숭이·개·염소 등 짐승과 비둘기 떼가 우글거렸다.

절에는 대웅전과 관음전만 불교사원이고 나머지는 힌두 사원 그대로였다. 큰 탑은 티베트 양식이 많이 섞여 있다. 참배객들은 대체로 힌두교 의식으로 하고 있다.

소얌부 큰절은 힌두교와 불교 혼합의 정점(頂點)을 보여주고 있다고 생각 된다. 힌두교 요소가 불교 쪽보다 비중이 크다.

서역일기　203

낮에는 한국인의 호텔에서 현담 스님과 점심을 먹고 지냈다.

등산철이 되어 많은 등반대원이 있었다. 이 호텔 외에도 빌라 에베레스트 호텔도 한국인이 운영한다고 한다.



천연대탑사(天然大塔寺:소얌부 큰절)는 여러 모로 흥미있는 절이다.

첫째, 원숭이가 산중에 1,500여 마리가 넘게 많이 모여 살아서 원숭이 절이란 이름이 붙어 있다.

둘째, 힌두 사원 형태의 불교사원이다. 이마에 빈디아(붉은 점) 찍는 것마저도 같아 불자인지 힌두교인지 외모로써는 구별이 안 간다.

불교 저변인구 확대에 큰 효과가 있는 반면, 깊이 있는 공부에는 미치지 못한다고 본다.

셋째, 탑이 많다. 큰 탑 주위에 중간 탑이 사방을 둘러싸고 서 있고 다시 그 중간 탑 사이사이에는 소탑이 무수히 많이 서 있다. 외국인은 이런 까닭에 호기심 어린 눈으로 사진찍기에 몹시 바쁘다.

소얌부 불교사원 대탑·티베트 양식

204

11월 27일 (월)

불일암(佛日庵) 법정(法頂) 스님과 시자 현음(玄音) 스님이 카투만두 포카라 호텔에서 머물고 계신다는 연락을 전화로 받고 시내에 나가서 인사를 올렸다. 불일암 스님은 감기가 나아가는 편이나 기침이 아직 멎지 않아서 걱정이다.

저녁식사를 티베트 식당에서 잘 먹었다. 돌아올 때 물통·녹차·빵 등을 주서서 가져왔다.

원고 '소얌부 탑절'을 쓰다. 하라티 신앙(女神 하라타 : 우리나라의 三神閣 비슷함)은 불자 숫자를 아주 많이 늘일 수 있겠으나 실제로 참 불자의 가르침이 아니다. 이게 오늘과 내일의 네팔 불교 과제의 하나라고 끝을 맺었다.

11월 28일 (화)

트레킹 비자(20일간) 신청을 내일 할 예정이다. 한국인 호텔, 빌라 에베레스트에서 불일암 스님·현음 스님·현담 스님 등과 함께 점심을 먹었다. 돌아오는 길에 거리에서 두 외국인 친지들을 만나 저녁식사와 차 등을 함께하였다. 한 팀은 일본인이고 한 팀은 스위스인이다. 너무 반가워서 한동안 무슨 말인지 모르게 주위 삼키며 안부를 묻고 웃었다. 라닥·바라나시·사르나트 등의 숙소에서 함께 나그네로 지냈던 이들이다.

카투만두 안내책자와 녹차도 선물 받았다.

원고뭉치는 빌라 에베레스트 주인 정광석씨 내외가 내일 서울로 떠나므로 그편에 부탁하였다.

밤이 깊어간다. 내일 새벽 지리(Jiri)행 버스표도 예약해 두었고, 장갑 터진 곳도 꿰매놓고 등산장비도 갖추었으니 이젠 에베레스트 쪽으로 떠날 일만 남았다.

불일암 스님께서 금일봉을 건네주서서 노자도 넉넉하다. 등산용 양말은 현담스님이 한국서 가져온 걸로 두 켤레 주었다. 두터운 잠바는 가게에서 하루 7루피씩 주기로 하고 빌렸다. 낮에 트레킹 비자를 20일치로 끊고 200달러를 네팔 돈으로 환전하였다. 트레킹을 원하는 이는 이민국의 환전소에서 법정 환율(1달러에 28루피 40센트)로 하루 10달러씩 계산해서 환전해야 한다. 암거래를 막고자 하는 정부시책이다.



트레킹 출발에 앞서 비장한 각오가 섰다. 웬지 긴장된다. 11시간 버스를 타고 히말라야 버스길로써는 종점인 지리에 닿아 여장을 풀었다.

히말라야 산정(山頂)이 보다 가까이 보인다. 여기서부터는 트레킹이다. 목적지 남체 바자르(Namche Bazar)까지 트레킹할 준비를 하고 쉬어야겠다.

네팔 히말라야 다섯 트레킹 코스 가운데 에베레스트 지역 트레킹 코스는 가장 잘 알려진 곳이다. 나는 아직 에베레스트 베이스 캠프까지는 생각을 하지 못한다. 남체 바자르에서 상태를 관망해서 고쿄(Gokyo)로 가든지 베이스 캠프까지 가든지 아니면 하산하든지 할 예정이다.

## 첫째날　　　　　　　　　　　　　　　　　　　12월 1일 (금)

아침 해돋이 전에 남체 바자르로 가는 나그네들을 보고 용기를 얻었다. 56㎞ 산길을 셰르파와 포터들이 8일 코스로 짐을 져나른다. 일당은 먹여주고 60~100루피. 올 때는 7일 걸린다. 나도 셰르파(Sherpa) 한 사람을 부탁하여 떠날 준비를 한다. 드디어 장도에 오른다. 내 두 발로 내딛어 걸어서 히말라야에 접근한다!

백두산 높이 2,700m쯤 되는 산과 계곡, 강과 마을을 지나 반달(Bhandal)마을에 닿았다. 흰 눈을 머리에 인 히말라야 산정은 눈부신 모습으로 차츰 드러난다.

네팔에 와서 트레킹을 하지 않는다면 말짱 헛일이다. 히말라야의 아름다움을 즐기지 못하기 때문이다.

소년 셰르파 망구에멘군이 길 안내자 겸 짐꾼이다. 이번이 16번째 길잡이에 해당한다고 한다. 그는 지리에 사는 16세의 순진한 소년이다.

티베트 불교 영향이 가는 곳마다 미치고 있음을 느낀다. 옴마니반메훔을 새긴 돌이 끊임없이 길가에 놓여 있고 기도기(祈禱旗)가 펄럭이는 모습이 자주 눈에 띈다. 집들은 이층 흙집이 많다. 야크소의 치즈 파는 곳이 있어 맛있게 사먹고 커드도 먹으며 간다.


## 둘째날　　　　　　　　　　　　　　　　　　　12월 2일 (토)

계속 동쪽으로 발을 내딛는다. 셰르파와 등산객들의 모습은 끊임없이 나타났다가 사라진다.

“나마스테!”
“나마스테!”

산길에서 만난 이는 누구나 반가운 인사를 던지며 웃는다. 생면부지일 경우에도 반갑기는 마찬가지다.

여자 셰르파는 ‘셰르파니’라고 하는데 더러 눈에 띈다. 젊은 20세 내외의 여자들이다. 그녀들은 건강하고, ‘창’이란 네팔 술을 좋아하고 담배도 곧잘 피운다. 내가 어느 휴게소에서 만난 한 셰르파니와 간식을 같이 하는 자리에서,

“어머니가 창을 너무 많이 마시고 담배 많이 피우면 그집 아이들은 태어나면서부터 머리가 나빠 공부 못한다.”
라고 일러주었더니 크게 웃었다. 그래도 창을 거푸 마시고 담배를 줄담배로 피우고 있다.

등산에서는 무리가 없이 꾸준히 걸어 올라가는 게 묘미다. 또 짐이 가벼울수록 속도가 빠른 것도 정한 이치이다. 나는 배탈로 설사가 있으나 보통 셰르파들보다 속도가 앞선다. 셰르파들의 짐 무게가 대개 15~20kg이다. 내 짐은 15kg. 게다가 소년 셰르파가 있어 유쾌한 트레킹으로 홀가분하다.

공부하는 데에서도, 망상번뇌가 많고 주위와 얽힌 반연이 큰 이는 등산길에서 무거운 짐을 지고 가는 이와 흡사하다. 여자 등산객을 동반해서 다니는 이들을 보니 걸음이 처져서 늘 뒤따를 뿐이다. 가볍게 홀가분한 생활을 누리기 위해서는 무소유가 필요하다.

히말라야 에베레스트 지역 기초등반에 나서서 상상 외로 부담이 적음을 느낀다. 내가 무척 어렵게 생각하였기 때문인

지도 모른다. 서두르지 않고 늑장부리지 않고 산에 오르는 방법이 결코 쉽지만은 않다.

## 셋째날 12월 3일 (일)

오후부터는 세르파 없이 혼자 등반을 하게 되었다. 소년 세르파는 오른발 등이 아파서 돌려보냈다.

걷는 데에 몇 가지 요령을 가지고 나아간다.

첫째, 쉴 때에는 3분 이내에 짐을 진 채로 잠깐씩 쉰다.

둘째, 상체를 앞으로 내밀면서 몸도 좌우로 약간씩 움직여 가며 쭉쭉 뻗쳐 나아간다.

셋째, 걸음걸이는 탄력을 주어서 가볍게 내딛고 보폭은 넓지 않으면서 자주 떼놓는다.

준베시(Junbesi:2675m 고지)에 닿아서 네팔 절에 와 여장을 풀었다.

티베트 절과 비슷하다. 이 절은 폐사 직전으로 가축을 법당에서 기르고 부인과 아이들이 있다.

시원한 계곡물에 목욕하고 빨래도 하였다. 5시가 되니 벌써 어두워진다. 산골의 해는 짧다. 초생달과 별이 아주 신비스럽게 보인다. 오늘 트레킹을 8시간 하였다.

## 넷째날 12월 4일 (월)

라마의 젊은 부인이 친절하게 밤새 빨래를 잘 말려주어 이것을 입고 새 기운을 얻어 출발하였다. 점심 무렵 '푸르테' 고개 마을에 올라섰을 때였다. 에베레스트의 흰 눈 쌓인 모습이

완연하게 드러나 보였다. 여기서 맛좋은 요구르트를 거푸 두 잔 마시고 야크 치즈도 두 조각 먹었다. 값이 싸고 영양가가 높아 산에 오르는 이에게는 안성맞춤이다. 아침 9시 무렵에 출발하여 오후 4시경에 눈타라(Nuntala, 혹은 Manidingma: 2316m 고지)에 닿아 탁신두(Tagshindu) 네팔 불교 사원에 여장을 풀었다.

큰절에 노스님 한 분만 남아 절을 지키고 있어 마음이 착잡해진다. 대웅전 옆 허술한 법당에는 큰 개가 드나들고 완전히 폐사된 것같이 보인다. 사과를 썰어서 말린 것과 야크 치즈를 드렸더니 이가 거의 없는데도 잇몸으로 오물오물 드신다.

노스님은 절 담벽을 삽으로 손질하다가 나를 발견하고는 곧 그의 이층방안으로 안내해 주셨다. 조실 스님 방에서 오늘은 나그네 신세를 진다. 조실 스님 방 동창으로 석양을 받아 더욱 아름다운 에베레스트 산 전모가 내다보인다. 야호!

많은 젊은 등산객이 목숨을 걸고 오른 산이다. 엊그제에도 일본인 두 사람이 산에 오르다가 얼어서 죽었다는 비보가 들린다.

길가에는 눈이 더러 쌓여 있고 밤중에는 얼음이 얼어서 음지의 길은 미끄럽다. 히말라야의 네팔 사람들은 티베트 사람 옷차림 그대로다. 집은 판목(板木) 지붕에 흙돌담벽을 이층으로 올린 집이다. 부엌과 방이 한 칸 안에 있어 불을 땔 때에는 연기가 온 방안에 자욱해진다. 그래서 그런지 얼굴과 옷차림이 대개 거무튀튀한 모습을 하고 있다. 원고 '히말라야 네팔 절'을 쓰다.

## 다섯째날 12월 5일 (화)

초여드레 달빛을 받으면서 루크라(Lukla)로 향해 걸었다. 가다가 네팔 한 농가에 가서 문을 두드리고 잠을 청하였다. 아홉 식구가 올망졸망 모닥불 가에 앉아 저녁 끼니 '지로'를 만드는 중이었다. 생면부지 나그네를 융숭한 대접으로 맞아들여서 감격하였다. 차를 끓여주고 땀에 젖은 몸이 잘 마르도록 모닥불을 높여서 지펴주었다. 간혹 감자껍질을 벗겨서 시장기를 면하도록 배려하였다. 내외가 '옴마니반메훔' 기도를 하고 있음을 뒤늦게 알았다. 40세가 아직 채 못 되었는데 아이들이 일곱이나 되었다. 그래도 퍽 단란한 가정으로 보였다.

'지로'는 감자 찐 것을 으깨어서 찰지게 이겨 반죽한 다음 빵떡 크기로 떼어서 끓는 물에 넣어 익혀서 만들었다. 보기에는 입맛을 당긴 음식이었으나 비위에 맞지 않아 조금밖에 먹지 못했다.

잠은 이들과 한방에서 자게 되었다.

오늘은 무려 11시간 반 동안 걸어서 다른 사람이 하루 반 동안 트레킹하는 거리를 강행군하여 '보야' 마을에까지 와 투숙하고 있다. 훈훈한 인정이 넘친다. 피곤이 일시에 몰려온다.


## 엿셋날 12월 6일 (수)

새벽밥을 지어주고 차를 끓여주어서 거뜬히 먹고 출발하였다. 네팔 산골집의 인정에 가슴이 뭉클해진다. 에베레스트를 바라보며 산길을 걷는 즐거움은 크다. 이제 아주 가까이 보인다.

11시 무렵에 비행장이 있는 루크라 마을에 와서 일찍 여장을 풀고 세탁을 하였다. 방이 양명한 이층으로 히말라야 멋진 산들이 한눈에 내다보인다. 음식도 한국 음식 비슷한 게 있어 많이 먹었다. 무와 당근채 무침을 '아찰'이라고 한다. 영락없이 한국 음식이다.

이 집은 부처님과 보살님상을 모신 불자의 집이다. 몇몇 네팔 사람들이,

"네팔 히말라야 셰르파 수천 명 모두가 '옴마니반메훔' 기도를 한다"

고 말한다. 액면 그대로 다 믿기 어려우나 대체로 내가 길에서 만난 이들 중에 힌두교인은 없고 불자인 것만은 사실이다.

## 일곱째날 12월 7일 (목)

드디어 목적지 남체 바자르에 닿아 한국 산악인들이 자주 머문다는 한 호텔에 와 여장을 풀었다. 오늘은 계속 북향하였다. 아주 가깝게 에베레스트 웅장한 모습을 본다. 도중에 초모아(Chomoa) 마을 펨바(Pemba) 셰르파 집에서 점심을 먹었는데 뜻밖에도 김치 비슷한 반찬을 내주어서 잘 먹었다.

저녁식사는 초오유 단장님과 볶음밥을 김치에다가 잘 먹었다. 초단장님은 셰르파들에 관해서 말씀해 주셨다.

첫째, '사다'는 셰르파 조장으로 우두머리 격이다.

둘째, '셰르파'는 5,000m 고지 이상의 빙설을 길 안내하는 전문인이다. 여기에 셰르파 보조인으로 '고산 포터(짐꾼)'가 따른다.

셋째, '포터'는 5,000m 이하 산지에서 짐을 나르는 이다.

212

이상 세 종류가 있으나 통틀어서 보통 '셰르파'라고 부른다. 셰르파의 원조는 600여 년 전 티베트에서 이주해 온 사람들이며 셰르파의 뜻은 '동쪽에서 온 사람'이다. 셰르파는 대충 3만 명으로 추산하고 있으나 정확한 숫자는 알기 어렵다고 한다.

오늘은 점심과 저녁식사를 모두 김치 먹는 날로 특별한 날이다. 그리고 한국 사람을 두 차례 만난 날로 퍽 즐거운 일이 겹친 셈이다. 남체 오는 길목 냇가에서 서울 사는 안(安)선생을 만나서 한참 이야기하다가 헤어졌다. 너무 반가워서 무슨 말인지 모르게 마구 지껄였을 뿐이다. 초면이나 그저 기쁘다. 초오유 단장님은 히말라야 지도에 '초오유'라는 산 이름이 난 분으로 노익장 등산인이다.


# 남체 바자르

**12월 8일 (금)**

남체에 있는 네팔 절에 참배하였다. 노스님 한 분이 거의 폐사가 되어 가는 절을 지키고 있다. 대웅전만 온전할 뿐 나머지 법당과 승당은 야크소를 기른다. 절 분위기를 느끼기 어렵다. 네팔 히말라야 산악 불교는 '주술신앙'으로 잔존하고 있음을 여기에서도 찾아볼 수가 있었다.

남체 마을은 일명 '셰르파의 수도'라고 불린다. 100여 집이 모두 셰르파들의 집이며 호텔과 식당이다. 집은 2층 혹은 3층 집인데 집 앞에 기도기를 다는 깃대가 높이 서 있는 게 특징이다. 부엌과 큰방이 맨 위층에 있고 아래층은 창고와 가축을 기르는 곳으로 쓰인다.

부엌이 맨 위층인 까닭은 굴뚝을 하늘로 바로 쉽게 뽑아내기 위함이다.

에베레스트를 종일 올려다보며 시간을 보낸다.

셰르파들의 이야기와 관습에 관한 책이 있어 읽는 중이다. 셰르파들이 모두 불자들인 것만은 확실하다.

네팔의 왕실이 세계 7번째 부자에 속한다는 이야기를 들었다. 그건 자랑이 못되는 이야기다. 공직자인 왕실이 사유재산을 엄청나게 많이 가졌다는 사실은 무엇을 뜻하는가.

네팔 왕국은 이런 점으로 미뤄보아 퍽 잘 되어 나가는 나라 사정은 아닐 듯 여겨진다. 또 공무원들의 뇌물 이야기는 여행객들에게 자주 오르내리고 있어 씁쓸하다.

**12월 9일 (토)**

오늘은 관공서가 쉬는 날이고 남체 장날이다. 네팔은 기독교식 휴일인 일요일을 피하여 일부러 토요일을 택하였다고 한다. 장은 8시부터 11시 사이에 이뤄졌다. 장날에 특이한 물건들은 야크 치즈, 바짝 말라 쪼그라든 히말라야산 사과, 피곡류(우리는 논벼 사이에 자라는 피를 잡초로 뽑아버리는데 여기서는 곡식이다), 밀감, 야크 소고기 등이다. 나는 야크 꼬리털 세 개를 개당 200루피씩 하는 걸 사와서 삼푸로 깨끗이 씻어서 종

214

일 손질하였다(약 4천원). 야크 꼬리털은 선사(禪師)들의 불자(拂子)로 쓰이며 큰 붓털로도 좋은 재료다. 하나는 원정대 고문이신 초오유 선생님께 드렸다. 남은 두 개는 잘 보관해서 가치있게 쓰고 싶다.

12월 10일 (일)

탕보체(Tyangboche : 3875m)에 올라와 달밤을 맞이하였다. 남체에서 탕보체까지는 5시간 걸린다. 오늘은 피곤해서 걸음이 무척 더디었다. 탈진상태에서 잠자리에 들었다. 달빛이 아주 밝다. 내일 모레가 보름이다. 에베레스트 주위 다섯 봉우리가 달빛에 아름답다. 탕보체에서 아주 가까이 오른쪽에 깍아 세운 듯한 아마다블람(Amadablam : 6856m) 봉우리를 재대로 본다. 내 침상에서 창너머로 모두가 선경(仙景)처럼 보인다.

탕보체 절은 금년 1월에 불타 없어지고 지금은 재건 복구중에 있다. 성금함이 절에서 운영하는 식당 겸 호텔로 쓰고 있는 건물 앞에 놓여 있다. 50여 명의 스님들은 조실 스님을 모시고 임시건물에서 잡화상도 벌이고 어렵게 지내고 있다.

12월 11일 (월)

이곳에서 배운 노래가 있다.

(남자) 래삼 피리리 (여자) 래삼 피리리
(함께) 우대러 자우끼 다다마 버소우
(남자) 래삼 피리리 (여자) 래삼 피리리

히말라야 셰르파들의 사랑의 노래다. 뜻을 옮겨보면 다음과 같다.

> 꽃 바람개비 꽃 바람개비
> 바람(비행기)처럼 날아가고 싶어 산에서 살고 싶어
> 꽃 바람개비 꽃 바람개비

셰르파들의 구식 결혼 절차에서 마을 절 스님(라마)이 관여하는 대목이있다. 처녀와 총각의 양부모가 라마에게 가서 처녀와 총각의 결혼 합당 여부를 문의할 때, 라마가 승낙하는 절차이다. 이때부터 모든 결혼절차는 라마가 주관한다. 결혼을 기념하여 경관을 찍고, 기도기를 새로 달고 하는 일도 이때 한다. 요즘은 셰르파들도 신식 연애결혼을 하여 처녀와 총각 당사자가 라마 승낙없이 하는 일이 많아지고 있다.

셰르파들의 생활에서 에베레스트 여신의 어머니인 미요 룽상마(Miyo Lungsangma)에 대한 신앙은 대단하다. 산행과 산안거(山安居) 등 모든 일의 길흉을 미요 룽상마가 주관하고 있다고 깊이 믿고 있기 때문이다. 이렇게 보면, 셰르파들의 불교신앙은 산신을 믿고 따르는 민간신앙에 가깝다고 여겨진다.

**12월 12일 (화)**

탕보체에서 8시간 걸어 내려왔다. 김치 있는 집 초모아 마을 펨바 셰르파네 집에 와서 쉰다. 도중에 7년 전 해인사에서 인연이 있던 사진작가 전화식 군을 만났다. 처음에는 내 얼굴이 너무 말라 있어 알아보지 못하고,

216

"지묵 스님 맞습니까?"

를 몇 차례 하였다. 눈발이 날리는 날씨에 히말라야 사진을 찍으러 가는 중이라고 한다. 반가워서 한참 웃었다.

도중에 물레방아 모양으로 빙글빙글 돌아가는 마니통 10개를 보았다.

옴마니반메훔 통은 크기가 1미터도 더 된다.

김치찌개와 누룽지 밥을 참 맛있게 먹는 날 저녁이다. 배가 부르게 잘 먹었다. 기운이 난다. 역시 한국 사람에게는 김치 이상 가는 반찬이 없다. 몸이 약간 처지고 힘이 빠지던 차에 회복이 쉽게 될 듯하다.

여기 밥은 설어서 먹기에 거북하다. 누룽지와 함께 보골보골 많이 끓여도 역시 선밥이기는 마찬가지다. 누룽지에서 나온 숭늉 맛은 일품이다.

**12월 13일 (수)**

루크라 비행장 마을에 와서 내일 비행기로 카투만두 갈 채비를 한다.

눈이 내린다. 겨울 산의 아름다움이 돋보인다. 산의 본고장에 와서 산 구경을 잘하고 떠난다. 산은 멀리서 보든지 아니면 아주 가까이서 보든지 해야 한다. 어중간한 거리에서는 산을 보았다고 할 수 없다. 멀리서 보는 산은 아늑하게 신비로운가 하면, 산에 올라서 바짝 가까이 보는 산은 친밀하고 오밀조밀하게 아름답다. 사람도 멀리서 보든지 아니면 아주 친근히 잘 알든지 해야지, 어중간하게 알다가는 오해하기 쉽다. 모르든지 아주 잘 알든지 해야 한다.

오늘 저녁식사에는 네팔 정식으로 시켰더니 뜻밖에 무말랭이로 담근 김치가 나왔다. 그러고 보니 네팔 사람들도 '아찰'이란 김치가 있어 식성이 우리나라와 비슷한 데가 있다.

식당집 아이들도 '아찰'을 잘 먹는다. 맛은 우리 김치맛과 약간 다르고 몹시 맵다. 고추가 여기 것이 아주 매운 까닭이다.

## 셰르파의 아내

내가 머무는 호텔 여주인은 히말라야 산길 안내자 셰르파의 아내다. 나이는 38세로 두 아들을 두고 있다. 큰아들은 12세이고 막내는 8세이다. 이 집 식구로 또 한사람이 있다. 부엌일을 돕는 반은 정신이 나간 듯해 보이는 20세 처녀이다. 몸집은 건장하고 일을 아주 열심히 하는데 온전한 정신은 아니다. 반복되는 부엌일 외에는 하나도 할 줄 모른다. 묻는 말에도 대답이 어뚱하기가 일쑤다. 산골에서 티없이 자란 이 처녀는 순진하다. 얼굴 표정이 아주 어린아이와 같다.

이 집 주인 남자는 집에 머무는 날이 적은 모양이다. 여주인은,

"아휴, 난 행복하지 못해요!"
하고 장작불이 타들어가는 난로가에 앉아서 내게 토로하였다.

오늘 저녁식사는 등산 온 서양 사람들과 함께 하고 그를 전송하였다. 서양 사람은 다른 곳으로 숙소를 옮겨갔다.

저녁식사 후 이층 식당 빈 홀에서 혼자서 석양을 내다보다가 여주인의 청으로 주방 안 난로가에 앉아 이야기를 나누었

다. 그녀는 친절하게도 가족 사진첩 두 권을 그녀의 아이들을 시켜서 꺼내오게 하여 내게 보여주었다.

"이걸 보세요. 저의 아버지와 어머니의 모습이예요!"

그녀는 '창'을 거푸 들면서 내게 권하기도 하며 열기에 들떠 있다.

"지금도 생존해 계시지요. 부모님이 운영하는 '사과 호텔'은 지금도 문을 열었으니 한번 들르세요. 참 좋은 곳이예요!"

얼굴이 발그레해진 그녀는 내가 마시지 못한다는 '창'을 사양하여도 막무가내다. 혀끝으로 맛을 보았다. 막걸리 비슷한 냄새가 난다.

"저의 남동생 사진을 보셔요. 티베트 절에 가서 스님이 되었어요."

그녀는 사진첩을 들추며 옛 추억에 젖어든 듯해 보였다. 다시 처녀 시절의 사진을 내보이며,

"그때는 아주 미인이었지요?"

하고 물었다. 내게 크게 표정을 지으며,

"아, 참, 미인인데요!"

하고 감탄하자,

"정말 아름다운 시절이었는데……."

하고 어느새 숙연해졌다. 그녀는 남편 이야기를 꺼냈다. 사진의 남편 모습은 멋장이이다. 동서남북으로 쉴 새 없이 싸다니는 남편은 지금 등반대를 만나기 위해 홍콩에 가 있는 중이란다.

남편은 집에 있는 날이 거의 없고 산으로 가지 않은 날은 외국으로 나들이 다니느라고 바쁘다. 셰르파들은 역마살이 긴

이들처럼 출입 왕래가 잦다.

"난 행복하지 못해요!"

두 번째로 세르파의 아내가 자신의 불행을 토로하였을 때 나는 그녀의 손을 잡아주었다.

장작불 난로의 불꽃은 사그러질 듯하다가 다시 식모가 밀어 넣은 새 장작으로 활활 타오른다. 아이들은 저녁을 먹고 각기 잠자리에 들었다. 산골 저녁은 쉽게 어두워지고 한밤중에 이른다.

식모는 이제 마지막으로 내일 아침거리를 준비하는지 큰 도마를 앞에 두고 서서 밀가루 반죽을 쳐 이기는 중이다.

"왜, 결혼을 안 하셨어요?"

세르파의 아내가 장작불을 바라보면서 물었다.

"안하긴? 부처님과 결혼하였어요."

내가 웃으면서 대답하였을 때,

"결혼을 안 하는 이가 행복해요."

하였다. 그녀는 사홉들이 '창' 병을 다 비우고 새 '창' 병을 가져와서 마신다. 안주로는 김치맛이 나는 '아찰'을 간혹 먹는다.

그녀는 갑자기 쾌활해진 목소리로 '래삼 피리리' 노래를 불렀다. 나도 아는 노래여서 조그맣게 따라 불렀다.

"자, 이제, 저도 방에 가서 자야겠어요. 안녕히 주무서요. 나마스테!"

밤 8시가 지났을 때에 내가 난로가에서 일어서자 그녀도 따라 일어섰다. 이층 실내는 석유등을 켜서 환하지만 층계 아래는 아주 어둡다. 정전으로 괴괴한 어두움뿐이다. 세르파의 아

내는 몸을 간신히 움직이며 촛불을 한 자루 켜서 들고,

"함께 갑시다. 방에 모셔다 드릴 터이니 가요."

하였다. 그녀의 목소리는 혀꼬부라진 소리로 술주정하는 듯해 보였다.

"괜찮아요. 고맙습니다. 이젠 피곤하실 터인데 주무시오."

내가 인사를 하고 그녀를 자리에 앉혔다. 그녀는 다시 '창'을 마시기 시작하였다. 나는 촛불을 들고 아래층 내 방으로 내려와서도 그녀의 한탄하는 소리를 후렴처럼 조그맣게 들었다.

"나는 행복하지 못해요."

눈을 감고 침대에 누웠으나 좀체 잠이 오지 않는다. 셰르파의 아내의 불행이 남의 일 같지 않다. 사바세계의 고통이 저런 것인가.

"나는 행복하지 못해요……."

**12월 15일** (금)

새벽에 도착한다는 버스가 아침 8시가 넘어서 카투만두에 닿았다. 한 차례씩 쉴 때에는 거의 50분 정도 정차하여 시간이 많이 늦어졌다. 인도의 버스들은 제멋대로 쉬었다가 떠나곤 한다. 승객이 버스 지붕 위에 피난민 일행같이 잔뜩 올라타고 가는 것도 인도 같은 데서나 볼 수 있는 일.

커드(Curd)를 잘 만들어 파는 집 근처에 숙소를 정하고 그동안 때에 잔뜩 전 빨래를 하였다. 날 것 같은 기분이다. 커드를 거푸 서너 잔 먹고 나니 힘이 난다.

옷이 단벌인 까닭에 스리랑카 오랜지색 가사를 입을 수밖에

없다. 다행히 날이 포근하여 춥지 않다. 시내를 나갔다가 빌라 에베레스트 한국인 집에 들렀다. 여기서 인삼차를 한 잔 마시고 어린아이처럼 싱글벙글 웃었다. 저녁식사도 여기서 하였다.

**12월 16일 (토)**

보름간의 트레킹을 마치고 나니 식욕이 대단하다. 먹고 먹어도 속에서 받아들이는 게 한정이 없다. 낮에는 한식, 저녁에는 일식으로 먹었다.

오후에 네팔 영화 한 편을 감상하였다. 다분히 인도풍의 색채가 강하게 느껴진다. 때가 덜 묻은 것 같다. 파키스탄 쪽은 잔인하고 야하다.

네팔은 인도와 같이 순수한 면이 많다. 사람들의 표정도 마찬가지다.

**12월 17일 (일)**

통도사의 법기(法機) 스님, 선학원의 성관(性觀) 스님, 송광사의 일명(一明) 스님 및 도원(道圓) 스님 일행 4명이 도착하여 저녁식사를 함께 하였다. 결제(結制) 무렵에 성지순례길에 나서서 태국 등지를 거쳐 인도로 왔다고 한다. 길 안내는 법기 스님이 맡아서 하고 있다.

나는 한국대사관 직원을 만나서 부탄에 갈 수 있는 길에 대하여 문의 중에 있다. 부탄은 개방을 하지 않아서 여러모로 어렵고 특히 날 수로 계산해서 달러를 받기 때문에 가난한 여행자에게는 무리다. 불자로서 성지순례 길이 열렸으면 싶다. 저

222

녁식사를 하는 자리에 동국대 오국근(吳國根) 교수님도 계셨다. 히말라야 등반 원정대를 이끌고 '빌라 에베레스트'에 머물고 계신다.

12월 18일 (월)

네팔 비자(15일간) 기간을 더 연장했다. 부탄행은 네팔에서 어렵다는 전갈을 받고 인도 델리에 가서 시도하려고 한다. 부탄 입국은 돈이 많이 들어서 스님으로서 가는 길을 택해서 적은 돈으로 1개월쯤 들러보고 싶다.

12월 19일 (화)

야크소 꼬리털 두 개를 한국으로 곧 돌아가게 되는 등산 원정대 한 사람에게 부탁해서 보냈다.

12월 20일 (수)

법기 스님 일행은 오늘 오후에 바라나시로 떠나고 에베레스트를 등반하고 온 현담 스님과 나만 남았다.

점심을 상치 된장국에 여섯 스님이 맛있게 잘 해먹고 즐거운 시간을 보냈다. 식후에는 요구르트(커드)에 꿀을 타서 나눠 먹었다. 모두 좋아하면서 요구르트 한 단지를 비웠다.

타국에 나와 있으나 여럿이 모여 있으니 전혀 타국에 나와 있는 것 같지 않게 느껴진다.

나는 종일 한국서 가져온 잡지와 소설 등을 빌라 에베레스트에서 빌려와서 읽으며 시간을 보냈다.

**12월 22일** (금)

인도 비자 신청을 마쳤다. 27일께 나온다고 하니 그때까지
기다려야 할 판이다. 겨울 날씨인데도 전혀 겨울같지 않게 포
근하다. 아침에 안개가 끼는 외에는 맑은 날씨. 한국대사관의
후의로 저녁식사를 잘 먹었다. 동행한 한 스님이 청바지 잠바
사복차림으로 갔더니 보살님이 '캐주얼 스님' 이란 별명을 붙
여주었다.

**12월 23일** (토)

자전거로 시내를 돌아보고 공항 쪽으로 나가 '소얌부 큰
탑' 과 쌍벽을 이루는 '부다탑' 을 참배하였다. 마찬가지로 티
베트 불교와 힌두교가 혼합된 모습이다.

**12월 24일** (일)

빨래를 다하고 내의 등 일용품을 사러 시내에 나갔다. 크리
스마스 전야인데도 전혀 그런 느낌이 들지 않는다.

세계 유일의 힌두교 왕국(王國)인 까닭으로 네팔에 교회가 있
으나 종교 활동을 못하도록 법으로 금지하여 외국 사람만 몇
사람 교회에 드나든다고 한국대사관 직원 한 분이 설명한다.

목불(木佛, 높이 13㎝) 한 구와 목각품(木刻品) 도장 두 개를 구
입해 왔다.

　네팔 공무원의 해이해진 공무태도는 알아줄 만하다. 우체국에 두어 차례 들러본 경험이 있는데 출근시간이 일정하지 않다. 10시 출근이나 10시 반에 일을 시작하기 일쑤다. 이민국 비자신청 업무도 예외가 아니다. 줄지어선 사람들은 아랑곳 않고 커피 마시고 잡담하는 시간이 첫 시간에 끼어 있다. 인도와 이런 점은 비슷하다. 군인들과 순경들도 기강이 확립되기에는 아직 멀었다는 느낌을 준다.




　빌라 에베레스트에 저녁식사를 하러 가서 여러 사람(한국사람)을 만나 반가웠다. 지배인 김영복씨는 고추장 두 통과 김치 한 통을 비닐봉지에 싸주었다. 등반 온 다른 분은 미숫가루를 싸주겠다고 하였으나 사양하였다. 같은 나라 사람이라고 모두가 따사로운 인정을 베푼다. 불자(佛子)인 미국(보스턴에서 활약하고 있는 화가) 파멜라 여사는 10세 내외인 네팔 어린이를 두 명 입양하여 즐거워하고 있다. 그 애들에게 잠시 태권도 기본 자세를 가르쳐주고 왔다.

12월 27일 (수)

인도 비자가 두 달로 나왔다. 거리에 서 있는 사면불탑(四面佛塔)에서 힌두신 쉬바(Shiva)에 나타난 뱀이(보리수 대신 일곱 마리 뱀) 있는 좌불을 보았다. 힌두교와 불교의 혼합작품이다. 스님 중에서,

"힌두교와 불교는 같다."

라고 하는 말을 카투만두에서 들은 적이 있다. 아마 이런 뱀이 있는 좌불(坐佛)의 영향 때문일 것이다.

불교와 힌두교를 동일시하는 일은 위험천만한 노릇이 아닐 수 없다. 철저하게 다르다는 점을 알아야 하는데 스님이 그런 말을 하니 한심스럽다.

힌두교에서는 사성(四姓)계급을 바탕으로 사람의 귀천은 태생에 의하여 결정된다고 하나, 불교에서는 그 사람의 행위에 의해서 귀천이 결정된다고 하였으니 동일할 수 있을까.

## 네팔 불교의 여러 모습 12월 28일 (목)

크리스마스라고 해도 이곳 네팔 수도 카투만두에서는 크리스마스다운 분위기를 엿볼 수가 없다. 네팔 국법으로 교회는 들어설 수 있으나 대외 종교 활동이 막혀 있기 때문이다. 세계 유일한 힌두교 왕국의 면모가 여실히 드러나 있다.

남방불교(스리랑카계)가 처음 카투만두에 자리잡은 무렵에도 종교박해를 가하여 스님들을 스리랑카로 추방시키고 혹은 감옥에 가둔 적이 있다. 반세기 전의 일이나 옛날이야기 같은 느낌을 준다.

나는 이제 네팔 불교의 여러 모습을 느낀 대로 옮겨보려고 한다. 부처님이 이곳 룸비니에서 탄생하신 지리적 인연만큼이나 네팔은 불교와 인연이 깊은 나라다. 전체 인구 1,700만 명 가운데서 약 40%를 불교신도가 차지하고 있다고 아난다쿠티 비하르 총무 마하나마(Mahanma) 스님은 말한다. 카투만두 시내에 있는 대사원의 비례로 미뤄보면, 교회가 1개, 모슬렘교 사원이 1개, 불교사원이 14개, 힌두교 사원이 30개로 '40%'란 표현에 무리가 없는 것 같다.

네팔 불교는 크게 보아 티베트불교권 안에 들어 있다. 특히 히말라야 산기슭에서 생활하는 셰르파들의 불교와, 근래에 들어 자리 잡기 시작한 티베트 불교의 네 종파(겔루파·잉마파·카쿠파·샤카파) 활동은 크게 눈에 띈다.

내가 네팔에 머물면서 느낀 바로는 첫째, 티베트 불교가 중심이고 둘째, 소수는 스리랑카계 불교이고 셋째, 힌두교 요소가 다분히 섞여서 힌두교와 불교의 구별을 어렵게 하는 '힌두교화한 불교'가 카투만두를 중심으로 있다는 점이다.

네팔 왕실의 종교가 힌두교인 까닭에 불교가 힌두교화하는 데 크게 작용한 것으로 보인다.

셰르파들의 불교

네팔 히말라야 산기슭에는 불교가 전부라고 해도 무리가
아니다. 그 이유는 히말라야 셰르파들의 생활 근거지이기 때
문이다.

도처가 '옴마니반메훔' 기도 돌이고 기도 깃발이다.


티베트의 네 종파 불교

티베트가 중국의 침공으로 나라를 빼앗기자 인접국 인도나 네
팔로 흘러 들어오는 티베트 사람의 숫자는 차츰 늘어나고 있다.

인도에서는 다람살라가 중심지라면, 네팔에서는 카투만두
가 중심지이다. 아직 힌두교와 섞이지 않는 '순수한 티베트
불교'가 요즘도 개원을 앞두고 법당을 손질하고 있는 곳이 눈
에 띈다.


스리랑카계 남방불교

티베트 불교가 북방불교로 금강승(金剛乘)이라는 독특한 형
태의 불교를 유지하고 있는 반면, 오렌지색 가사를 입으면서
오후불식(午後不食)을 철저히 지키고 있는 스리랑카계 남방불
교 절 법당 안에는 국왕과 왕비의 사진을 두고 있지 않는 게
우선 눈에 띈다. 오직 삼보(三寶)에만 충실하려는 근본불교의
모습이 역연하다.

대체로 이런 이유로 네팔 왕실의 미움을 받아 박해를 한때
받은 적이 있다. 신도들도 절에 와서 조용히 경전을 읽는다거
나 좌복을 깔고 앉아 오랫동안 명상에 잠긴다. 티베트 불교 절

에서 절을 많이 하고 '옴마니반메훔' 기도를 하는 신도들의
모습과는 대조적이다.


### 힌두교화한 불교

외형으로 보아 불교와 힌두교의 구별이 없다. 사원 전체 분
위기뿐만 아니라 신도들이 행하는 의식과 이마에 붉은 점을
찍는 '빈디' 역시 같다.

지리적으로 티베트와 인도의 완충지점에 위치한 카투만두
는 티베트 불교와 인도의 힌두교가 혼합되어 구별점을 찾기
힘든 불교형태를 갖고 있다.

사천왕·건달바·가루라 …… 천상계 여러 신들, 우주관 등
이 힌두교와 흡사한 것은 사실이나 불교는 힌두교와 같을 수
없다. 부처님은 힌두교의 카스트제도의 불평등한 모순을 꿰
뚫어보시고 진리가 아님을 일찍이 간파하셨지 않은가. 카투
만두에서 힌두교와 불교는 혼연일치되어 있다고나 할까.

끝으로, 한국에서 본 것과는 달리 비구니는 외국 여느 나라
와 같이 네팔 역시 크게 부각되지 못하고 있다는 점이 눈에 띈
다. 비구니로서 활동하는 영역 역시 좁을 수밖에 없고 네팔 비
구니들은 변변한 절을 하나도 갖지 못하고 있는 실정이다.

이로써 본다면 한국은 비구니로서 가장 자유로운 곳임에
틀림없다. 네팔 비구니와 티베트 비구니는 대개 자기 집에서
머물면서 혹은 어울려서 지은 빌딩 건물 방 한 칸에서 모여 지
내기가 일쑤다. 기도하고 참배할 시간에는 큰절에 출퇴근하
듯 다니고 있는 게 공통된 모습이다.

# 바라나시

12월 29일 (금)

카투만두에서 바라나시까지 거의 24시간 동안 버스길을 달려왔다. 인도에 오니 왠지 든든한 마음이 든다. 점심때에는 '알루 파카우라' 라는 걸 잘 먹었다. '알루 파카우라' 는 찐 감자에 고소와 양파를 섞어 짓이겨서 덩어리로 떼어내어 기름에다 튀겨 만든다.

옆자리 덴마크 청년과 영국 처녀에게 내가 권하였더니 아주 맛있게 잘 먹는다.

힌디가 고향 말씨같이 귀에 익는다. 파키스탄은 우르두 문자를 쓰지만 발음은 힌디와 거의 같다. 네팔은 힌디 문자를 쓴다. 발음은 네팔어로서 힌디와는 다르다. 네팔과 파키스탄은 언어문자 생활에서 힌디와 비교해 볼 때 이런 점에서 서로 대조적으로 느껴진다.

12월 30일 (토)

녹야원 중화불사(鹿野苑 中華佛寺)는 우리나라 절 같은 느낌을 준다. 절에 참배하고 안면 있는 이들과 인사를 나누었다. 마치 나의 본사(本寺)인 듯 반긴다. 방도 내가 전에 머물렀던 방을 내어주었다.

한국에 연락하여 부탁하였던 원고지와 창호지(일기장용)는 미도착.

법정(法頂) 스님 등 한국 스님들이 다녀가신 소식도 전해 들
었다.

**12월 31일 (일)**

오전에는 『관음대사 영첨』책을 두 권 매었다. 40여 일 전에
내가 한글로 번역해서 복사해 둔 책이다. 이 책 한 권은 중화
불사 스님이 놔두기를 희망해서 드렸다. 제야(除夜)라고 간단
히 차공양을 한 후 내년 신수로 내가 묶은 새 책 『관음대사 영
첨』을 넘겨가며 대중(大衆)이 읽었다. 티베트 청년, 이탈리아
처녀, 중국 비구니, 한국 비구니, 그 외 손님 한 사람 등 나까
지 포함해서 일곱 사람이 동참하였다.

오후에 바라나시 '아시' 동네에 가서 선음악(禪音樂)을 연주
하는 걸 감상하였다. 연주자는 브라질 남자 아더(Arthur)씨였다.

그는 일본 스님 밑에서 좌선(坐禪)공부를 해오다가 인도에
머문다고 한다. 악기는 탐푸라(Tampura)라고 하는 사현(四絃)
악기다. 약 두 시간 남짓하였는데 그의 표정은 기쁨에 넘친 듯
하면서도 고요함이 깃들어 있었다.

과일·과자 등의 간단한 공양물과 향·초·다기(茶器)를 준
비하여 무척 경건한 분위기였으나 감상하러 온 이들은 긴 시
간이 좀 지루했던지 조는 편이었다.

**1월 1일 (월)**

녹야원 절에 정초참배(正初參拜)를 하였다. 아침식사 후 짐
을 챙겨서 다시 나그네 길에 나서서 8시간 버스를 타고 고라

크푸르까지 와서 쉰다. 버스에서 나는 좌선송(坐禪頌)을 지어
보았다.


(쾌활하게 --- 4박자)
허리를 세워라 곧게 바로 세워라
금강 같고 태산 같은 몸에 지혜 샘솟네
알 수 없고 꽉 막힘에 답답한 의심덩이
(후렴)
고양이가 쥐잡듯이 목마른 이 물 찾듯이
간절하게 의심내어 이 · 뭣 · 고?(혹은 무?……)


# 구시나가르 ①


1월 2일 (화)

　고라크푸르에서 동쪽으로 51km(도로표시 이정표 거리) 떨어진
곳에 부처님 성지 구시나가르가 자리하고 있다. 조그만 마을
이다. 시내 로터리길 가운데에 부처님 좌상이 큼직하게 모셔
져 있어서 참배 올렸더니 모두가 나를 한참 동안 쳐다보았다.
곧이어 부처님 열반상을 모신 법당을 비롯하여 주위 여러 나
라 절을 두루 참배하였다. 미얀마 절은 학교를 운영하는 등 사
회봉사활동을 활발히 하고 있어 관심을 끈다. 힌두 사원에서
도 가운데에 부처님을 모시고 있어 특이하다. 이것은 구시나

232

가르가 완전한 불교성지(佛敎聖地)라는 사실의 면모를 드러낸 예가 될 것이다. 오후 1시경에 스리랑카 절에 와서 여장을 풀었다. 열반상 대불(大佛)은 쿠마라굽타왕(Kumaragupta:413~455) 시대에 하리바라(Haribala) 화상이 마투라 석재로 이곳에 모셨다고 한다. 유적지는 법당 좌우 뒤편으로 탑군(塔群)을 이루며 앞자리는 대승당(大僧堂)터로 방만도 80칸이 넘어보인다.

1월 3일 (수)

부처님의 행로는 룸비니로 향하고 있었다. 열반을 예견하신 부처님은 귀소본능(歸巢本能)으로 바이샬리에서 출발하여 북쪽으로 걸음을 옮기시다가 이곳 구시나가르에서 80평생(혹은 79세)을 마무리짓고, 열반에 드셨다.

1월 4일 (목)

종일 단수수대(사탕수수대)를 씹어 먹으면서 단수수대 밭에 둘러싸인 구시나가르 유적지를 참배하였다. 구시나가르는 꼬리 긴 원숭이가 있는 게 특징이다. 원숭이 얼굴이 유난히 검은 것도 눈에 띈다. 원숭이들도 단수수대 밭에 들어가서 단수수대를 꺾어 먹으면서 논다.

한 가지 의문이 남아 있다.

부처님 성지에는 으레 아쇼카 석주가 서 있는데 구시나가르에는 없다. 아쇼카 대왕 재세시 수도 파트나와 이곳의 거리가 그리 먼 곳이 아니었는데 참 이상하다. 단지 현장법사 기록 《대당서역기》에 언급되었을 뿐, 그 이전의 법현 스님의 기록이나 그 이후 의정(義淨) 스님의 기록에 나타나 있지 않은 것도 의아스럽다. 유적 발굴로써는 현재 아쇼카 석주가 있었다는 확증이 없다고 한다. 그러나 부처님의 열반지라는 데에는 조금도 의심할 나위가 없다.

어젯밤에는 열반당에서 30분가량 기도를 올렸다. 가사를 네 겹으로 접어 깔고 오른쪽 옆구리를 바닥에 대고 다리를 사자처럼 포개어 주워계시는 부처님 전에 촛불을 켜고 기도하는 이가 10명이 있었다. 부처님은 서편을 향하여 우협 잠으로 누워계신다. 와불석상(臥佛石像)의 길이는 610㎝, 폭은 140㎝, 그리고 침상 높이는 46㎝이다.

짙은 안개로 시야가 온통 가린다. 겨울 날씨치고는 포근한 편이나 안개가 자주 낀다. 낮의 온도는 10도 내외이나 밤에는 춥다.

미얀마 절로 숙소를 옮겼다. 점심공양은 대중 스님들과 같이하였다. 오늘 다시 만난 현담 스님은 손으로 밥을 먹는 법을 배우느라고 애를 썼다. 낮에는 1㎞쯤 동쪽으로(데오리아 가는 길) 사탕수수밭 사이길을 걸어가서 '라마발탑'에 참배하였다. '무크트 반다나 차이타(Mukt Bandhana Chaitya)'라고도 한다. 이곳이 부처님의 화장터. 그러나 사리 등 유물은 발견되지 않았다고 한다. 탑 남쪽으로 절터가 남아있다. 부처님 화장터를 기념해서 세워진 초대형 붉은 벽돌탑에 딸린 일종의 '부도전'이다. 올 때에는 사탕수수밭에서 추수하는 농부들과 사진을 찍고 사탕수수도 얻어서 잘 먹었다. 단맛이 그만이다.

어려운 길을 거쳐가는 중이다. 현담 스님·마누엘(스페인 청년) 등과 동행한다. 밥값·차(茶)값 등도 제각기 지불한다. 불편하게 느껴진다. 역시 여행은 애초 혼자 나서야 제격 같다. 구시나가르에서 출발하여 나우가르에와 대각회(大覺會 : 마하보디 소사이어티) 스리랑카 포교당 방에 와 쉰다. 노스님 한 분이 초라하게 지내고 있는 모습에 가슴이 뭉클해진다. 나그네가 부처님을 모신 절에 와 몸을 의탁할 수 있다는 게 다행이다.

아침마다 공양물을 거리에서 올리는 불자들·어린 사미승이 가장 많은 나라 - 태국

나·마·스·테

# 쉬라바스티

1월 6일 (토)

나우가르에서 인도 카필라 바스투를 다녀와서 기원정사터가 있는 쉬라바스티 미얀마 절에 와서 쉰다.

여기는 나의 인도 8성지순례길의 마지막 장소에 해당한다.

부처님이 성도 이후 가장 오래 안거하신 장소로 알려져 있다. 기록에는 약 26년간 안거하신 것으로 추정한다. 여기서 푹 쉬면서 나의 인도 8성지순례 기록을 정리해야겠다. 태국·스리랑카·중국 절 등이 눈에 띤다.

이제 모든 짐을 다 놓고 여기서 회향(回向)하는 기분으로 인도 8성지순례를 마감해야겠다. 갑자기 애를 밴 여자의 심정같다. 큰일을 떠맡고 해산을 기다리는 조바심이 있다. 아무 생각이 없고 오로지 조용한 회향을 기다린다.

1월 7일 (일)

유채꽃이 만발한 들판의 가운데에 사위성 기원정사터가 자리하고 있다. 종일 노란 유채꽃밭 사이를 다녔다. 한 마을에서 우스운 일이 벌어져서 기록해 둔다. 자전거를 타고 가다가 찻집 비슷한 집 앞에 멈추어 서서,

‘차 한 잔.’

하고 차 주문을 하였을 때다.

“……?”

나마스테 **239**

젊은 여자는 의아스런 표정을 짓고 나를 빤히 쳐다본다.

"차 한 잔."

영어와 힌디를 섞어가며 해도 차를 줄 생각을 않고 있다. 나는 더워서 길 밖에 있었기 때문에 집 안을 잘 살펴보지 못하였다. 이런 집 비슷한 처마 밑에는 으레 차 도구가 있는 줄 알았는데 그게 아니다. 이 집은 시골 간이진료소(병원)이고 그 젊은 여자는 간호원이었다. 한참 웃다가 그 진료소 앞을 떠났다.

1월 8일 (월)

달이 많이 둥글어졌다. 달밤에 기원정사터를 거닐다 돌아왔다. 길이 450m, 폭이 150m의 넓은 기원정사터가 낮에 본 것과는 달리 포근히 젖어온다.

기원정사와 사위성에 관한 자료를 모아두어서 정리하기에 편하다.

안내하는 할아버지(밧추랄 야트와씨)가 한국말을 곧잘 하는데 한글을 배우고 싶다고 하여서 기초 닿소리와 홀소리 등 24자를 카드로 만들어서 첫 시간 강의를 하였다. '감사합니다', '안녕하십니까?', '안녕히 가십시오', '천만에요' 등의 말을 한글로 써서 자꾸 반복하도록 하였다. 발음은 내가 배운 힌디로 표기하였더니 기뻐하였다. 인도가 차츰 마음에 든다.

아침에 금강경을 독경하였다.

1월 9일 (화)

사위성 기원정사터 주위에 한국 절을 짓기를 현담 스님이 권하지만 나는 전혀 생각이 없다. 장소는 좋은 곳이나 내 역량이 미치지 못할 뿐더러 달리해야 할 일이 있기 때문이다.

수행에 매진하기만 하면 절은 열이고 스무 개가 더 세워지게 마련임을 익히 알고 있다. 화주 책을 품에 끼고 동네 거리를 나다니지 않아도 된다. 수행만 잘하면 그것으로 충분한 일이다.

나는 문필가로 알려지기를 역시 바라지 않는다. 절 짓는 불사(佛事)에도 눈을 돌리고 싶지 않다. 공부인(工夫人)은 오직 한 길로 나아갈 뿐이다.

1월 10일 (수)

기원정사와 사위성터를 10리 넘게 돌아서 둘러보았다. 시골 초등학교 부근에서 감자밭 추수하는 모습도 지켜보며 시간을 보냈다. 성지순례도 중요하지만 인근 주민들 모습도 살펴보는 일이 필요하다. 밭에서 감자를 5루피주고 한 바구니 사와서 저녁 요리하는 데에 쓰게 하였다. 이곳 학제 등을 참고로 적어둔다.

초등학교 5년제, 중학교 3년제, 고등하교 2년제. 매월 학비는 초등학교가 1루피, 중·고등학교가 2~50루피. 한 학급 학생 수는 대략 30명. 교실은 우리나라 산골 분교와 같으나 겨울인데도 잔디밭 노천 교실을 흔히 사용하고 있다.

분위기는 마치 정자나무 아래서 할아버지가 옛날이야기를 들려주는 따스함이 배어나온다. 수학시간(인근 중·고등학교)에도 역시 그렇다. 나는 특별히 참관할 수 있는 기회를 얻어서 어제 자세히 살펴보았다. 학생들 뒷자리에 의자까지 내주어서 퍽 고마웠다. 오늘 동행한 스페인 청년 마누엘씨에게 서툰 영어로 살인마(殺人魔) 앙굴리말라 이야기를 들려주었다.

마누엘씨는 35세의 미혼 청년으로 불자인데 성지순례를 마치고 스페인에 돌아가면 자기 집을 절로 바꾸겠다고 하면서, 현담스님과 내게 머물러서 도와주기를 청하였다. 우리는 간혹 스페인에 들러서 3개월씩 머물겠다고 하였다. 그는 시인이라고 한다. 유머감각이 뛰어나서 우리와 잘 어울린다. 영어로 언어소통이 잘되지 않지만 우리는 퍽 친밀해진 사이가 되어 농담을 주고받는다.

마누엘씨는 저녁에 내 방에 와서 내가 지은 '좌선송'을 스페인어로 옮겨갔다. 또 한 인도 스님은 새로 인도 절을 기원정사터 부근에 짓겠다고 하면서, '모연문' 서문을 한글로 부탁하여 지어주었다.

사위성 기원정사 주위의 한 농가·벽에 그려진 그림이 탱화를 방불케 한다

요즘 내가 만나서 인상에 남는 두 스님이 있다.

한 분은 현담 스님이다.

분단현실을 누구보다 뼈저리게 느끼는 스님이다. 이런 현담 스님을 평하여 '사상이 의심스럽다' 혹은 '순수하지 못하다'라고 주위에서 말하는 이가 있다.

그러나 내가 아는 현담 스님은 가장 절실하게 분단현실을 직시하고 해결점을 찾고자 하는 소신이 분명하게 서 있는 사람이라고 생각한다.

논리가 조금씩 비약되어 설득력이 부족한 게 약점이라는 나의 지적에서 그도 동감의 뜻을 표하였다.

눈을 깜박깜박하면서 골똘히 생각하는 그는 내게 적지 않은 영향을 주었다. 분단현실의 중요성이 내 가슴 깊이 와닿는다.

또 한 분은 영기(英己) 스님이다.

비파사나 경전으로 『대념처경(大念處經)』을 내게 권하였다.

일본 스님으로서 태국에서 비파사나 수행을 하고 있는 중에 성지순례길에 나선 이다. 그는 내가 비파사나 수행을 할 수 있는 곳을 친절하게 가르쳐주고 비파사나에 관한 이야기도 약간 들려주었다.

계율을 중시하여 공양전 의식, 명상 전후의 의식을 여법히 하는 모습이 인상적이다.

중국문헌을 통해서 불교를 공부한 우리나라 스님들은 비파사나에 대한 이해가 크게 부족하다고 생각한다. 삼마타(止)와 비파사나(觀)의 동이점이 불분명하던 차에 좋은 가르침을 받왔다. 수식관(數息觀)은 삼마타에 속한다는 그의 지적도 기억에 남는다. 비파사나와 구별되는 수식관의 '관'은 잘못 사용된 용어이다.

음력으로 12월 보름날 밤이다.

달이 짙은 안개에 가려 흐리다. 나는 기원정사터에서 비파사나 수행자 두 사람과 함께 좌선정진(坐禪精進) 시간을 밤 8시부터 2시간 가졌다. 체력면에서 두 비파사나 수행자가 열세였다. 자세가 흐트러지고 두 시간을 견디는 데에 힘겨워했다. 일본 스님은 거의 쓰러질 듯 조는 자세를 보이기도 하였다. 처사는 내년에 스님이 되어 다시 만나자고 하고 헤어졌다.

좌선 시간을 마치고 자리에 일어설 때에 안개에 젖은 축축한 옷을 발견하였다. 그러고 보니 비가 한 방울씩 떨어지듯 큰 나무 밑은 물방울이 나뭇잎에 맺혔다가 떨어지는 소리가 유별나게 들린다. 안개가 마치 작은 빗방울 같다.

인도 소년 하나가 한국 스님이 되길 희망한다. 쾌히 도와주기를 승낙하였다. 도반 스님 앞으로 계를 받게 하고 싶다. 작년에 고등학교를 나온 아이다. 이름은 프라딥 쿠마르(Pradeep Kumar)이고 거주지는 기원정사터 주위에 있는 미얀마 절이다. 그의 부모는 이 절 공양주와 부목으로 지낸다. 부모의 국적은 미얀마이고 친척간에 스님된 이가 세 분 된다.

1월 12일 (금)

오후에 기원정사터 부근 인도 사람 마을 집에서 한국말을 배우기를 원하는 이들에게 인사하는 말을 가르쳐주었다.

244

기원정사 동편 망고나무 숲 앞에서 밧추랄 야트와(右)씨와 버마절 공양주

한국말을 배우려는 열의가 대단하다. 오나가나 한국말을 묻는 이가 많다. 매일 배우는 밧추랄씨는 지극정성이다. 한국사람 순례자에게 한국말을 써서 호감을 받았기 때문에 더욱 열심이다. 한국말을 가르쳐준 집에서 싸리 광주리를 엮고 있어서 나도 하나 엮어보았다. 저녁식사는 이 집에서 잘 먹었다. 인도 음식으로는 짜빠티 세 개다. 피곤해서 오늘은 일찍 자야겠다.

**1월 13일 (토)**

너른 농토에서 아주 가난하게 사는 인도 농부들을 보고 물었더니 소작농가가 태반이기 때문이란다. 주정부 토지, 대지주 토지 등을 갈아먹고 사는 농부 가족은 영양상태가 좋지 않아 빼빼 말라 있다. 뿐만 아니라 거름을 잘 주지 않아서 곡식과 채소도 영글지 않는다. 소·말·양·돼지 등 가축도 빼빼 마른 게 인도 농부들 같다.

요즘 밤에는 기원정사터에 가서 보름달 아래 좌선하곤 한
다. 촛불·향·손전등·좌복 등을 챙겨서 나들이 한다.

| | |
|---|---|
| 고등 동물원 | 高等動物園 |
| 이건 사바세계 | 是娑婆世界 |
| 흡사 연꽃이 피어나듯 | 恰似蓮華生 |
| 탐욕이 지혜 이루네. | 貪慾成菩提 |

**1월 14일 (일)**

우리나라 불자들이 단체로 성지순례차 기원정사터에 들렀
다가 떠났다.

라면 두 상자, 고추장 1통을 주고 보던 책과 금일봉을 건네
주었다.

오후에 다시 내 숙소로 연락이 오기를,

"한국성지순례단 버스가 왔다."

하면서 나와보란다. 그러나 나는 좋은 점과 그렇지 않은 점이
있음을 느끼고 그냥 방안에 눌러앉아 있었다. 고국 불자들과
만나는 일은 반가운 일임에 틀림없으나 나가서 만나 금일봉
받는 일은 멀쓱한 일이다.

법련사 신도회 지장회장 연지행 보살님은 오늘 지장재일
기원정사에서 참배할 때 금강경을 독송해서 무척 즐거운 표
정이다. 독송본 금강경과 수첩 금강경을 구해서 나도 이제 금
강경 독송 기도를 시작하였다.

부처님이 기원정사에서 금강경을 설하신 연유는 간단하다.
수닷타 장자가 제타 태자의 땅을 사려고 그의 땅 위에 금을 깔

246

았으니 수닷타 장자의 보시 정신을 바로 금강경의 설법연유이다. 오늘 참배 온 이들은 광주 덕림사 무구(無垢) 스님과 안양 상연사 기연(起然) 스님 일행 그리고 금강경 독송회 포항 금강정사 불자들이다.

**1월 15일 (월)**

금강경 독경을 차분히 하면서 의미를 새겨본다. 설법현장에서 읽는 금강경의 감동은 어느 때보다도 절실하게 가슴에 와닿는다. 우리나라에는 금강경 해설본이 어느 경전보다 많으나 대체로 한문 경전이 주는 장단점을 고스란히 간직하고 있다. 불교가 중국으로 건너와서 우리나라에 전래된 까닭으로 중국 불교 경전만 쫓다보니 그런 결과가 온 것이다.

(1) 장점

① 선(禪) : 한문문화권의 장점이다. 선어록(禪語綠)은 값진 보물이다.

② 보살(菩薩) : 북방불교(대승불교란 이름은 좋지 않아서 쓰지 않는다)의 빼어난 불교사상이다. 더럽고 불편한 분위기를 오히려 잘 수용하려는 자세는 바로 부처님 근본정신과 이어진다. 미운 이웃을 미워하지 않고 그 이웃들과 함께 동화되어 생활해 나가는 중에도 자신의 청정한 바탕을 누리는 멋이 좋다.

(2) 단점

① 완벽주의 : 한문경전은 체제를 완벽하게 하려다가 과오를 범하고 말았다. 부처님의 법문이 구전(口傳)된 것을 훗날 경전으로 체계화할 때에 어수룩한 부분을 남김없이 완벽하게 채

나마스테 **247**

워버려서 개칠한 인상이 짙다. 한 예로 금강경에서 군데군데 그런 곳이 훤히 눈에 띈다.

② 천착 : 한문 글자 하나하나에 지나친 천착을 하고 있다. 대범하고 단순한 표현으로 한 법문을 어렵고 꼬이게 한다. 금강경 해설을 하는 이들은 한문 경전이 원전인 양 자구(字句) 해석을 노파심절하여 수박 속맛보다는 껍질 구경으로 그치는 경우를 보게 된다.

부처님이 금강경을 설법하신 도량에 와서 우리나라 금강경 해설본들을 본다. 다시 새로운 책이 나와야 한다는 생각이 든다.

1월 16일 (화)

쉬라바스티 부근 소도시 발람푸르로 거처를 옮겼다.
오후에 시장을 봐와서 자취도구 살림살이를 갖추었다.
15루피 독방에서 금강경을 독경하며 지내기에 족하다.


## 부처님 이전의 사위성

코살라 왕국의 수도 사위성은 쉬라바스티(Shravasti)의 한역(漢譯)으로 옛날 전설적인 왕 수라바스타(Sravasta)에서 비롯된 다고 하며, 한편으로 불자들의 구전에 의하면, '모든 것은 다 쓸모가 있다' 라는 뜻을 가진 '사밧치(Savatchi)' 의 변음이라고 도 한다.

사위성이 크게 알려지기 시작한 시기는 부처님과 자이나교 의 한판 승부로써 기적이 일어난 기원전 6세기 무렵이다.

부처님이 사위성에 오시기 전의 사위성 형세는 자이나교를

248

중심으로 철학자 사색인이 각기 자기들의 학교를 세워 활발하게 수련하고 있었다. 부유한 상인과 은행가뿐만 아니라 왕인 프라세나짓까지도 자이나교의 신도였다. 자이나교의 한 부파인 아지비카스교는 자이나교와는 성격이 약간 다르지만 역시 큰 세력을 떨치고 있었다.

이러한 때에 불교가 들어와서 끝내는 자이나교와 우월을 겨루는 시합이 열리게 된 것이다.

## 기원정사 창건

최초에 사위성에 부처님이 오신다는 소식이 부유한 상인 수닷타 장자를 통해서 전해졌을 때 자이나 교단은 대수롭지 않게 여기고 있었다. 수닷타 장자는 '가난한 이를 도와주기를 즐겨한다.'는 뜻이 담긴 '아나타핀디카'란 이름으로 더 잘 알려진 사위성의 유명한 자선가였다. 왕사성(라즈기르)에서 부처님의 법문을 듣고 발심하여 부처님께 귀의한 수닷타 장자는 사위성에 부처님 법문을 널리 펴기 위하여 부처님이 안거하실 처소로서 불당을 지어드리기로 결심하였다.

이 기원정사의 대각불사에서 지혜 제일 사리불 존자가 수닷타 장자와 함께 부지를 선정하고 불당·법당·승당 등을 세우는 일에 힘을 기울였다.

부지를 사들이는 과정에서 일어난 유명한 일화는 다음과 같다.

사위성 남쪽으로 500m 떨어져 있는 한 망고 과수원이 절터로서 적당한데 문제가 생겼다. 이 망고 과수원이 평민의 소유가 아니고 사위성 제타 태자의 소유였기 때문이다. 더구나 자이나교 신도인 왕실에서는 쉽게 내어줄 리가 없는 일이다.

사리불 존자와 수닷타 장자는 제타 태자에게 이 망고 과수원을 양도해 달라고 재삼 간곡히 요청하였을 때, 제타 태자는 터무니없는 말로써 거절의 뜻을 비쳤다.

"망고 과수원 땅 위를 금으로 다 까시오. 그 깐 금값으로 땅을 팔 생각이오."

그러나 이때 이변이 일어났다. 의외로 수닷타 장자는 물러나지 않고 침착한 어조로,

"그렇게 금을 깔아서라도 사겠습니다."

하고 쾌히 승낙을 하였다.

이 계약 이후, 수닷타 장자는 부지런히 금돈 주머니를 창고에서 실어다가 망고 과수원 땅 위를 깔기 시작하였다. 한편 금돈 공장을 곁에 지어서 매일 금돈을 찍어내기에 바빴다.

사위성 사람들은 이 놀라운 금액의 망고 거래 이야기가 화제가 되어 입을 다물 줄 몰랐고 자이나 교단은 차츰 불안해 하며 동요하기 시작하였다.

한 부분을 미처 깔지 못하고 다시 금제련을 계속하고 있을 때에 제타 태자가 망고 과수원에 나타났다. 그는 사리불 존자와 함께 지극한 신심으로 불사에 몰두하고 있는 수닷타 장자의 정성에 감동하여 말하였다.

"이제 금을 까는 일은 멈추시오."

"……."

수닷타 장자가 미처 제타 태자의 속마음을 알아차리기 전

에 그가 입을 열었다.

"이 정도로도 충분히 계약은 이뤄졌소. 금이 깔리지 않는 나머지 땅위에 내 몫으로 불당을 지어 부처님께 보시하고 싶으니 들어주시오."

그 당시 망고 과수원에 깔린 금의 총액수는 18크로르(Crore)라고 한다. 제타 태자는 이 18크로르를 들여서 제몫으로 불당을 지었고, 수닷타는 그의 몫으로 다시 18크로르를 들여서 불당을 세워 기원정사를 창건하였다.

기원정사는 '기수급고독원(祇樹給孤獨園)'의 준말로서, 제타 태자와 수닷타 장자의 창건 시주자 두 이름을 모아 제명(題名)하여서 그들의 장한 뜻을 기리고자 한다.


## 위대한 기적

부처님이 기원정사에 처음 오신 시기는 성도 이후 3년째 되는 해로 알려져 있다. 처음 이곳에 오셔서 기적을 보인 일화는 우리나라 불자들에게 별로 잘 알려져 있지 않다.

'기원정사' 하면 '금강경'을 먼저 머리를 떠올리며, 부처님 성지로서 '기적을 행하여 보이신 곳'이라는 데에는 생각이 미치지 않는 게 상례이다.

그러나 사위성 안내판을 비롯하여 현지 관련문헌들은 하나같이 부처님의 기적을 표현하고 있다.

전해진 바 그 기적의 내용은 대충 다음 두 종류로 요약될 수 있다.

첫째는, 기원정사에 부처님이 오신다는 소식을 들은 자이나 교단을 비롯한 타 교단에서는, 사위성 기원정사 4km지점 '오라자르'에서 부처님의 진로를 막아서 멈추어 계시게 하였다는 내용의 이야기이다.

이때 부처님이 1천 꽃잎 연화좌(蓮華座) 위에 앉아 100만으로 곳곳에 몸을 나타내었고 몸에서는 물과 불을 뿜어내어 위신력을 보이신 기적이다.

둘째는, 기원정사에서 부처님이 안거하고 계실 무렵의 이야기다.

처음에 사위성 왕실은 자이나교 신도였으나 제타 태자의 개종 이후 왕과 왕비 등이 함께 불제자가 되어 주기적으로 기원정사에 참배하여 부처님을 친견하고 법문을 즐겨듣곤 하였다. 자이나 교단과 아지비카스 교단에서는 프라세나짓 왕에게,

"부처님이 우월하다는 증표를 우리에게 보여주기를 희망합니다."
라고 전하였다.

부처님은 프라세나짓 왕의 이야기를 들으시고 왕의 요청을 수락하여 날짜와 장소를 정하셨다.

부처님은 망고나무를 하루 만에 싹 틔어서 키운 다음 그 나무 아래에 자신의 큰 모습을 만들어놓으시고 연꽃잎 위에 혹은 앉았다가 혹은 선 채로 몸에서 물과 불을 뿜어내는 기적을 보이셨다는 이야기이다.

자이나 교단 등 타 교단에서는 이러한 기적을 보고 혼비백산하여 일부는 사위성을 떠나고 일부는 개종하여 불자가 되

기도 하였다.

이 기적으로 불교의 우월성이 드러나고 사위성의 명성이 세상에 크게 알려지는 계기가 되었다.

한편으로, 이 기적의 장면을 소재한 불교 예술 조각품이 많다. 후대인들에게까지 '위대한 기적'은 오래 전해져 내려오는 듯하나 어찌된 영문인지 우리나라 불자들에게는 생소한 이야기이다. 아마 금강경 같은 역사적 사실성이 뚜렷한 법문에 더 관심이 큰 탓일까.

하여튼, 이 기적으로 자이나 교단은 사위성에서 크게 위축되어 한때 사위성에서 자취를 감출 만큼 쇠잔하였졌다가 차츰 교세를 회복하여 현재에는 자이나교의 사원이 활발하게 활동하고 있고 자이나교의 두 성자가 탄생한 성지로서 사위성이 큰 비중을 차지하고 있다.

## 부처님 법문

부처님의 성도 이후 안거처가 밝혀진 바, 사위성 기원정사가 26안거, 왕사성이 5안거, 바이샬리가 2안거, 바라나시가 1안거, 카우삼비가 1안거, 카필라 바스투가 1안거 등 36안거처로 『불타의 세계』에 나와 있다.

이곳 안내문에는 부처님 성도 이후 세 번째 맞는 우기(雨期: 여름 안거)에 기원정사에서 안거하신 이래 24년 동안 우기에는 규칙적으로 이곳 절에서 머물러 계셨다고 말한다.

책자마다 안거한 햇수에는 약간씩 차이를 보이고 있으나 부처님의 최다 안거처라는 데에는 이의가 없다. 기원정사에서 법문하신 경전 및 내용을 불교성전에서 뽑아보면 다음과 같다.

① 금강경(金剛經)

② 수능엄경(首楞嚴經)

③ 재경(齋經, 팔관재계)

④ 승만경(勝鬘經)

⑤ 가난한 여인의 등불 : 연등의 기원 법문

⑥ 프라세나짓 왕의 모친상(母親喪) 법문 : 피할 수 없는 죽음

⑦ 천안제일(天眼第一) 아니룻다 존자의 일화 : 복 짓는 사람

⑧ 독 묻은 화살의 비유 법문 : 말룽카 존자의 일화

⑨ 정견(正見)과 사견(邪見) : 세 종류 외도(外道)를 밝히신 법문

⑩ 사성(四姓:인도의 카스트제도)에서 뛰어난 사람 : 지금 이 자리의 행위

⑪ 앙굴리말라 일화 : 살인자 앙굴리말라가 부처님께 귀의하여 하룻밤 만에 깨친 일과, 깨친 이후의 일은 금생이고 깨치기 이전의 일은 전생의 일이라는 부처님의 법문 등이다.

## 부처님 이후 기원정사

사위성 기원정사의 흥망성쇠는 기원전 6세기 부처님 재세 시에 차츰차츰 불어나기 시작하여 아쇼카왕 치세 시기에 절정을 이루었다가 기원후 12세기 중년 이후 긴 역사 속에 묻히어 잠들어버렸다.

사위성 기원정사 유적발굴은 성공적인 성과를 거두었으나 아쇼카 석주 등은 아직 드러나지 않은 채 미지수로 남아 있다.

그리고 사위성 안의 두 큰 유적의 추적도 오리무중이다. 일

반 안내인은 이 두 큰 유적을, 하나는 앙굴리말라탑이고 다른 하나는 수닷타 장자의 집터라고 설명하고 있으나 유물·유적 등의 자료를 종합하여 보면 성급한 결론임에 틀림없다.

현재 유적 규모는 사위성 둘레 요새가 5.20㎞, 기원정사 부지가 동서로 150m, 남북으로 450m로 밝혀져 있다.


### 사위성 현지 안내문

쉬라바스티시 마헤트

이 유적(폐허)은 쉬라바스티의 성채로 둘러쌓인 옛 도시를 나타내고 있다. 쉬라바스티의 옛 역사는 부처님 시대보다 훨씬 더 거슬러 올라간다. 왜냐하면 《라마야나(Ramayana)》 와 《마하바라다(Mahabharata)》에 쉬라바스티 지명이 언급되어 있기 때문이다. 또한 1958년 발굴의 결과로 쉬라바스티의 옛 역사가 기원전 1천 년 초까지 거슬러 올라간다는 사실이 드러났다.

이곳은 전설의 왕 수라바스타(Sravasta)가 건설하였다고 전해진다. '캄팍푸리(Champak Puri)' 와 '칸드피카 푸리(Chandpika Puri)' 는 뒷날 붙여진 이 쉬라바스티의 또 다른 이름이다. 도시의 윤곽은, 25.20㎞의 주위에 벽돌로 쌓은 성의 유적과 함께 커다란 진흙 방어시설이 뚜렷이 나타나며 능보(요새의 5각형을 이루는 돌출부)에 의해 구별되는 몇 개의 문으로 뚫려 있으며, 주요 문은 쉬라바스티시 성벽의 남서쪽·북서쪽·북동쪽·남동쪽에 각각 '임리 다르바자', '라즈가르 다르바자', '나우사라 다르바자' 및 '칸드바리 다르바자' 가 있었다는 사실이 알려졌다.

도시 안에서 발굴된 유적에는 불교·브라만 및 자이나교의 건조물과 함께 중세기의 무덤들이 있다.

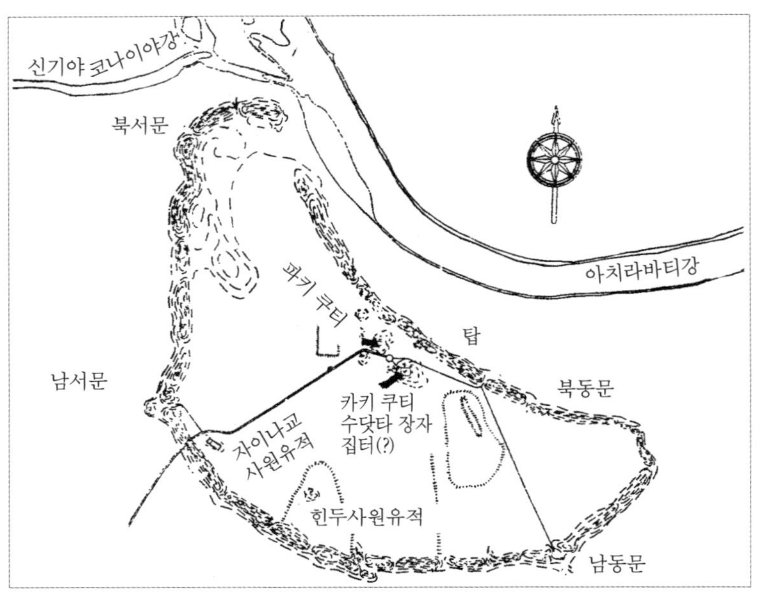



사위성

### 파키 쿠티(Pakki Kuit)

이 건조물은 고대 한 탑의 유적인 듯 보인다. 최초 유적의 발굴자인 커닝햄은 중국 순례자(현장법사 등)들이 본 앙굴리말라탑의 유적과 같다는 의견을 내세웠다.

그러나 몇몇 학자들은 이 파티 쿠티 언덕을 프라세나짓 왕이 부처님을 위해 불사한 법당의 유적과 같다는 의견을 내세운다.

이 파키 쿠티의 재미있는 특색은 중앙의 휘어진 벽이다. 이 벽의 부가물은 불규칙한 벽돌 벽의 정교한 뒤섞임 가운데 서로 오른쪽 각도에서 구멍이 없이 세워졌다. 따라서 이 부가물은 건조물을 견고하게 하기 위해서 흙을 가득 채워넣는 얼개를 이루었다. 여기에서는 어떤 연대를 추정할 수 있는 가치 있

256

는 유물이 아직 발견되지 않고 있다.

### 카키 쿠틴(Kachchi Kuti)

이 인상적인 기념물 유적에는 서로 다른 시대의 구조물 유적이 나타나 있다. 제일 오래된 구조물은 쿠산 왕조시대로 귀착되며, 최근 구조물은 대략 12세기경으로 볼 수 있다.

이것들을 포함한 서로 다른 지층으로 이 카키 쿠티는 매우 복잡한 구조를 이루고 있다. 큰 주초는 지층 하단부 끝에서 굽어진 외형으로 서쪽 한줄 계단으로 뻗쳐 있는데 이것이 발굴 자료 자치로 가장 유력한 전망을 나타낸다. 주초 아래에서 떨어져 있는 북서쪽 구석에는, 중국 순례자들이 말한 수닷타 장자의 탑 유적과 같다는 (불교의 건조물 및 부지) 증거물로 두 개의 원형탑의 기단부가 나타나 보인다.

발굴된 내용으로 굽타시대의 전형적인 불당으로 볼 수 있다.

가슴 장식의 여러 물건은 많이 출토되었고 이 가운데서 몇 개는 《라마야나》에 나오는 장면들을 깊은 양각으로 보여주고 있다.

기원정사 건물과 탑의 유적 현지 안내문

① 불당 1과 승당 : 제타바나 절 남쪽 끄트머리에 위치하며 큰 건물이다.

승당 좌향은 동향이며 안뜰에는 작은 불당과 만다라(Mandara)가 있었다. 승당 건물은 최신식으로 이곳에서 신 기원을 기록한다.

중앙은 앞 베란다가 있는 줄지은 작은 방들로 사면을 에워싸고 있다. 통로로 쓰는 동쪽 맨 가운데 방은 여러 방 가운데서 가장 크며 입구 홀을 이루고 있다. 기둥은 추측하건대 나무가 아닌가 여겨진다. 현관의 지붕은 네 개의 각주 위에 놓였다. 현관은 만다라와 작은 불당으로 가는 통로 사이에 있다. 각주의 벽돌 기단부는 두 개가 남아있다.

② 불당 2 : 간다 쿠티(Ganda Kuti)라고 이름하여 본래는 한 개인 저택 부지에 세워진 듯하다.

제타바나 승당을 창건할 때에 아나타핀디카(수닷타 장자)가 간다 쿠티를 '코삼바 쿠티(Kosamba Kuti)' 처럼 부처님 처소로 지어드려 제타바나의 성스러운 건물 가운데 하나이다.

최저 기초 부분들은 굽타시대로 돌릴 수 있다. 입구의 앞에 서 있는 불당·설법당의 유적은 이 일대 유적 가운데서 가장 눈에 띄는 부분이다. 이 대건축물은 대체로 제타바나 절 안에서 가장 장식이 잘된 편이다.

간다 쿠티는 한때 7층의 목조건물이었다고 믿어지며 부처님은 산달나무 목불로 모셔진 듯하다.

그러나 법현 스님은 2층의 벽돌 건물만을 보았다고 하며, 현장 스님은 폐허된 벽돌 건물을 발견하였다고 기록하였다.

부처님을 모신 작은 불당은 사방 2.8m로  매우 작으며 낮은 벽돌 불단이 갖추어져 있었다. 여기에 모셔진 부처님은 대불상이었음에 분명하다.

③ 불당 6과 불당 7 : 불당 6의 좌향은 북향이고 불당 7의 좌향은 동향이다. 불당 7에는 작은 불당 방이 따로 있고 낮은 벽돌 좌대(座臺)가 있다.

④ 불당 11과 불당 12 : 이 두 불당은 평면도에서 똑같은 크기이다. 가운데 중심 불당 좌우에는 조그만 방이 각각 딸려 있다.

중심 불당에 부처님을 모셨다는 사실은 다음과 같은 보행복도로써 알 수 있다. 부처님 좌대를 중심으로 한바퀴 돌 수 있는 보행복도가 이를 뒷받침한다.

불당
①
⑧
⑭
②
중국절
③
불당
측문
버마절
⑦
⑥
⑰ ⑱
우물
⑤
보리수와
탑터
탑터
탑터
⑲
⑪
⑫
정문
스리랑카절
큰 도로
※ 참고
①⑲ 불당과 승당터
②③⑥⑦⑪⑫ 불당터
⑤⑧⑨⑰⑱ 탑터
현재 발굴된 면적 : 450m×150m
태국절
자이나교
사원
일본종
파나히야자르
오라자르
발람푸르

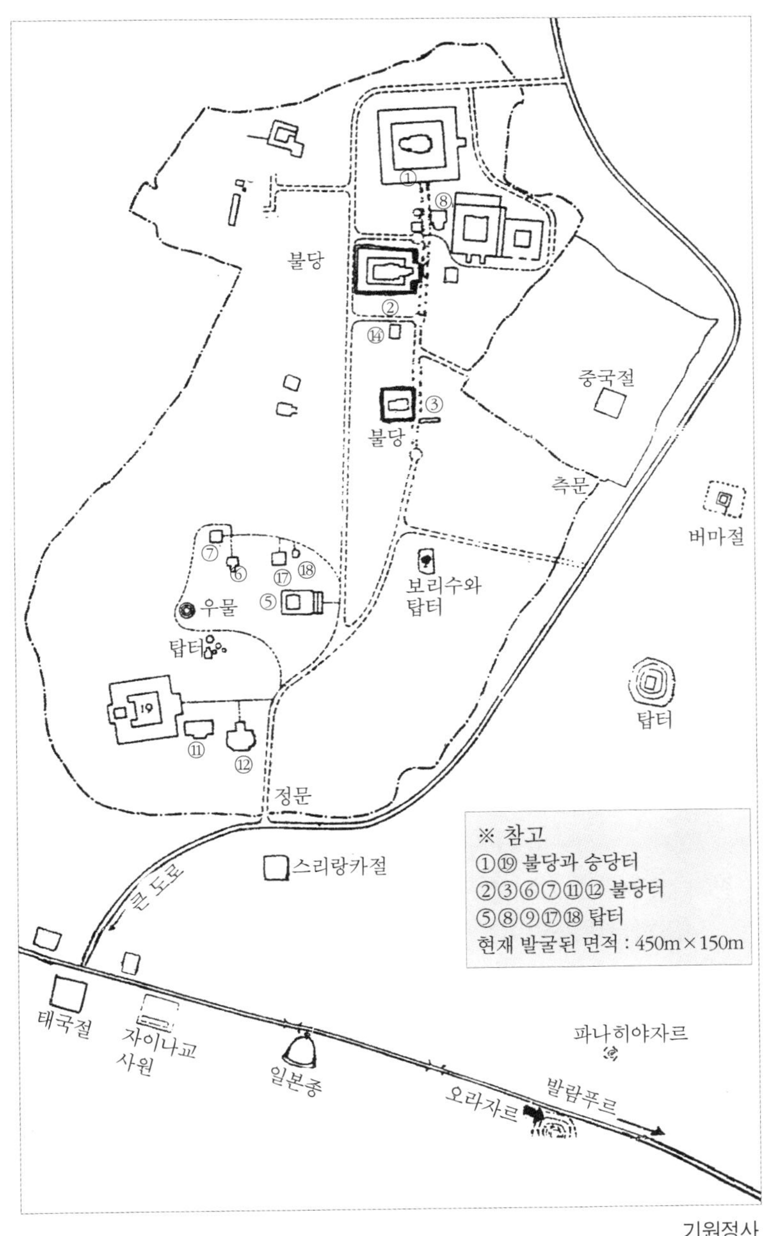

기원정사

⑤ 불당 및 승당 19 : 제타바나 절 안에서 가장 큰 건물 중의 하나이다. 불당 안뜰에는 우물, 승방 21개, 지붕 덮인 柱廊 등이 있다. 중창불사는 세 차례에 걸쳐 같은 이유로 이뤄진 듯하다. 첫 번째 건물은 대략 6세기, 두 번째 대건물은 10세기, 세 번째 건물은 11세기에서 12세기로 짐작된다. 한 방에서 기원후 1130년경의 칸나우지의 고빈다칸드라 (쉬라바스티 주위의 한 마을을 희사한다는) 명문이 새겨진 동판 윤허장이 출토되었다.

이 소중한 출토물은 사헤트시의 위치가 제타바나 절과 같은 지역임을 입증한다.

주요 미술품으로는, 법륜인(法輪印)의 좌불상(坐佛像)이 그려진 굽타시대의 진흙 명판과 부미스팔사 인(印)의 10세기 불상, 부처님께 공양을 올리고 있는 원숭이의 10세기 조각품이 출토되었다.

⑥ 승당 F와 승당 G : 승당 G는 평면도에서 장방형 기단을 이루고 있고 방 앞에 이어진 베란다를 따라서 26개의 승방이 있다.

승당 F는 평면도에서 정사각형 기단을 이루고 있고 22개의 승방과 장방형 방 사이에 측면으로 문간방이 있다.

시대 추정은 몇 가지 자료로 쿠샨 왕조 시대로 돌이킬 수 있다. 그 이후 굽타 시대에 사용되었던 것 같다.

카니쉬카·후비쉬카·바수데바 시대의 동전을 포함하여 쿠샨 시대의 동전이 항아리 안에서 150개가 발견되었다.

⑦ 탑 5 : 이 구조물은 본래 탑이었다. 한때 탑터 위에 불당이 세워졌는데, 다시 탑으로 개조되었다.

최초의 탑은 쿠샨 왕조시대의 작품으로 본다. 최상부에서 많은 명문이 새겨진, 8세기에서 10세기로 연대를 추정할 수 있는 바다표범상이 발견되었다.

⑧ 여덟 개의 탑 무리 : 이 여덟 개의 탑 무리는 서로 다른

시대에 세워졌다. 이 가운데서 한 탑은 기원후 10세기에서 5세기의 글자인 '보다데바(Boddhadeva)'란 명문이 든 표범상이 출토되었다.

⑨ 탑 17 : 탑의 하단부는 기원후 1세기 쿠샨 왕조 시대의 작품이다. 수정 물건과 순금 구슬이 든 사리병이 탑 밑바닥에서 출토되었다.

이 탑은 방형의 대좌와 그 위의 둥근 북 모양의 돌재로 이루어졌다.

⑩ 탑 18 : 이 탑은 기원후 1세기 쿠샨 왕조시대의 작품이다. 명문이 있는 사리그릇이 탑 안에서 발견되었다.

쿠샨 문자의 명문에는 '바단타 붓다 데바'란 이름이 들어 있다.


쌍 탑과 보리수(The Double Stupa & Bodhitree)

이 보리수가 서 있는 자리는 아나타핀디카(수닷타 장자)가 처음 어린 보리수 묘목을 기념식수하였던 장소로 보인다.

수닷타 장자의 신심깊은 불사 창건 이야기는 시나레제(Sinhalese) 연대기와 푸자발야(Pujavaliya)에 기록되어 있다.

보리수 동쪽에 선 쌍탑부지는 현재 직사각형의 방을 이루고 있다. 쌍탑의 형태는 십자형으로 사리를 봉안한 窟이 있다.

쌍탑의 동쪽에는 당시 금세공을 한 작업장으로 보이는 건물이 나란히 서 있다. 이 추정은 진흙 도가니에서 순금덩이가 발견되고 이 건물 안에서 잿더미가 발견된 데에 근거를 두고 있다. 현재 남아 있는 벽들은 1.50m의 높이이며 크고 정교하게 회반죽을 바른(이음새가 있는) 벽돌로 쌓여 있다.

쌍탑의 높이는 약 1.20m이며 1.95m의 사리방(Relic-Chamber)은 평면도에 정방형으로 나타나 있다.

## 삼거리의 부처님

부처님 열반성지인 구시나가르 삼거리에서 좌불상이 모셔진 걸 보았는데 오늘 아침 이곳 기원정사터의 쉬라바스티 인근 소도시 발람푸르 삼거리에서도 역시 같은 좌불상을 보게 되어 기쁘다.

부처님을 모신 닷집은 퍽 단순하고 좌불상도 우리 한국 불자가 보고는,

"부처님을 더 잘 조성해서 모시지 않고…… 초라한 느낌이 든다."

할 정도다. 부처님을 모시는 데에 뜻을 두지, 재료나 정중한 분위기 따위는 젖혀두는 게 인도 불자들의 생각 같다.

닷집 높이는 2m50㎝ 정도. 그 위에 시멘트 슬라브 지붕이 덮여 있다. 이 지붕은 네 개의 둥근 기둥이 받치고 있을 뿐 다른 장식이 없고 부처님 좌대 연화좌도 무시된 느낌을 줄 정도로 단순하게 자리한다.

바닥에 부처님 좌대까지 높이는 1m20㎝ 정도. 불단이라기보다는 좁은 세 층계같은 느낌을 주는데 첫 불단 벽에는 삼귀의가 씌어있다.

붓담 사르남 갓차아미(거룩한 부처님께 귀의합니다.)
담맘 사르남 갓차아미(거룩한 가르침에 귀의합니다.)
상감 사르남 갓차아미(거룩한 스님들께 귀의합니다.)


둘째와 셋째 불단 벽에도 힌디로 무슨 내용인지 알 수 없는 글씨가 두세 줄 씌어 있다. 아마 발원문 같은 취지의 글은 아

닐는지.

　노란색 가사를 수하고 좌정(坐定)하신 부처님은 삼거리의 소란스러움과 혼탁함을 아랑곳하지 않고 계신다. 두 마리의 당나귀가 주위에서 어슬렁 거리다가 똥을 싸도 마다하지 않으신다. 발람푸르 이곳 삼거리 부처님은 대운동장 주위에 자리하고 계신 까닭으로 산중 법당의 부처님과는 분위기부터가 다르다. 장엄 정중한 위엄과 품격은 아예 찾아볼 수 없다.

　그래도 나 같은 나그네 눈에는 무조건 기쁘다. 배낭을 지고 마땅한 숙소를 찾아 헤매다가 문득 삼거리의 부처님을 뵙고 그 자리에서 우뚝 멈추어 섰다. 반배 올리고 나니 기분이 홀가분해진다.

　주위 인도 사람들이 이런 나의 거동을 보고 신기해한다. 아이들은 더러운 땟물이 죽 흐르는 손을 내밀며,

　“박시시(한푼줍쇼).”

하고 몰려든다. 내가 부처님전에 올린 땅콩봉지를 아이들에게 나눠주었다. 아이들은 좋아라 하고 때가 묻어 새까만 얼굴에 흰 이를 드러내서 웃으며 떠나간다.

　발람푸르 시내를 1시간가량 헤매다가 간신히 호텔 하나를 정해 눌러앉게 되었다. 값이 15루피(600원)짜리인 독방이다.

　얼마나 초라한 방이기에 15루피 주고도 독방차지하게 될까 할는지 모른다. 이 호텔은 번화가 중심거리에서 약간 벗어나 있다. 음식점이 일층이고 이층과 삼층은 호텔이다. 내 방은 삼층으로 남쪽 창문을 달고 있어 양명하다. 주인이 ‘특별히 좋은 방’ 을 내준다고 하였듯이 그대로 좋은 방이다.

한 가지 흠은 부근 힌두교 사원에서 쌍마이크로 떠들어대는 소리다. 소리가 좀 조용해질까 싶어 창문을 닫았다. 갑자기 방 안이 깜깜해진다. 유리창 문이 아니고 두터운 판자문이라서 그럴 수밖에 없다. 아침 나절 두어 군데 알아본 호텔은 방 하나에 200~300루피를 호가하였다. 거의 20배 가까운 값이다.

나는 15루피 방을 정돈하여 고급호텔에 못지않은 편안함을 맛본다.

먼저 책상의 키가 낮아서 벽돌을 구해 책상다리를 괴고 작은 탁자는 불단으로 꾸몄다. 흰 종이를 깔고 그 위에 명주천으로 덮으니 그럴듯하다. 책상도 마찬가지다. 호신불을 중앙에 모시고 나서 향·초·다기를 올린 뒤에 절을 올렸다. 어느 고급호텔이 부럽지 않다.

좁은 탁자 곁에는 노란색 표지의 금강경 독송본을 놓았다. 이만하면 승당으로 족하다.

배가 고픈 듯한 때에는 아래층 식당에 가서 내가 좋아하는 다히(요구르트)를 한 접시 먹고, 밥이 먹고 싶을 때에는 인도정식을 시켜 먹는다. 물도 따로 먹지 않고 이곳 사람들이 먹는 물을 그냥 먹어도 좋다.

호신불 향나무 좌불은 내게 큰 위안이다.

긴 여행, 일 년의 나의 순례길에서 더없는 안정감을 가져온다.

힌두교 사원이나 마을 성소(聖所)에 모신 힌두교 제신들은 길가의 장승처럼 단순하다 못해 초라하게 보여지는 경우가 있다. 길거리의 힌두신은 시멘트로 만들어 그 위에 진주황색을 두텁게 입힌 일이 대다수다. 마을사람들은 그래도 아침에 꽃공양 올리기에 지극정성이다.

우리나라에서 꽃공양이라고 하면 꽃가게에서 구한 고급 꽃이 다발로 묶여진 걸 연상하지만 이곳 사람들은 사시사철 형형색색의 꽃이 풍부한 데도 작은 꽃 몇 송이를 올리는 게 고작이다.

큰 도시에서는 꽃다발이 꽃공양으로 쓰인다. 그 역시 고급 화려한 꽃이 아니고 정원에서 자라는 평범한 꽃으로 꽃다발을 만들어 쓴다. 어린이 목에 걸 정도의 아주 작은 꽃다발도 많다.

한번은 인도 불자 가정에 대중공양을 따라갔을 때였다. 신도가 스님들 발을 씻어준 뒤에 정례(頂禮)를 올리고 꽃공양을 하는 것을 보았다. 꽃이 크고 아름다운 것이냐 하면 그렇지 않다. 한두 송이일 뿐이다. 작고 변변치 않은 꽃공양이다. 그래도 가족이 모두 차례대로 꽃공양을 스님들에게 올리는 건 처음 보는 일로 몹시 기뻤다. 아주 작은 어린아이도 어른들을 따라서 꽃공양을 흉내내어 한다. 보기에도 흐뭇한 일이다. 방안에 모신 부처님 역시 재료나 크기에 상관이 없다. '불자의 집' 표시로 입구 중방과 문설주에는 다섯 부처님상과 연꽃 등이 아름답게 그려져서 홍예문을 이룬다. 스님들에게 금전공양을 할 때에 그냥 많든 적든 상관없이 손 위에 덥석 놓는다. 처음 볼 때에는 멋쩍은 일로 여겨졌다.

그런 일이 내게도 왔다. 말레이시아 신도들이 녹야원 성지 참배차 들러서 모여 있다가 한국에서 온 나를 보고는 차례대로 금전공양을 하고 떠나갔다.

20여 명이 차례대로 내 앞을 지나면서 합장을 하고 1루피, 5루피, 10루피, 50루피, 100루피, 1달러, 10달러 등을 내 손 위에 놓고 지나간다. 나는 어쩔 줄 몰라 그냥 멍하니 서서 손 위에 쌓이는 것도 모를 정도였다.

우리나라 식으로 이름과 같이 정중히 깨끗한 돈을 봉투에 담아 봉투공양하는 일만 보아온 내게는 뜻밖의 경험이었다.

우리나라 불자들 가운데에 부처님을 집안에 모시기를 꺼려하는 이가 요즘도 있다. 부처님을 정중히 모시지 못할까봐 지레 겁먹은 탓이다. 게다가 좀 우스운 이야기로,

"집 안에 부처님을 모셨다가 잘못하면 무서운 과보로 벌을 받는다."

이런 풍문까지 떠돈다. 인도 성지순례를 한차례 하고 돌아가면 이런 의구심은 쉽사리 해결되리라고 생각한다.

혹시 잘못해서 파불(破佛)이 되었다면 목불(木佛)이면 불사르고, 석불이나 금동불이면 땅속에 묻은 다음 새로 모실 일이다. 그래도 마음에 꺼림칙한 걸림이 있을 때에는 언제나 참회 기도와 염불이 있는 줄 알면서도 왜 부처님을 집 안에 모시기를 주저하는지 모를 일이다.

1월 17일 (수)

인도 대학생들이 우르르 몰려와 내게 말을 건다. 한국 사람이라고 대답을 하니,

"언제 꼭 한번은 한국에 갈 터이니 주소나 적어주시오."
한다. 차를 길거리에서 사줘서 한잔 얻어마시고 간신히 그들

무리에서 벗어났다. 계속 함께 이야기하며 지내자고 제안한 그들을 떼어놓기가 몹시 힘들었다.

어린애들이나 아직 성인으로 예의범절을 갖추지 못한 이들에게는 적당히 자제력이 길러지도록 억제해 둘 필요가 있음을 느낀다. 무리와 함께 즐기지만 어느 때에는 튕겨져 나올 수 있는 탄성력이 갖추어져야 한다.

조석으로 금강경을 독경한다. 금강경 독경 재미로 인도에서 어느 때까지 이대로 지내고 싶다.

**1월 18일 (목)**

원고를 쓰고 금강경을 독경하면서 하루를 넘겼다.

시장이 가까워 야채·다히 등을 사와서 먹기가 좋다. 완전히 토굴생활이다. 한적한 멋을 누린다. 점심 저녁 두 끼니는 수제비를 만들어서 먹었다. 인도여행 중에 이런 재미도 있다.

불단에는 바나나·사과·토마토 등 싱싱한 과일을 가득 쌓아올렸다. 방안에 과일향기가 은은하다.

편지 두 통을 한국에 띄웠다. 하나는 인도 소녀(여고 1)의 한국 절 출가에 관한 편지이고, 다른 하나는 나의 올여름 선원 안거 입방원서이다.

## 수제비 먹는 날

맛있게 점심 끼니로 수제비 한 그릇을 먹은 뒤다. 내가 만든 수제비다.

조채는 감자와 배추. 기름에 볶아서 담박한 수제비 맛을 내는 데에 도움 되도록 하는 외에 다른 것은 넣지 않았다.

밀가루는 1kg에 3루피(120원) 주고 사왔다. 처음에 밀가루를 사온 줄 알고 오전 10시 무렵에 봉지를 터서 반죽을 하려는데 이건 '하이타이'. 내가 어제 밀가루를 사려고 시장가게에 들려서,

"휘이트 파우더."

하였더니 주인이 한 봉지 내주어서 그냥 담고 온 게 이 모양이다. 다시 물리려고 가게에 가서,

"이건 휘이일(Wheel, 수레)표 하이타이 가루이지, 휘이크(Wheat, 밀가루)파우더는 아니요."

하는 나를 보고 주인도 하하하 하고 웃었다. 휘이일 파우더와 휘이크 파우더가 혼동되었던 것이다.

밀가루는 흰색이 아니고 약간 누른기를 띠고 있다. 시골에서 밀개떡용으로 쓰던 그런 밀가루 종류이다. 주먹만한 크기로 두 덩이를 뭉쳐서 반죽을 끝내고 한 덩이는 다음 끼니 때에 쓸 요량으로 남겨두었다. 끓는 물에 반죽을 조금씩 조금씩 떼어서 넣었다. 찰기가 부족한 밀가루다. 작품치고는 그르쳤다 싶은 생각이 든다. 간기도 소금을 나중에 더 쳐서 짜다. 인도 음식에 입맛을 길들인 나는 이제 약간 짜게 먹는 편이 되었다. 절 음식의 미덕으로 싱거운 게 상책인데 이젠 내게서 멀어져 간다.

50여 일 전의 일이다. 네팔 카투만두 어느 호텔 방안에서 불일암 스님을 모시고 현음 스님 · 현담 스님 등이 있는 자리에서 아침 무국을 약간 짜게 끓인 것을 내가 알맞다고 하면서 잘

먹는걸 보고 누군가가,

“이제 인도 음식이 입에 잘 맞는 탓이오.”

하였다. 나는 사실 어느 음식이고 마다하는 게 없다. 단지, 멕시칸의 이상야릇한 냄새가 나는 음식 하나는 영 입안에서 목구멍으로 넘기지 못한 경험이 있다.

어느 분의 인도 성지순례기에,

“오줌도 먹는다. 인도 더운 지방에서 열병으로 죽지 않으려면 제 오줌도 약으로 받아먹어야 한다.”

는 글을 읽은 적이 있었다. 그 글을 읽은 뒤에 바로 아침에 자고 나서 내 오줌을 일주일간이나 받아 먹었다. 똥물도 약으로 쓰인다는 말을 듣고 시험 삼아 똥물까지 먹어본 적이 있다.

과거에 몸이 허약하고 입이 짧았던 나는 이제 잘 먹고 잘 자는 탓으로 건강은 보장받고 있는 셈이다. 인도 성지순례에서 첫째가 건강유지. 건강이 무너지는 날에는 만사를 그르치기 때문이다. 사실 그동안 인도에서 8개월을 지내는 사이에 큰 병고 없이 건강하게 몸을 지켜왔다. 초기에 설사와, 트레킹 중 탈진상태의 경험은 두서너 차례 있었으나 곧 완쾌되었다.

인도 음식 중에 특이한 게 토마토를 익혀 먹는 일이다. 요리로 쓰는 토마토 맛은 그런대로 괜찮다. 나도 오늘 수제비에 토마토를 한 개 썰어서 섞었다. 달리 반찬이 있지를 않다. 무 조각과 고소나물을 고추장에 찍어먹는 게 고작이다. 이 고추장은 며칠 전에 성지순례 온 연지행 보살님 일행들로부터 기원정사에서 얻은 것이다.

수제비를 다 끓인 뒤에 넓은 쟁반 같은 인도 밥그릇에 담아

먹었다. 수제비 국물이 뜨거워서 손으로 먹지를 못하고 수저질을 하였다. 밥은 대체로 손으로 넓은 쟁반 안에서 반찬과 이겨서 먹는다. 밥맛이 한결 더 난다. 수저질은 문명인의 자랑이 못 된다는 생각이 든다. 왜냐하면, 깨끗이 씻은 손으로 음식을 잘 집어먹는 맛과 멋을 문명이란 이름이 빼앗아갔기 때문이다.

생각보다 수제비 맛이 좋아서 자꾸 해먹어야지 싶다. 혹시 성지순례길에 나선 우리나라 사람들이라도 거리에서 만난다면 이런 때 맛있는 수제비 대접을 할 터인데. 이제는 인도 생활에 자신이 붙었다. 식사도구를 200루피(8천 원) 내외로 사들여서 거뜬히 해먹는다.

처음에는 석유곤로 사용법이 서툴러서 당황하였다. 압축식 소형곤로의 사용법은 간단하여 조금 주위를 기울여서 하루 만에 터득하였다. 고장이나 기타 불구멍이 막힌 곳도 간단히 수선할 수 있다. 화력이 좋아 음식이 아주 빨리 익혀진다.

아침식사는 전날 밤에 5루피(200원) 주고 사다 둔 다히에 바나나를 잘게 썰어서 섞어 먹는다. 별미다.

점심은 석유곤로를 가동하여 한국식 음식을 해먹고 저녁은 비스킷과 과일로 때운다. 과일이 흔하고 야채 값이 싸서 좋다. 하루 식대가 30루피(1,200원)면 충분하다. 나그네 노릇을 오래 하다 보니 잘 먹고 멋지게 지내면서도 돈은 돈대로 절약해서 쓰는 법을 알았다. 하루 방세는 15루피(600원)에 식대 30루피를 더하여도 50루피 미만이다. 요즘 방안에서 금강경을 독경하고 지내는 탓으로 잡비나 교통비 등은 들지 않는다. 아주 싼 여행, 그러나 보람은 날로 높아간다.

인도 소녀 로지(Rosy)양의 어머니가 내게,

"저 아이가 한국 스님이 꼭 되고 싶어하니 도와주시오."
한 일은 사흘 전 기원정사에서 있었다. 성격도 양순한 로지양
의 출가 길을 열어주고 싶다.

귀국 일자를 잡아보았다. 4월 말일 경에 델리에서 출발하여
부처님 오신 날 전날에 서울에 도착하고 싶다.

결제일은 5월 9일. 여름은 선원에서 정진할 예정이다.

### 1월 19일 (금)

힌두교 사원에서 본 산카르바관은 남근(男根)신앙이다. 대
개 힌두 사원에서 한두 개씩 눈에 뜨인다. 꽃송이가 이 위에
공양된다.

나뭇가지에서 뿌리가 무수히 아래로 뻗쳐 자라고 있는 기
근목(枝根木)은 바르가드나무란 이름이 붙어 있다.

시장에서 밥콩으로 쓸 풋콩을 1kg(3루피) 사오는 길에 두 마
리의 당나귀가 서로 상대의 목덜미와 등 배 허리를 핥아주고
있는 모양을 보았다. 소는 가려운 배를 뒹굴어서 문지르기가
고작이다. 개나 돼지도 마찬가지다. 지혜 있는 원숭이만은 서
로 이를 잡아줄 줄 안다. 이 당나귀도 가려운 제 몸뚱이를 핥
지 못해서 상대 몸뚱이를 대신 핥아주고 있다. 상대 당나귀는
이 뜻을 알아차리고 역시 상대의 몸뚱이를 핥아준다. 지혜 있
는 동물이다. 10분 가량 길가에서 지켜보다가 돌아왔다.

불자들로부터 공양받는 자리에서나 사소한 불사에서 발원하는 모습을 이곳 스님들에게서 보고 느낀 바가 있다.

간단히 발원을 정리하였다.


(발원)

한중생 버림없이 자비로 거두시는 석가모니 부처님께 귀의합니다.

이 인연 공덕으로, 마음이 청정하여 업장은 맑아지고 소원은 성취하며 영가는 해탈하고 저희와 이웃이 다같이 마음 깨쳐 성불하기를 발원합니다.


종일 기원정사터에 가서 보냈다. 지도를 그리고 안내문을 수첩에 옮겨 적었다. 뜰 안에 심어진 어린 사라수(紗羅樹)나무들도 보았다. 잎사귀가 큰 감나무잎 비슷하다.

금강경 독경은 점입가경(漸入佳境). 한글 금강경이 좋은 번역으로 어서 나와야겠다.

아무리 훌륭한 경전일지라도 그 시대의 언어로 씌어지지 아니하면 반죽음이나 다름없는 이치이다.



아침 산보길에 삼거리에 세워진 보살 암베드칼 선생 상(像) 앞에서 걸음을 멈추고 잠시 예를 올렸다. 등신입상(等身立像)으로 왼손에는 '인도 헌법' 이란 법전을 들고 있는 모습이 퍽 이채롭다. 인도 불자들은 암베드칼 선생을 '보살' 로 부른다.

천인 출신으로 초창기 법무부장관을 지냈고 천민 계층 사람 (인도인구 1/4)들의 지위향상과 자유를 위해 혼신 노력한 이다. 카스트제도를 인정하는 힌두교의 단점을 신랄하게 비평하면서 평등을 법문하신 부처님께 귀의한 이다. 힌두교인들로 가정에 암베드칼 선생 내외 사진을 크게 모셔둔 모습을 본적이 있다.

저녁놀을 창문을 통해서 바라본다. 안개 속에서 지는 저녁놀은 특이하다. 마치 달덩이같이 윤곽을 드러내며 주위에 붉은 기운을 은은히 퍼지게 한다. 꽃구름이 화려하게 펼쳐지는 장엄한 낙조(洛照) 같은 건 기대할 수 없다. 산이 거의 없고 구름 역시 찾아보기 어렵다.

요즘은 자주 부옇게 쌓인 짙은 안개 속에서 해가 지고 해가 뜬다. 아침놀도 황사현상 비슷하다. 단조로운 느낌을 준다.

우리나라 겨울철 기후로 삼한사온(三寒四溫)이 있듯이 이곳도 12월과 1월에 안개가 삼청사무(三淸四霧)로 덮여오는 듯하다.

1월 22일 (월)

섭씨 28도. 더워지기 시작한다. 밤에 모기가 모여들어 잠을 설친다. 12월과 1월 두 달이 가장 서늘한 때로, 우리나라 사람들이 성지순례하기에는 황금시기로 여겨진다.

야채와 과일이 흔하고 값이 싸다. 풋콩·배추·고소·고추·무 등을 사다가 반찬으로 물에 삶아서 먹었다. 밀감·사과·바나나·토마토 등도 푸짐하게 사다가 먹는다.

차츰 밥도 뜸을 들여서 제대로 해먹는다. 그동안 석유곤로

성능을 잘 몰라서 뜸 들이는 데에 서툴렀다. 국과 반찬도 제맛이 나게 요리한다.

행자시절에 잘 익혀둔 게 다행이다.

밤에는 풋콩을 까서 내일 요리에 쓸 것을 준비한다. 방에 생쥐 두 마리가 들썩거려서 쥐덫을 놓았다. 또 개미가 모여들어서 청소를 깨끗이 해두었다. 사람사는 집 안에는 어디나 쥐와 개미가 들끓는가보다.

방에서 책을 읽을 때에는 촛불을 옆에 켜둔다. 자주 전등이 나가기 때문이다.

이곳 전류는 특이하다. 전기담요를 한국에서 보내와서 쓰려고 해도 전혀 쓰지 못한 스님을 본 적이 있다. 제품에는 이상이 없었다. 기술자가 몇 차례 살펴보아도 역시 쓸 수 없었다. 나중에 그 원인을 알아냈다. 전류의 차이점 때문이란다.

밤에는 자주 전등이 나가곤 하는데 대낮에는 거리에 가로등마다 불이 훤히 켜져있는 일이 있어 '철학의 나라, 인도' 하고 웃을 일이 있다.

**1월 23일 (화)**

바람이 불어서 안개가 걷혔다. 아침날씨가 맑았다.

저녁놀도 오랫동안 붉은 기운을 띠고 아름답게 펼쳐졌다. 나는 저녁놀을 창밖으로 내다보면서 금강경을 암송하였다.

인도 여자들은 길거리에서 외간 남자들이 말을 걸고 길을 물어도 들은 척도 하지 않는다. 내외법이 심하다. 복사하는 가게를 찾기 위해 길거리에서 헤매다가 몇 차례 인도 남녀 행인

에게 길을 물었다. 남자들은 아주 친절하다. 석유곤로 기름이
점심식사를 짓는 도중에 동이 나서 기름통을 들고 거리에 나
갔다가 한 인도 남자의 도움으로 제 친구집 기름을 대신 5루
피 어치 사주어서 가져왔다.

내가 알기로는 봄베이를 제외하고는 인도의 어느 시내 거
리에서도 웃음을 파는 여자가 없는 성싶다. 뱃사람 나그네가
내게 들려준 이야기다. 부처님 재세시에 바이샬리에 고급 기
생이 있었다는 기록이 있다. 아마 지금도 더러 그런 류의 여자
가 없지 않을 것이다. 그러나 술집이 아주 귀하듯이 기생도 좀
체 있을 것 같지 않다.

대신 인도 남자들끼리 동성연애하는 일이 적지 않다고 한
다. 인도 남자에게 들은 이야기다.

**1월 24일 (수)**

인도에서 두 번째로 술 취한 사람을 보았다. 요즘 이곳에 축
제가 있는 듯 거리에 간혹 악대가 지나가는 모습이 보인다.

힌두 사원의 마이크소리도 철야 노래와 독경으로 이어진다.

인도는 술이 귀한 대신 담배는 가지가지 종류가 많다.

잎담배로 '비리' 라는 게 있다. 아이나 여자들도 이 '비리'
를 피우곤 한다. 또 대마초처럼 환각작용을 약간 일으키는 담
배도 있다. '파띠카 반드' 라고 한다. 씹는 잎사귀 담배다.
'판' 이라는 푸른 잎에 여남은 가지 재료를 싸서 입 안에 넣고
씹는다. 나중에 뱉어내는 침은 붉다.

여러 사람이 돌려가면서 기를 쓰고 푹푹 빨아서 피우는 파

이프 담배는 '다마쿠' 라고 한다.

작은 주전자같이 물통이 달린 담뱃대는 '디케트'. 땅바닥에 내려놓고 피울 때에 부글부글 소리가 난다.

물이 나쁜 인도에서 독한 담배를 피우기를 즐기기 때문에 건강은 더욱 문제이다. 물을 냄비에 끓인 후 뚜껑을 열어보면 뜨물같이 부옇게 앙금이 인다. 게다가 여름에는 아열대성 기후로 우기(雨期)가 길다.

겨울에는 짙은 안개로 시야가 흐려진다. 내 나이가 43세라고 하여도 곧이듣는 이가 하나도 없다. 25세에서 30세 가량 되어 보인다고 말한다. 내 나이와 같은 인도 남자들은 대개 장가간 아들이 있거나 시집 보낼 딸들을 두고 있다. 거리에서 만난 내 동갑내기들은 하나같이 중늙은이다.

평균수명도 짧아 60세 내외라고 한다.

어린 나이에 빨리 생업에 뛰어들어 자립하는 거리의 아이들을 본다. 문맹자가 태반이다. 내가 쓴 힌디를 신기해 한다. 힌디를 읽고 쓰는 이가 흔치 않다.

질병과 가난과 나쁜 기후 속에서 사는 이 인도 사람들에게는 종교가 유일한 희망이라고 해도 과언이 아니다. 힌두교·불교·모슬렘교·시크교 등 갖가지 종교가 있다.

**1월 25일** (목)

낮에 기원정사 대웅전터(Temple No.2)에 가서 금강경 독송을 하였다. 아마 그곳에서 금강경이 설하여졌을 가능성이 크다.

사위성 북서문 유적 등을 인도 할아버지 '밧추랄 야트와'

씨와 동행하였다. 이 할아버지는 한국말을 열 마디가량 배우고 떠나갔다. 만날 때마다 한국말을 열심히 배운다.

나도 그분에게서 힌디를 약간 배웠다. 중국 절 뒤에 있는 조그만 토굴인 변영존자 염불삼매당(辯榮尊者 念佛三昧堂)에서 일본인 물리학자 전전행귀(前田行貴：『佛跡巡禮』의 저자)씨와 이곳 유적지 상황에 대해서 이야기를 나누면서 내가 그린 기원정사 안내도 한 장을 드렸더니 기뻐하였다. 그분도 내게 '인도 불적 안내도'를 자기가 손수 그린 것으로 준다고 한다.

건강을 되찾았다. 한국에서 떠날 때나 다름없이 건강이 좋다. 오히려 더 나은 편인지도 모른다.

나의 신체나 습관에 변화가 온 점을 기록한다.

첫째, 걸음걸이가 많이 좋아졌다. 더러 주위 사람들이 내 걸음걸이를 보고 지적하는 일이 있었다. 남자걸음으로 바로 걷지 않는 것 같다는 지적이었다. 이 지적은 옳다. 나는 이제 걸음걸이에 자신을 얻었고 그런 지적은 더 이상 받지 않아도 될 것 같다. 이것은 히말라야 트레킹 기간 중에 고쳐졌다. 15㎏ 짐을 지고 종일 산을 오르내리는 동안 바른 걸음걸이법을 터득하였다.

둘째, 긴 시간 독경 때는 숨이 차올라서 목소리가 속으로 기어들어갔는데 이제는 점점 목소리가 가다듬어진다. 온몸의 힘이 모아져서 또박또박 소리가 고르게 나온다. 큰 즐거움 속에서 긴 시간 독경을 할 수 있다. 몇 시간이고 한정이 없을 것 같다. 고른 호흡이 아주 중요한 역할을 한다. 나는 오늘 낮에 기원정사에서 여러 나라 사람 — 인도 스님·티베트 스님·인

도 남자·네팔 스님·네팔 남자·네팔 여자 ― 들 틈에서 독경
을 할 때 이 점을 느꼈다. 저마다 자기 나라 말로 염불 독경을
열심히 하는 틈에 금강경을 독경하였다. 마치 염불독경대회
를 맞이한 국제모임 같았다.

1월 26일 (금)

'바타사' 란 냉차는 김치 국물 맛이 난다. 길거리 손수레 가
게에서 1루피에 네댓 개씩 준다.

컵 대용으로 밀가루 튀김한 공모양 컵을 쓴다. 컵 대용으로
쓰는 튀김의 맛도 고소하다. 인도 음식에 익숙한 요즈음 아주
즐겁다. 먹고 자는 일이 쉽사리 해결되어서 나그네로서는 바
랄 나위 없는 생활이다.

1월 27일 (토)

집 앞 약국에서 제록스하는 줄을 모르고 멀리 시내를 한참
헤매었다. 모르면 할 수가 없다.

사위성 기원정사 안내지도를 다 그렸다. 제록스를 해서 여
러 사람들에게 필요한 대로 나눠줄 생각이다.

점심식사 후에 초콜릿 차 한 통을 사왔다. 콤플랜 초콜릿
500g 한 통에 가격은 54.30루피(2,200원).

해가 5시 25분에 진다. 열흘 전까지는 5시 10분 무렵에 졌
는데 많이 길어졌다. 저녁놀이 붉게 물드는 하늘을 내다보며
금강경 독경을 하였다. 금강경 독경 후에는 으레 그렇듯이 내
일 몫 시장을 보러 집 앞 삼거리로 나갔다. 10~20루피면 충분

하다. 야채 값은 거의 돈이 안 드는 편이다. 과일도 흔하고 종류가 많다. 이름 모르는 이상한 과일도 사서 먹어본다. 한 과일은 레몬 맛이 나지만 너무 시큼해서 다 먹지 못하고 버렸다.

배가 고픈 송아지 한 마리를 보았다. 가게 물건(야채류)을 넘보기만 하지 훔쳐 먹지를 못한다. 소들은 훔쳐 먹다가 매도 맞는다. 얼마나 배고파 하는지 모른다. 짜빠티 빵 두 개(1루피)를 사서 한 개를 송아지에게 주려고 할 때였다. 개가 급히 와서 빼앗아 먹어버렸다. 주위 사람들이 개를 쫓아버렸다. 나는 다시 송아지에게 남은 한 개 짜빠티를 주었다.

1월 28일 (일)

오늘 낮에 산보 나갔다가 빠따리를 얽어매어 만드는 여자들을 보았다.

'빠따리'는 나무의 넓은 잎사귀를 얽어매어 접시대용으로 쓸 수 있게 만든 것을 말한다.

가운데에 잎사귀를 놓고 그 주위에 4개에서 6개의 잎사귀를 붙인다. 붙이는 방법으로 가는 대가지를 바느질하듯 끼워서 얽어맨다. 보기에 쉬워서 내가 실습을 해보았으나 첫 번째, 두 번째 모두 '아차나힌(좋지않다)' 판정을 받았다. 더 해보려고 했으나 재료가 없어서 그만두었다.

빠따리 값이 너무 헐값이다.

100개 한 뭉치에 4루피(160원). 나무 잎사귀를 주워 모으는 일도 보통이 아닐 듯 여겨진다. 4루피를 벌기 위해 애쓰고 일하는 가난한 이웃들이 있다.

나마스테 279

내가 머문 호텔 건너편에는 괜찮은 고급호텔이 하나 있다. 하루 방값이 250루피 이상이다.

자가용 타고 온 이들로 붐비어서 어느 때에는 만원사례까지 한다. 우리나라도 그렇지만 가난한 이와 부유한 이의 차이는 엄청나다. 특히 사성계급이 아직 없어지지 않은 인도에서는 하늘과 땅 차이가 난다.

가령(家令)과 시종을 거느리고 다니는 인도 귀족급 사람을 파트나에서 본적이 있다.

1월 29일 (월)

설날이 그제인 줄 모르고 넘겼다. 나그네에게 설이라고 해서 별다른 일이 있는 게 아니다. 다만 세월 흐르는 줄 모르고 지내는 제 자신을 돌아봐진다.

이제 기원정사 참배 소감을 쓸 수 있을 것 같다.

종일 끙끙대며 생각을 가다듬어서 애를 썼다.

소감을 쓰는 일이 힘겹다. 이곳 소감을 쓴 다음에 다시 구시나가르에 가서 그곳 소감을 마저 써야 할 차례다. 열반지에서 나의 인도 8성지순례 소감을 쓰는 일을 마친다.

아래층 식당 종업원인 라지 쿠마르(24세)씨에게 그의 구루 '라케트 바비지' (알루미늄 제품) 목걸이 한 개를 5루피에 구입하였다. 스승 사진이 든 목걸이를 항상 가슴 앞에 차고 다니는 일은 본받을 만하다.

선선한 날씨가 마치 우리나라 추석 무렵 같은 느낌을 준다.

기원정사 가는 길에 점잖은 흰소 어미가 배가 고파서 여기저기 기웃거리면서 길가 말 구유에 입을 가져다대다가 말에게 혼나는 모습을 보았다. 흰 소가 말에게 쫓겨 달아나는 게 우스웠다.

기원정사에 가서 나무그늘에 앉아 금강경을 소리 높여 독경하였다.

마음이 말할 나위 없이 흔쾌하여 날 듯하다.

기원정사 역사를 더듬어 자료를 정리하다가 여러 재미있는 사실들을 발견하였다.

첫째, 처음 수닷타 장자가 부처님을 친견한 곳은 왕사성이다.

둘째, 부처님이 쉬라바스티에 오시기 전에는 자이나 교주가 왕보다 더 큰 세력을 떨치고 있었다.

셋째, 기원정사를 창건하기 위해 부지를 둘러보며 불사를 하는 동안 사리불 존자가 수닷타 장자를 도와서 일하였다 등등.

요리에 관한 지식이 별로 없는 편인 나는 닥치는 대로 재료에 따라 음식을 만들어 먹는다. 이름도 없는 음식이다. 라면·밥·풋콩·배추잎·토마토·무·고소나물 등 8가지를 기름에 볶아 먹는다. 맛이 좋다.

밀가루로 수제비도 만들어 먹고 저녁과 아침은 아주 가볍게 빵으로 때운다. 점심만 지어먹으며 차는 초콜릿 차를 끼니 때마다 마신다.

엽서 두 장을 쓰다. 봄베이에 사는 순일씨와 하리쉬씨 내외에게 2월 20일 무렵 방문한다는 내용이다.

그들은 모두 힌두교인이며 은행원으로 지난 여름 휴가 동안 스리나가르에서 만났던 이들이다. 또한 나그네인 프랑스 처녀 피아양도 동참하여 5명이 어울려 다니면서 사흘 동안을 즐겁게 보낸 시간이 기억에 새롭다.

진성 수좌가 네팔에 가서 머물다가 보름만에 다시 인도 비자를 받고 다람살라로 가는 길에, 사위성 기원정사에 머무는 내 소식을 듣고 찾아왔다.

티베트어를 공부하는 중이라고 한다.

진성 수좌는 티베트 경전을 한글로 번역하는 작업에서 큰 몫을 해낼 사람이다. 어학에 특출난 재능을 가지고 있고 의욕도 대단히 높아 기대가 촉망된다. 요즘 우리나라에서 티베트 불교에 대한 관심이 점점 높아가는 중에 반가운 일이다.



라크나우에 왔다.

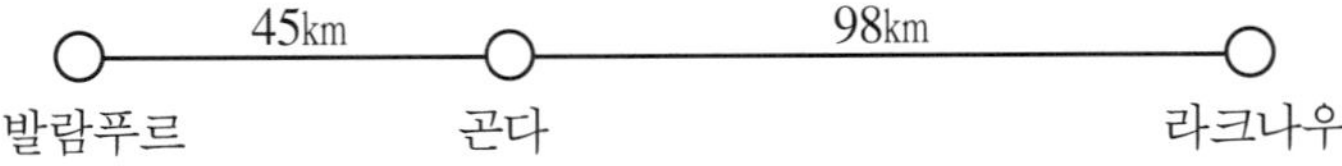


라크나우 시민은 120만 명이고 그 중 약 40%인 50만 명이 모슬렘이라고 한다. 역사(驛舍)의 큰 건물이 모슬렘 사원 형식으로 눈에 크게 띈다. 검은 천 '부르카'를 쓴 여자들이 거리에

숱하게 많다. 모슬렘 인사법을 배웠다. '나마스테' 대신에
'살람 마레쿰' 한다.

2월 2일 (금)

박물관에는 간다라 불상과 마투라 불상이 한데 모여 있다.
불교미술에 이해가 깊은 이들에게는 아주 귀한 자료가 되리
라 믿는다.

라크나우 큰 거리는 비교적 깨끗하고 차량들도 정리가 된
듯하다. 델리보다 그 점에서는 좋은 인상을 준다. 그러나 역사
에 변소가 없는 점은 마찬가지인 까닭에 주위가 오줌 냄새로
고약하다.

기원전 1500년 전의 금속으로 만든 사람형태를 박물관에서
보았다. 퍽 단순하면서도 힘차 보인다.

서점에서 좋은 책을 구하였다. 만화책 3권과 인도 도로지도
(포켓용)이다. 한국으로 모두 부쳤다. 영어로 씌어진 만화책은
『부처님 일생』, 『앙굴리말라』, 『아쇼카 대왕』 등이다.

주위 모슬렘 사원 유적지를 서너 군데 둘러보았다. 그림엽
서로 보아오던 거대한 모슬렘 사원 안에 들어섰을 때 문득 깊
은 꿈속에 잠겨드는 환상을 느꼈다.

2월 3일 (토)

고고학연구소에 간신히 찾아갔으나 오늘은 휴일이다. 인도
카필라 바스투(퍼프라하와) 현황을 알아보고 싶다.

밤 10시에 발람푸르로 돌아왔다.

‘한글 금강경’ 번역작업으로 서두와 말미 초고를 써서 마쳤다.

귀국해서 시간을 내어 완결 짓고 재삼 수정해서 출간하고 싶다.

식당에서 식후 입가심으로 내놓는 이상야릇한 맛이 나는 씨앗들로, 수파리 혹은 달리, 숩 이라아치 등이 있다.



| | |
|---|---|
| 재물욕심 음식욕심 색욕 등 5욕이 | 財色食名睡 |
| 눈앞을 가려서 불지혜 그늘지네 | 遮眼佛慧影 |
| 백골과 같은 몸 투철하게 깨쳐서 | 靜觀白骨身 |
| 청정한 광명의 빛 꿰뚫어서 나토고져. | 透得淸光明 |

밤에 내일 아침거리로 다히(인도 요구르트)를 사 가지고 돌아오는 길에 배가 몹시 고파하는 어미 점박이 개를 보았다. 어미 개에 딸린 두 강아지도 허약한 점박이였다.

나는 뼈가 앙상하게 드러난 어미 점박이 개에게 다히를 꺼내주었다. 어미 개는 새끼 강아지가 다히 옆에 얼씬도 못하게 내쫓고는 혼자서 자리를 옮겨가면서 다 먹어치웠다. 약간 커 보이는 강아지 한 마리는 다히가 먹고 싶어서 멀찌감치서 어미를 지켜보면서 계속 짖어대고, 다른 작은 강아지 한 마리는 기가 죽은 채 어미 뒤에서 눈치만 볼 뿐이었다. 배가 몹시 고프다고는 하나 새끼도 거들떠보지 않는 점박이 어미 개가 얄

미워서 새끼들에게 따로 짜빠티(구운 빵) 4개를 사서 입안에
씹었다가 뱉어내어 먹기 좋게 해주었다. 이번에는 어미 개가
내 눈치만 지켜보고 멀찌감치서 앉아 있었다. 욕심에 눈이 어
두워지는 순간에는 동물세계에서도 새끼를 돌보지 않는다.
배가 불러야 새끼 생각도 나는 모양이다.

**2월 6일 (화)**

고라크푸르역 리타이어링룸에서 하룻밤 머물고 있다. 20루
피 방값을 지불하고 역내 객실에서 잔다. 야간 여행자의 편의
시설이 잘되어 있다. 모기장도 딸려 있어 오늘 저녁에는 편한
잠을 잘 수 있겠다.

고급식당이 아래층에 있다. 값도 그다지 비싸지 않다. 한 끼
니 인도정식이 20~30루피이다.

인도 땅덩어리가 넓어서 5천~1만 리 길을 나서는 여행객을
위한 편의시설들이다. 고르크푸르역은 교통요지이며 특히 불
적 순례자에게는 긴요한 지점 역할을 하고 있다.

첫째, 열반지 구시나가르로 들어가는 입구 역할을 한다.

둘째, 네팔로 건너가는 요충지역이다.

셋째, 카필라 바스투로 가는 길과 사위성 기원정사로 가는
길목이다.

# 구시나가르 ②



구시나가르에 다시 와서 참배하였다. 청량한 가을이나 다름없이 맑게 개인 날씨. 주위 단수수대 밭은 거의 추수를 마친 뒤였고 노란 유채화 꽃이 만발하여 제주도 한라산 봄을 연상케 하기도 하였다.

이번 길에는 아난존자탑을 확인해 보고 싶었다. 열반당 뒤의 열반대탑 곁에 있는 너른 부지는 아직 미지수로 남는다.

대부분의 안내인이,

"아난존자탑 부지입니다."

하고 곧잘 설명한다. 절의 스님들까지 이렇게 믿는다. 비구니 절에서는 당시 부처님과 동등하게 아난존자를 모셔서 존경하였다고 하니 있을 법한 이야기다.

고고학계가 연구 조사한 자료에는 이 탑의 내용에 대하여는 설명이 없다. 아직 연구중인 모양이다. 확실한 근거가 없기 때문일 것이다.

라마발탑 앞에서 금강경을 한 차례 독경하고 나서 걸음을 재촉하였다.

노란 유채화 발길을 걸으면서 부처님의 마지막 유훈을 머리에 떠올렸다.

"부지런하라. 화합(和合)하라."

게으름은 만병의 근원이고 수행인의 첫 번째 경계해야 할

조목이며 이웃과 화합하면서 지낸다는 일은 지혜 이상으로
중요하다고 느껴진다.

"자기 참마음을 스승으로 여겨라. 법을 스승으로 삼아라."

이 중생계(衆生界)는 부처님 당시와 조금도 달라진 바가 없
이 욕망이 앞서고 있다. 부처님이 열반에 드시기 전에 특별히
법문하신 이 대목은 무엇을 뜻하고 있을까.

게으르고 불화합하고 법(法)이 뒷전에 물러서려는 징후가
뚜렷한 당시의 정황을 엿볼 수가 있다.

법당 앞에 심어진 사라수와 아쇼카 나무가 눈길을 끈다.

사라수(紗羅樹 : 경전에서는 無憂樹라고도 함) 나무의 특징은,

① 넓은 감잎 같다.

② 곧게 뻗쳐 자란다.

③ 나무껍질 빛깔이 약간 희다.

④ 나무질이 몹시 단단하다.

야쇼카 나무의 특징은,

① 도토리 나무 잎 비슷한 잎사귀가 아름답다.

② 덩굴나무 비슷해 보이나 덩굴나무는 아니다.

③ 잎이 무성하고 윤기가 있다.

④ 뽈티야 펜둘라라는 다른 이름이 있다.

⑤ 녹야원 주위에도 많이 심어져 있다.


구시나가르 현지 안내문

구시나가르·구사바티·구시나라 혹은 현재 지명 카시아
(Kasia)는 히말라야 산기슭에 자리한 정글이 덮여 있는 나
라 말라족의 공화국 수도였다.

이곳은 부처님이 마지막 숨을 거두신 열반처로서 불교의 유명한 성지 중의 하나이다.

발굴된 유적은 적어도 10개 이상의 승당(僧堂)의 복합건물, 탑들 및 불당들을 이루고 있다. 이곳에서 시행한 발굴은 최저수준에 미치지 못한다.

여기에서 드러난 유적 유품들은 서로 상이한 몇 종류의 그룹을 이룬다.

① 몇 개의 덮개가 있는 주요 탑과 열반당(涅槃堂)의 그룹.

② '마타쿤바르' 라고 불리는 불당 그룹.

③ 라마발타 그룹.

주요 탑은 1927년에 미얀마 불자들에 의해 완전히 복원되었다. 1956년에 지어진 새 열반당에는 1876년에 파불(破佛)로 발굴된 대와불(大臥佛)을 봉안하고 있다.

열반당 이곳은 기원전 5세기경에 하리발라(Haribala) 조실 스님에 의하여 창건되었다. 이 주위에 승당과 봉헌탑 그리고 10세기경의 청색 편암 불상이 모셔진 마타쿤바르 불당이 들어서 있다.

부처님을 다비하여 모신 곳에 선 라마발(Ramabhar)탑은 마타쿤바르 불당에서 동쪽으로 약 1.5km 떨어져 있다.

이곳 열반당은 여러 차례 중축을 거듭하였다.

기원후 400년에서 600년의 날짜가 찍힌 도장이 구시나가르 부근에서 출토된바 있다.


라마발탑

부처님의 다비식을 거행하였던 성스러운 장소이다. 사리함 등은 발굴에 의해 드러나지 않았다. 탑의 남쪽에 드러난 건축 유적지는 이 탑에 딸린 부도전일는지 모른다.

고라크푸르
카시아
쌍림불사
(중국절)
힌두사원 내
불당
버마절과 객실
중앙 대탑
(?)
열반당
6.1m×1.4m
티베트 절
1.5km
라마바르 탑
(부처님 다비식을 마친 곳,
높이 15m, 직경1.4m)
마타쿤바르 법당
박물관
여행자 숙소
스리랑카와 일본 절
데오리아
34km
1 Km

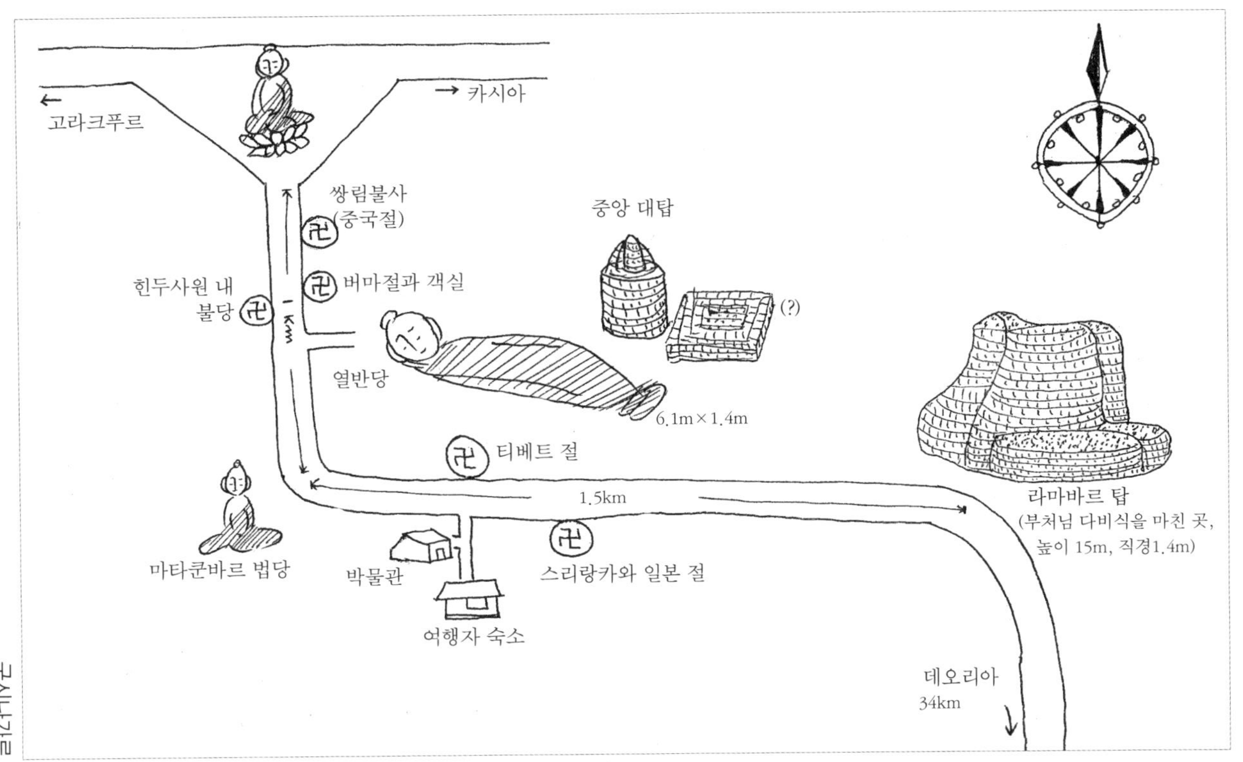

구시나가르

무타쿠라 혹은 마타쿤바르 불당

"축복과 깨달음에 대한 공경심은 아마 모든 장애를 극복한 부처님의 종교에 온전히 바쳐질 것이다."

인도 정부의 호의로 허가되어 인도 고고학 조사단의 자상한 감독하에 폐사된 무타쿠라 불당이 1926년 11월부터 복원 불사를 시작하여 1927년 4월에 완공 개축되어 보존되었다.

**2월 8일** (목)

라크나우 고고학 연구사무실에 들러 피프라하와지역 발굴 현황을 알아보았다.

1972년 최초 발굴을 시작한 이래 성터와 탑, 승당의 부지가 발굴되어 지금까지 나타난 자료에 의하며, 거의 '카필라성'이 틀림없다는 데에 확신을 가지고 있다. 델리 고고학연구실에 다시 들러 자료를 구하라는 조언을 듣고 아요다로 향하였다.

인도는 기차표를 잘 거두지 않아서 들고 나오기가 일쑤다. 참고로 열차등급 다섯 종류를 적어둔다.

냉방시설이 되어 있는 열차(값은 1,000㎞거리)로는 퍼스트 에이 시시(1st Acc: 750루피)와 투 티어 에이 시(2 Tier Ac: 432루피).

선풍기만 있는 열차로는 퍼스트 클라스(344루피)와 급행 또는 우편열차(91루피), 세컨드 클라스(53루피)가 있다. (외국사람이 많이 이용하는 열차는 투 티어 에이 시와 퍼스트 클라스이다.)

밤차를 기다리는 동안 과일가게에서 시간을 보냈다.

소가 과일가게 쓰레기통에서 서로 과일껍질을 먹겠다고 싸우는 것을 보았다. 내가 두 마리를 다 쫓아버렸다.

짐승들은 할 수가 없는가 보다. 다른 큰 소가 나중에 와서
혼자 차분히 다 먹어치웠다.

**2월 9일** (금)

몸이 성한 데가 없이 온갖 곳이 다 쑤시고 아프다. 무리한
일정으로 동분서주한 탓 같다. 매일 음식도 제대로 못먹고 잠
도 차 안에서 자기 때문일 것이다. 차 시간을 맞추기 위해 애
쓰다가 몸이 처졌다. 발람푸르에 와서 빨래를 하였다. 땟물이
먹물 같다.

아요다에서 트레킹을 오전 내내 한 탓으로 옷이 땀에 젖어
냄새가 날 정도이다.

승만경을 설하신 장소라고 하여 아요다에 가 보았으나 별
다른 유적이 없고 지명만 남아 있다. 아요다 주위는 힌두 사원
동네로 변해 있다. 모기가 많아서 모기장을 26루피 주고 1개
사왔다.

## 정월대보름, 동안거 해제일 2월 10일 (토)

기원정사에 가서 해제일 사시공양을 혼자서 준비하여 올리
고 '선요(禪要)' 개당설법(開堂說法) 부분을 낭송하였다.

나그네의 불공 준비는 간단히 마련되었다. 바나나 두 송이,
큰 사과 4개, 밀감 10여 개, 코코아차 1통(500g), 다기 등을 새
천 위에 놓고 향초를 피워 올린 것이 전부이다.

주위 인도 사람들에게 과일 등 공양물을 나눠주고 금전보
시도 하였다.

미얀마 절에서 사시공양을 하고 났을 때 뜻밖에도 남방가사(태국가사로 진황색) 1벌을 보시 받았다.

오후 4시경에 서점에서 구해 주기로 약속한 『암베르칼 선생 일대기』는 내일로 미뤄졌다. 한글로 번역하여 우리나라에 소개해도 좋은 책이다.

이제 기원정사를 떠나려고 준비한다. 1개월 이상 머문 곳이다. 안면 있는 이들이 차대접을 하며,

"다시 언제 오겠소?"

하고 묻곤 한다.

섭섭한 마음은 마찬가지다. 만나고 떠나고 하는 일이 다반사(茶飯事)이긴하나 갑자기 고향을 떠나는 기분같이 착잡해진다.

한편으로, 기원정사 마을을 버스로 벗어나올 때에는 마치 해제일에 산문 밖으로 걸망을 지고 나오는 홀가분한 기분을 맛보았다. 오늘은 원(願)을 하나 세웠다. 「한글 금강경」 독송본을 내는 일이며, 「천수경」 및 「반야심경」 등도 우리말로 염불할 수 있는 길을 여는 일이다. 불경 한글화시대에 박차를 가하고자 한다.

**2월 11일 (일)**

곤다에 와서 하룻밤을 지낼 준비를 한다. 바라나시까지 가는 길이 약간 어려운 코스이다. 코라크푸르로 돌아가는 기차편이 있고, 버스로 파이자바드까지 가서 그곳에서 기차로 곧장 바라나시로 향하는 길이 있다. 두 길이 마찬가지로 불편한 코스로 여겨진다.

내일 아침 버스편으로 파이자바드로 가는 길을 택해야겠다.

292

발람푸르 호텔에서 쓰던 석유곤로를 처음 샀던 가게에다가 50루피 주고 팔았다. 새것 값은 80루피였다.

오늘은 두 군데 몸을 다쳤다. 화장실에서 나올 때 미끄러질 뻔하다가 옆기둥을 붙드는 순간 이마를 약간 찧어서 다쳤고, 석유곤로를 만질 때에 석유기름불이 얼굴로 달려들어서 눈썹을 약간 그슬렸다. 부주의 탓이긴 하나 몸이 약간 불편하던 중 엎친 데 덮친 격으로 부담이 크게 온다.

몸에 종기가 가라앉지 않고 있어서 차 안에서 오래 앉아 있기가 불편하다. 건강이 퍽 좋더니만 이런 때도 오는가 싶다. 다친 곳에 약을 바르고 모기장을 쳐서 침낭으로 어서 들어가서 자야겠다. 모기가 떼거리로 몰려온다.

2월 12일 (월)

에어컨이 있는 일등열차를 타고 파이자바드에서 바라나시까지 편히 왔다. 마침 내 앞자리에 인도 중년 부인이 타서 이야기를 나누었다. 그녀는 외국인에게 인도를 소개하는 일이 큰 즐거움이라고 말하면서 차까지 대접해 주었다. 그녀에게 배운 몇 가지를 기록해 둔다.

결혼한 힌두교인 부인은 다음 세 가지로 외모가 달라진다.

① 이마의 점 '빈디'는 붉은 색만 쓴다.(미혼 여성은 검은색 등을 자유로 쓴다.)

② 머리 가운데 가리마에 붉은 색칠의 신두르를 한다.

③ 발가락(둘째 발가락 혹은 전체 발가락) 반지 '비추아'를 착용한다.

나마스테 293

한국에서 보내기로 한 원고지와 창호지 등은 아직 도착되지 않았다. 녹야원 중국 절 주소로 연락을 할 터인데 두 달이 가까워지도록 무소식이다. 다행히 바라나시 산스크리트 대학생 도웅 법형이 중국 원고지를 100여 장 주었다.

비가 내리기 시작한다. 나그네에게는 비오는 날이 쉬는 날이다. 보팔행은 내일로 미뤄야겠다.

녹야원 성지를 참배하고 금강경을 독경하였다. 전혀 외국 땅에서 지낸다는 느낌이 들지 않는다. 간혹 들리는 이곳 녹야원은 고향같이 푸근하고 아늑해서 좋다.


단상(斷想) — 욕망을 자유롭게 자제할 수 있는 경지는 지혜를 터득한 깨침의 경지와는 구별되어야 한다. 비록 자비와 무욕(無欲)의 경지에 들어선 어진 이라 할지라도 깨치지 못하였을 때에는 부처라 할 수 없다.

욕망에 흔들리지 않는 부동(不動)의 경지는 노력 여하에 따라 터득할 수 있으나 지혜광명이 쏟아지는 깨침의 경지는 노력 여하에 따라 이뤄지기도 하고 이뤄지지 않기 때문이다.


기차표 예약을 하였다. 바라나시에서 보팔까지(791km 거리) 가려고 하였으나 보팔행 열차가 없어서 이타르시로 행선지를 바꾸었다. 이타르시는 보팔 남쪽 75km 떨어져 있는 도시.

1등 에어컨 객차 요금은 370루피. 좌석번호 20번. 이층 침대차.

종일 원고를 썼다. 저녁식사를 바라나시 산스크리트 대학생 스님 네 분과 함께 하였다. 나의 인도 여행소감을 다음과 같이 이야기하였다.

인도 사람들 가운데 신발이 없이 다니는 이와 손으로 음식을 집어먹는 이를 보고,

"지저분하고 비위생적이다."

라고 말하는 이가 있다. 분명 그는 문명의 한 면밖에 보지 못하여서 편견에 치우쳐서 살고 있다고 본다. 문명의 장점밖에 보지 못하면 그런 말도 나온다. 문명의 단점이 얼마나 큰 줄을 모르고 있다.

수저 대신 손으로 음식을 집어먹어보고 맨발로 걸어 다녀본 뒤에는 그런 편견도 조금씩 사라진다.

"음식 맛이 훨씬 좋은 것 같다."

"신이 없어도 걸어 다닐 수 있고 생각보다 퍽 편하다."

대개 경험자들은 동감한다.

완벽주의자의 요양소 구실을 한다. 지저분한 것과 깨끗한 것의 기준이 무너진다. 결벽증이 심한 이들에게 묘약이 되리라고 본다.

의식주 전반에 걸쳐서 청탁에 대한 생각이 말끔히 씻겨질 것이다.

8개월 가까이 이곳에서 뒹구는 동안 나도 모르는 사이에 청탁에 대한 기준이 무너져 희미해지고 있음을 느낀다. 감정이 차츰 무디어져가고 있는 탓일는지도 모른다.

8대성지순례도(八大聖地巡禮圖)를 그렸다. 복사한 8대성지순례도는 현담 스님 등에게 나눠주었다.

1등 침대차로 바라나시를 떠나 산치로 향하였다.

열차 시간표 책을 6루피 주고 샀다. 아주 편리한 책이다. 인도 전역 기차역이 한눈에 들어온다. 인도 열차 이용은 예약제도가 철저하기 때문에 열차 시간표책이 크게 도움이 된다.

# 산 치



해돋이(해돋이 시간은 오전 6시 50분이고 해지는 시간은 오후 6시 15분이다)가 아름답다. 열차 안에서 금강경을 독경하려고 준비할 무렵이었다. 벌판에서 벌겋게 떠오르는 해를 보았다.

신비롭다.

어제는 바라나시, 오늘은 산치에 머문다. 미지의 세계가 마냥 기쁘고 아름다울 뿐이다. 날씨도 청명한 가운데 선선한 바람이 분다.

열차에서 내 옆자리와 앞자리에 앉은 오스트레일리아 젊은 나그네들이 두 개의 선물을 주어서 받아왔다.

하나는, 인도 물이 깨끗하지 못하기 때문에 맑게 처리하는

물약 '아이오다인' 병이고, 다른 하나는, 오스트레일리아 상
징동물 캥거루 마스코트 배지이다. 오스트레일리아 젊은 나
그네들은 불자이다. 또 스리랑카 돈도 내게 약간 보시하였다.

여러 가지 놀이를 하다가 열차 여객 전무 뚱뚱한 이가 '인도
코(Indoco)' 맞추기를 내놓아서 더욱 재미있는 시간을 보냈다.

불교와 선(禪)에 관한 질문을 오스트레일리아 젊은 나그네
들과 진지하게 하였다. 그들은 곧 한국도 방문하고 싶다고 하
였다.

내 나이 43세를 믿는 이가 없다. 오스트레일리아 사람 페터
양은,

"전혀 믿어지지 않습니다."
하고 정색하였다.

"나도 내 나이 43세가 전혀 믿어지지 않습니다."

이렇게 대답하자 다른 오스트레일리아 사람이 박장대소하
였다.

산치불탑 성지를 가볍게 한바퀴 돌아보고 인근 호텔에 여
장을 풀었다.

불교 조각 예술의 극치라는 찬사가 조금도 과장이 아니다.

2천여 년 전의 석각 예술품이 거의 원형에 가깝도록 잘 보
존되어 있다. 산치불탑은 아쇼카와 그의 부인 및 아들 마힌드
라의 원력과 신심의 결정체이다. 북문 기둥의 석각에서 '원숭
이 꿀공양' 모습도 보았다.

산치 대불탑(大佛塔)을 참배하는 것으로 하루를 보냈다.

"산치 대불탑은 전무후무한 불교 미술의 극치를 이루고 있다."

이런 찬사가 과연 있을 법한 성지이다. 91m의 언덕 위에는 인도 최고(最古)의 건조물 대불탑 사대문(四大門)이 필설로 다 표현하기 어려울 만큼 장엄하고 아름답다.

산치 대불탑

대불탑 주위에는 법당 8채, 승당 8채, 탑 9기, 석주 4기, 그 외 건물 부지로 6군데가 발굴되어 있다.

이 산치 대불탑을 처음 계획하였던 아쇼카 대왕에게는 그럴 만한 이유가 충분히 있음을 느낀다.

이 마을 가까운 곳으로 아카라 왕국의 옛 수도였던 비데사가 왕비 데비의 고향이었기 때문이다. 데비 왕비 역시 비구니 절의 후원자로서 신심 있는 보살이었다고 한다.

산치 대불탑 불사의 회향은 아쇼카 대왕 이후 100년에서 150년이 지나서 이뤄진 것으로 알려져 있다. 하여간 전무후무한 대작불사다.

사대문의 석각 조각품은 그대로가 부처님의 법문이다. 부처님의 본생담, 부처님의 생애, 기적 등이 주요 내용이다.

섬세하기로 말하면 비단실 같고 정교하기로 말하면 흑백사진과 같다. 돌에 새겨진 가지가지 패널(Panel) 문양 역시 생동감이 깊게 느껴진다. 더구나 2천여 년 전의 석각 조각품이 고스란히 한눈에 들어옴에 있어서랴!

여기 불탑 사대문에 나타난 문양들은 다음과 같은 뜻이 있다.

연꽃 문양은 부처님의 탄생, 보리수 문양은 부처님, 수레바퀴는 법륜(法輪), 불족(佛足) 자취는 부처님의 현존(現存)을 나타낸다.

대체로 부처님의 모습을 그대로 놔두지 않고 보리수를 부처님 대신으로 표현하고 있다.

아마 성상(聖像)을 구체화하기보다는 보리수로 대체한 편이 더 존경심을 드높인다고 생각하였는지 모른다.

산치 대불탑의 석재는 인근 마을 우다이기리에서 나온 적 사암(赤砂岩)이다. 탑 제3호에서는 사리불 존자와 목건련 존자의 사리함이 출토된 바가 있다.

산치 대불탑의 높이는 16.4m이고 지름은 36.5m. 발우를 뒤집어 엎어놓은 모양을 한 탑이다. 꼭대기에는 3층 우산 모양을 한 상륜부가 놓여있다.

사대문 석각 패널의 주요한 것을 살펴보면 다음과 같다.

① 원숭이 꿀공양(북문) : 바이샬리 성지 이야기다. 지금도 바이샬리에는 아쇼카 석주 주위에 원숭이가 불공으로 판 연못이 남아 있다.

② 부처님의 카필라 성 방문(북문) : 성도 후 8년 만에 고향 카필라성을 방문하시는 부처님의 모습이다.

③ 사위성의 왕 프라세나짓의 부처님 친견(북문)

④ 왕사성의 왕 빔비사라의 부처님 친견(북문)

⑤ 수닷타의 우유죽 공양(북문)

⑥ 사위성의 기적(북문)

⑦ 부처님의 출가 : 위대한 출발(북문)

⑧ 마야 왕비의 코끼리 꿈(동문)

⑨ 니련선 강가 마을 우루빌라(동문)

⑩ 우루빌라의 기적(동문)

⑪ 구시나가르의 사라쌍수 모습이 탑으로 나타난 듯한 장면(동문, 연구를 하고 있음)

⑫ 아쇼카 왕의 부처님 친견(동문)

⑬ 초전 법륜상(서문) 등등

프랑스인 사진작가 버트란드씨와 함께 석각 이모저모를 고증해 가며 낱낱이 살펴보았다.

산치는 이름 그대로 평화로운 마을이다. 숙소 주인은 방문 열쇠없이 열어두고 외출해도 좋다는 말을 들려주었다.

내가 보기에도 사람들이 그렇게 열어두고 나다니곤 한다.

오전 10시 45분에 봄베이행 급행열차를 탔다. 봄베이 11㎞ 미처 못가서 다다르라는 역이 이 열차의 종점이다.

# 봄베이



새벽 5시에 북 봄베이 다다르역에 도착하였다. 봄베이는 물가가 비싸다는 이야기를 들어왔다. 실제 시장구경을 해보고,

"싼 물건은 약간 있고 비싼 물건은 많이 있다."

이런 결론을 얻었다.

호텔도 보통 100루피 줘야 하룻밤 지낼 수 있다. 시설은 그만큼 잘 되어있고 깨끗한 편 같다. 두어 군데 알아본 소감이다.

살아가는 일 중에서 우연으로 여겨지는 놀라운 사건들이 더러 있어 삶의 기쁨을 더해 준다.

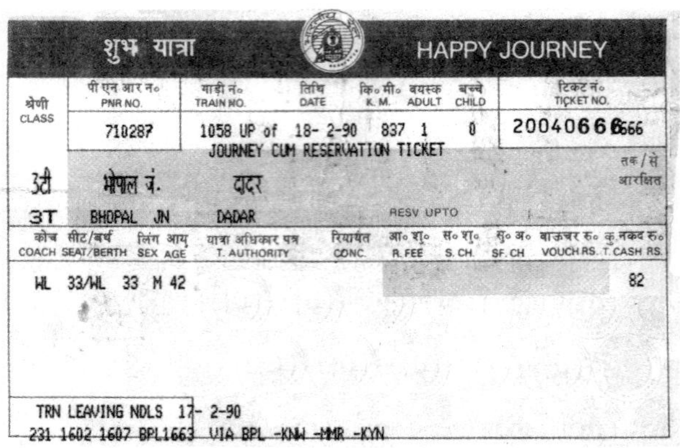

일등 열차표 · 보팔(산치) → 다다르(봄베이)

내가 봄베이를 방문하여 제일 먼저 해야 할 일은 암베드칼 선생 기념사업협회 사무실의 방문이었다.

지난해 10월 중순경 나그푸르의 참배(암베드칼 선생 개종기념 축제일) 무렵 큰 감명을 받고, 암베드칼 선생 기념사업협회가 봄베이에 있다는 말을 듣는 순간 방문을 결심하였던 것이다.

그러나 주소를 전혀 알지 못하고 있는 실정이다. '암베드칼 박사' 란 전기를 번역하기 위해서 그 책을 구하는 일과 가능한 한 판권문제 등도 일차 알아봐야 하기 때문이다.

다다르역에서 내려서 새벽에 거리를 나가보니 '암베드칼 거리' 이름이 눈에 띄었다.

"암베드칼?"

나는 반가워서 주위 사람들에게 몇 차례고 '암베드칼 거리' 이름을 확인하였다. 아직 어두운 거리는 사람들이 뜸하였다.

다행히 일찍 문이 열린 이발소가 있었다. 여기서 삭발을 개운하게 하고 날이 밝기를 기다렸다. 삭발료가 발람푸르(사위성

302

기원정사 인근도시)보다 곱절 비싸다. 시설은 비슷하지만 친절하고 삭발하는 예법은 봄베이가 월등하게 우수하다. 8루피(320원)가 오히려 싸다는 생각이 든다.

삭발을 마치고 암베드칼 선생 기념사업회 사무실을 물었을 때 의외로 주인이 알려주었다.

"이 뒷골목을 돌아가시오. 붉은 장미 호텔 옆에 있습니다."

그러고 보니 암베드칼 선생 기념사업회 사무실 부근 이발소에서 삭발을 한 셈이다. 일이 잘 풀리려고 하니 희한하다.

부근 식당에서 가볍게 식사를 하고 9시까지 기다렸다가 협회 사무실을 방문하였다. 친절한 사무원의 안내로 숙소도 인도 절로 정하였다. 내가 머무는 방은 일반 객실이 아니고 특별히 참배온 어른 스님용 귀빈실 같아 보인다. 깨끗하고 넉넉한 방이다. 오랜만에 더운 물로 목욕을 하였다.

오늘은 일마다 잘 풀린다. 주지 스님이 새로 불사를 시작하여 완공단계에 이르는 16층 빌딩 법당을 소개하셨다. 나를 무척 잘 대접해 주려고 노력하신다.

'암베드칼 선생' 전기 한 권과 사진 10여 장을 구하였다. 번역 '승인건 이야기'는 내일 다시 나누기로 하였다. 회색 승복을 세탁하고 스리랑카 승복 오렌지색 가사를 입었다.

거리에서 만나는 이들 가운데서 내게 합장하는 이들이 더러 있다. 남방 불교는 오렌지색 혹은 주황색 가사를 입어야 스님으로 여기는 듯하다. 내 회색 승복을 보고 사람들은 쿵푸 혹은 가라데 마스터가 아니냐고 하며 스포츠맨으로 여긴다. 성지순례 하는 중에 비위와 배짱이 약한 비구니 스님들이 승복 대신 다른 속인 옷으로 바꿔 입는 데에도 그럴 만한 이유가 있다. 인도 남자들이 거리에서 귀찮게 집적거리는 일이 예사라고 한다. 회색 옷은 인도 카스트제도에서 보면 제일 낮은 계층의 사람들 옷 색에 속한다.

아마 부처님 당시 가사색은 십중팔구 회색이 아니었으리라고 본다. 남방 가사색 계통으로 보아야 하지 않을까.

부처님 당시 힌두사두의 옷 색이 지금 남방 가사색과 같았다고 한다. 현재 사두의 옷 색이 주황색이다.

2월 20일 (화)

뉴봄베이 한 은행원인 하리쉬씨 내외의 가정에서 하룻밤을 지내었다.

지난 여름에 스리나가르에서 만난 이들이다. 또 다른 은행원인 순일씨도 함께 만났다.

친절하고 인정 많은 이들은 석양 무렵 내게 명소를 구경시켜 주고 유람선을 타고 봄베이 항구를 돌아보게 하였다.

은행원 초봉은 보통 2,200루피이고 중견 행원인 그들은 현재 3천 루피를 조금 더 받고 지낸다고 한다. 녹야원 대학교수 월급이 3천 루피라고 들었다. 모두 13만 원 가량 되는 셈이다. 보너스 등은 없다.

가정에서 세탁·청소 등의 일을 하는 이들이 눈에 띄었다.

이들의 한 달 월급이 250루피이고 세탁은 옷 가지 수에 따라 계산한다. 보통 옷 하나에 2루피이고 큰 옷은 3루피. 다림질 값은 따로 50파이사(1/2루피)를 더 낸다.

이들 중류 가정생활 모습을 보고 감동을 받았다. 노부모님을 모시고 행복하게 지내고 있다. 나그네를 안방 부부 침실에 재우고 극진하게 대접하는 정성도 놀랍다.

직장은 35㎞ 떨어진 콜라바(봄베이 중심가)에 있다. 내외가 오토바이를 타고 만쿠르드역까지 가서 기차로 다시 콜라바까지 오고 간다. 하리쉬씨 부인 역시 힌두교인인 봄베이의 쾌활한 여성의 한 사람이다. 인구 8백만 명이 사는 봄베이는 퍽 활기가 넘치는 항구이다.

**2월 21일 (수)**

봄베이 시민 가운데 참으로 친절한 이가 많다. 식당에서 모슬렘교 신자 부부와 자리를 같이하며 즐거운 시간을 보냈다.

이마 위의 점과 가리마의 붉은 줄이 없는 부인에게 내가 의아해서 물었다.

"왜 빈디와 신두르가 없소?"

부인은 웃기만 한다. 남편이 대신 대답해 주었다.

"우리는 모슬렘입니다."

다시 물었다.

"얼굴을 가리는 검은 천이 보이지 않는데요. 왜 그렇습니까?"

"우리는 그 검은 천 부르카를 좋아하지 않습니다."

부인의 둘째 발가락에 끼우는 발 반지 비추아는 있느냐고 물었더니,

"그건 있습니다."

한다.

그들은 검은 천 부르카가 구시대 의상으로 활동하는 데 여간 불편하고 여자들의 아름다운 모습을 가리기 때문에 싫어한다고 설명해 주었다. 봄베이 시민다운 말이다. 봄베이는 캘리포니아 로스앤젤레스의 기후와 비슷한 항구로 여겨진다. 여름은 최고 기온이 섭씨 38도를 오르내리고 겨울에는 대개 섭씨 18도 내외로 선선한 기후다. 다만 6월 중순부터 시작되는 몬순(우기)만은 다르다. 10월이 되어야 인도에서는 몬순이 물러간다.

봄베이 교육제도를 알아보았다.

초등학교 4년제, 중고등학교 6년제, 초급대학 2년제, 대학교 3년제. 합계 15년제.

대학과 직장에서는 영어를 사용한 탓으로 영어가 퍽 능숙한 편이다.

타일 상점에 가서 여러 가지 문양을 구경하고 부처님상과 암베드칼 보살상이 칼라로 도안된 타일 두 개를 사왔다(45루피). 가로와 세로 길이가 15㎝이고 두께는 5mm이다.

내가 머물고 있는 바후자나(불교 사원 스트리트) 법당 안에는 타일 부처님상과 암베드칼 보살상이 좌우 벽에 모셔져 있다.

출퇴근할 때에 참배 온 불자들이 먼저 중앙 부처님께 절을 올리고 잠시 구부정한 자세이긴 하나 앉아서 입정(入定)한 뒤에 나갈 때에는 반드시 이 타이에 와서 이마를 대고 잠시 멈추었다가 나가곤 하는 모습이 눈에 띈다. 우리나라에도 이 타일을 널리 보급하고 싶다.

이 절은 보살보다 처사가 많이 참배오고 있다. 법당에 모두 앉아서 입정하는 시늉을 보이는데 올바르게 앉는 법을 가르치지 않아서 하나같이 허리가 구부정하다.

2월 22일 (목)

이민국 봄베이 대행 사무소에 가서 비자연기신청서를 접수하였다. 2월 28일 다시 와서 가부를 결정한 서류를 받아가라고 한다.

오렌지색 가사를 입은 채 비자연기신청서에 사용할 사진을 찍었다.

8개월 전 출국 당시 나의 사진과 비교해 보니 사뭇 달라진 모습이다.

가사 색깔 때문만이 아니다. 얼굴이 이제 본 모습에 가까워진 듯해 보인다. 좀 말랐지만 그래도 지금 모습이 더 좋다. 인도 더위가 사우나탕 역할을 한 모양이다. 8개월 동안 인도 사우나탕에서 건강요법을 해온 셈이다.

| | |
|---|---|
| 불국토 인도 땅은 뜨거운 한증탕 | 佛國印度汗蒸湯 |
| 더럽혀진 심신을 말끔히 씻어주네 | 汚染心身洗淨新 |
| 불제자는 염천하에 성지를 순례하여 | 佛子巡禮焰天下 |
| 비단실 토해내고서 매미 껍질 벗나니. | 蛾吐甲紗蟬脫盡 |

처음 계획하였던 부탄 순례는 이제 제쳐두기로 하였다.

과일을 불전에 올리고 '바후자나 절' 대중공양을 하였다. 신도들이 80여 명 법당에 모여 불전에 향·초·꽃공양 올리는 모습을 저녁에 보았다. 우리나라 도심지 포교당과 비슷하게 느껴진다.

거리에서 만나는 사람들이 간혹 내게 합장을 하곤 한다. 부처님 사진이 다다르역 소화물 취급소(우편물 창고) 중앙에 크게 모셔져 있는 모습이 눈에 띄었다.

부처님과 불법과 스님을 모시기를 극진하게 하는 성싶다.

불교 병원 앰뷸런스 차를 보았다. 암베드칼 병원차이다.

봄베이는 암베드칼 보살의 영향력이 큰 곳으로 느껴진다.

가장 큰 번화가의 이름이 암베드칼 거리인 것만 보아도 알 수가 있다.

암베드칼 출판사에 들렀을 때 직원들이 대환영이다. 암베드칼 절에서 머물게 가자, 우리 집에서 머물게 가자, 하고 거처를 정해 주려고 애를 쓴다. 호텔은 대개 에어컨이 딸린 방이 250루피 이상 가고 선풍기 딸린 최하 방이 100루피 정도 간다. 지금 머물고 있는 '바후자나 절' 방도 퍽 포근하고 편안한 편이다.



칸헤리 석굴을 참배하려고 떠났으나 보리브리에서 길이 막히고 말았다. 보리브리에서 칸헤리 가는 버스는 평일에는 없

고 일요일만 다니기 때문이다. 내일 다시 칸헤리 석굴 참배에
나서야겠다.

전철은 남녀 객차가 구분되어 있는데 특별히 숙녀용 객차
가 마련되어 있다. 내가 모르고 숙녀용 객차에 오르려고 하였
을 때 여자들이,

"이 차는 숙녀용입니다. 신사용 객차로 가시오."
하고 일러주었다. 그런데 차표 검사를 할 때 내 표를 본 차장은,

"여기는 일등 객차입니다. 이등 객차로 옮겨가시오."
하였다. 전철에서 일등과 이등 구별은 얼른 구별해 내기 어렵
다. 다만 사람들이 적어서 한가한 게 일등칸 같다.

전철 안에 거지가 많다. 내가 금강경을 독경하는 동안에 꼬
마 거지 아이가 내 무릎을 건드리며 계속 한푼 달라고 졸라댔
다. 내가 50파이사(20원)를 꺼내주어도 더 달라고 조른다. 내
무릎을 흔들고 '파이사, 파이사' 하다가 주위 사람들이 달래
어서 내 앞을 물러났다.

그 뒤로 거지들이 또 나타났으나 모른 체하고 금강경만 독
경하고 있었다.

시커멓게 때 묻은 거지들이 거리에서도 '파이사, 파이사'
한다. 어린 꼬마들도 외국 사람을 용케 알아내고 치근거리기
일쑤다.

게으른 이가 많다. 시간만 나면 길가 어디서나 누워 자고 외
국 사람을 만나면 무조건 손을 내민다.

또 전철 통근 열차 안에서 본 모습이다. 여기저기 트럼프 게
임하는 이가 흔하다. 나중에는 돈 따먹기를 하였는지 돈을 서

로 건네주고 받곤 한다.

트럼프 게임은 복권과 함께 인도 사람이 무척 좋아한다.

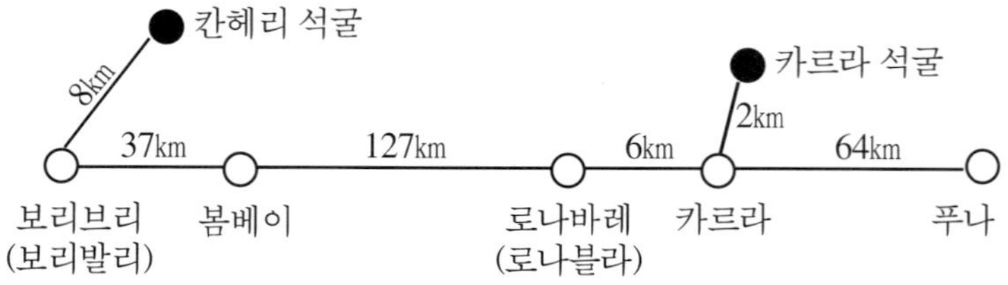




칸헤리 석굴 대총림을 참배하였다. 강원선방 등이 갖추어진 100여 개(109개 발굴) 석굴사원이다.

기원전 1세기에 시작되어 기원후 9세기 무렵에까지 계속되었다. 개중에는 미완성 석굴도 남아 있다.

시주자는 다양하다. 밝혀진 바로는 스님·왕·장자 등의 이름이 나온다.

'칸헤리'란 이름이 검은 산이란 뜻을 가진 '칸데리'에서 나왔듯이 주위가 검은 돌산이다. 석질이 무르고 해변 절벽에서 볼 수 있는 적사암(積砂岩)이다.

높이 100여m의 언덕이 남에서 북으로 길게 뻗쳐 누워 있고 대부분의 석굴이 언덕 가운데를 가로질러 동서로 나 있는 계곡 양켠에 위치하며 특히 북향을 좌향으로 한 석굴이 많다.

입구 쪽에 위치한 제3호 석굴은 칸헤리 석굴 가운데서 가장 크고 중요하여 대웅전 역할을 하고 있다. 높이 56m, 폭이 25m, 굴 안 깊이가 60m이며 좌향은 서향이다. 공양간 옆의 돌우물[石泉]과 관세음보살 등 석각은 거의 마멸되어 있다. 흐

310

릿하게 남아 있는 벽화 등도 눈길을 끈다.

약 1천 년간 불사가 계속되어 이뤄진 칸헤리 석굴 대총림은 2천 년이 지난 오늘에도 그 자취가 뚜렷하여 깊은 감회를 가져온다.

한적한 독방, 2인용 승방 등에서 잠시 앉아보았다. 돌집 토굴이다.

비가 6월부터 쏟아져 내려 10월이 되어야 개는 우기(雨期)에 안거하였던 옛 스님들의 모습을 상기시켜 보려고 노력하였다.

칸헤리 석굴 대총림은 서부 데칸 지방에서 승가 교육기관으로서 중요한 역할을 하였다는 기록이 나와 있다. 아마 노덕 스님들을 위시하여 수백 명을 헤아리는 스님들이 이 돌집 토굴에서 안거하였을 것임에 틀림없다.

석양 무렵까지 마치 제 토굴인 양 앉아 있다가 금강경을 한 차례 독경하는 것을 마감으로 하산하였다.

이제부터는 성지순례 분위기가 사뭇 다르다. 대개 벽돌 건물, 법당 부지 유적만 보아 오다가 이곳에서는 거의 원형에 가까운 돌집 토굴로 이뤄진 법당 등을 참배한다. 평면에서 입체로 나아가는 느낌이 든다.

상상력을 총동원하여 옛 스님들의 절 생활 모습을 재현시키는 데에는 석굴이 큰 도움을 준다.

1천 년 혹은 2천 년 전의 스님들의 생활이 오늘날 남방 스님들의 생활과는 크게 다르지 않았으리라 여겨진다. 탁발하고 오후불식(午後不食)하고 포살(布薩)하는 등은 승가의 규범이기 때문이다.

카르라 석굴을 참배하였다. 대웅전 큰 법당은 장엄하고 경이적인 모습이다. 발굴된 대부분의 석굴(13개)은 서향이다. 2층 3층 석굴은 8개, 혹은 12개의 작은 독방을 갖추어서 마치 절벽에 지어진 새집 같다. 석질과 돌, 색깔은 칸헤리 석굴과 같아 보인다.

아깝게도 카르라 석굴은 힌두교 사원이 최근 지어져서 전체 균형을 잃게 한다. 더구나 대웅전에 맞대어 지어진 힌두교 사원은 꼴불견이다.

석굴 벽에 낙서가 많다. 한 석굴 안에는 힌두교 신상을 가져다가 모셔두고 있다. 모두 불자들이 관심이 적어서 이런 봉변을 당하고 있다.

인도불교가 흥망성쇠 속에서 영욕을 함께 해오면서 지내온 역사의 발자취를 한눈에 보여주는 듯하다.

카르라 석굴 사무소 겸 매표소의 직원에게,

"카르라 안내책자는 없습니까?"

하고 내가 물었더니,

"없습니다. 안내책자를 찾는 이가 극히 적어요."

하고 대답한다. 유흥 관광객은 많아도 성지순례자는 아주 드물다는 표현 같다.

# 푸 나

2월 27일 (화)

해돋이 무렵에 카르라 석굴과 바제 석굴 두 성지를 참배하였다. 바제 석굴은 카르라 석굴 남쪽 5㎞ 지점에 위치하고 현재 21개 석굴이 발견되어 있다. 특이한 점은 14개의 탑이 몰려 있는 곳과 대웅전의 장엄한 모습이다.

오후에는 푸나의 라즈니쉬 아쉬람(수도원)에 닿아서 저녁 명상시간에 동참하였다.

자주색 유니폼 롱드레스(로브)와 명상실 유니폼 흰색 롱드레스를 착용하며 이모저모를 살펴보았다.

아쉬람 안에서 피검사를 하여 에이즈 성병 유무도 확인 받았다. 이건 이곳 출입시의 규칙이라고.

라즈니쉬의 아버지도 라즈니쉬의 제자가 되어, 아들이 아버지의 스승이 된 일화가 있다고, 안내하는 영국사람 채타냐 씨가 들려주었다. 저녁식사는 안내인 라니양이 20루피를 주고 사주어서 잘 먹었다.

라즈니쉬 아쉬람에는 한국의 선방(禪房)이 있고 죽비(竹篦)도 한국 선방 죽비와 같다고 한다.

라즈니쉬 묘소에는 다음과 같은 묘비명이 있다.

> 태어나지 않고 죽지도 않는 이.
> 다만 이 유성지구를 잠깐 동안(1931.12.11~ 1990.1.19)
> 방문하였을 뿐이다.

나마스테  313

그 아래에는 작은 글씨로 다음과 같은 설명이 있다.

"라즈니쉬는 그가 생전에 머물렀던 라오트즈집 안에서 삼매(三昧)들어 있다."

한국인 세 사람과 저녁 시간을 즐겁게 보내고 푸나역에서 혼자 남아 이 글을 쓰면서 봄베이행 밤차 0시 13분 기차를 기다리고 있다.

라즈니쉬 아쉬람에서 느낀 점이 있다. 서양 젊은이들이 열광하는 재즈 음악에 맞춰서 추는 춤에 관한 이야기이다.

잃어버린 세대에게 남아 있는 희망은 3S로 — 속도(速度) · 성(性) · 스포츠 등이며 새로운 탈출구로 재즈음악에 맞춰서 추는 춤이 있다. 광란의 춤, 매혹의 춤이다. 혼신을 다해 추는 춤은 마치 신들린 무당의 푸닥거리 모습과 흡사한 데가 있다.

라즈니쉬 아쉬람에서 추는 춤은 사이사이에 깊은 침묵이 깃들어 있다는 점이 일반 재즈와 다르다. 광란의 춤과 침묵이 낮과 밤처럼 번갈아서 이어지는 사이에 명상의 개울물이 흐른다.

미국에서 '관음선종'을 내걸고 이와 흡사한 방법으로 미국 젊은이들에게 호기심을 불러일으키는 이가 숭산(崇山) 스님이시다. '관세음보살' 기도를 마치 재즈 음악가사로 치고 광란의 몸짓으로 혼신을 다해 기도하게 하는 방법이다. 스트레스 해소에 큰 몫을 한다는 후문이 있다.

**2월 28일** (수)

밤차는 만원이다. 첫 번째 봄베이행 기차는 엄두도 못 낼 지경으로 사람들이 많았다. 두 번째 봄베이행 기차도 역시 만원이나 간신히 타고 왔다. 4시간 동안 좌석이 없어서 섰다가 혹은 옆 기둥에 기대었다가, 옆 좌석 침대 곁에 조금씩 앉았다가 왔다.

새벽 5시 봄베이 V.T. 역에 도착하였을 땐 너무 피곤하여 가까운 호텔에 방을 정하고 곧 쓰러져서 잠에 골아 떨어져버렸다. 호텔료는 125루피.

낮에 이민국 분소에 들렀다. 비자서류 결재를 내리지 않은 채 내일 다시 오라고 하였다. 내가 오래 인도에 머문다고 그런 것이다. 공무원들이 돈을 주면 일을 잘 처리한다는 말을 들었다. 혹시 금전 등을 바라고 시간을 늦추는지 알 수 없는 일이다. 여권 비자서류는 하자가 없다. 벌써 서류를 제출한 지 5일이 넘었는데 별일이다.

3월 1일 (목)

좋은 호텔은 그만큼 서비스가 좋다. 아침 차와 간단한 식사(빵·오믈렛·홍차)가 나오고 매일 침대커버를 갈아준다. 또 엘리베이터로 오르내리며 출입문 서비스에 이르기까지 아주 편안하게 한다.

예정대로 비자 연기기일이 두 달간으로 떨어져서 다행이다.

길거리에서 노점상인 한 사람이,

"코리아 제품, 강한 제품, 코리아 제품, 강한 제품."

하고 여자 목걸이를 선전하는 걸 보았다. 귀걸이 반지도 있었다.

어제 저녁에 식사를 하러 나갔다가 이런 노점 상인을 목격하였으나 잘못들은 줄 알았는데 그게 아니다.

두 사람이 목걸이 쇠줄을 잡아당기면서 다시 외쳤다.

"코리아 제품, 강한 제품."

그 다음에는 펜지로 끊어서 한 토막씩 나눠주면서 구경하라고 한다.

값은 목걸이가 10루피에서 50루피씩 한다. 금목걸이는 가짜다.

제품 상자를 살펴보고 한국에서 만든 것이 아니라는 생각이 들었다.

"이건 한국 제품이 아닌 듯한데요."

내가 이야기를 노점 상인에게 꺼냈다.

그는 의외로 침착하게 한국말로,

"한국에서 잘 만들었소."

하고 대답하였다.

그가 한국말을 조금 할 줄 아는 걸 보니 한국 사람과 연줄이 닿기는 닿는 모양 같다.

우리나라 상품이 인도 사람들에게 좋은 평판을 얻고 있는 건 사실이다. 내가 차고 다니는 시계를 보고 팔라는 이가 꽤 된다. 우산·운동화 등, 하여간 별 것을 다 팔라고 하며 한국 물건을 좋아한다.

사람들이 목걸이 많이 사가면서,

"코리아?"

하곤 한다.

강하고 좋다는 뜻으로 '코리아'를 들먹이는 노점 상인에게 나도 목걸이 두 개와 반지 두 개를 샀다.

316

“40루피.”

그는 내게 5루피를 깎아주면서 한국말로 말하였다.

봄베이 동쪽바다 아라비아해에 떠있는 코끼리 섬 구경을 다녀왔다. 시카고에서 왔다는 미국인 벤씨 부부와 동행하였다. 벤씨는 사진을 찍을 때에 내가 자기 할머니(부인)와 껴안고 있는 자세를 취해 주기를 요구하는 등 유머가 풍부한 노신사다.

미국에 갈 기회가 있다면 자기 집에 들러달라고 하면서 벤씨는 주소를 내게 주었다.

**3월 2일** (금)

오늘은 일들이 꼬여서 잘 풀리지 않았다. 봄베이 항구에서 찍었던 사진을 찾으러 갔으나 약속과는 달리 사진이 나오지 않았다. 오후 2시 무렵에 겨우 1장만 사진이 나왔다. 오후 6시가 되면 다시 나머지 두 장을 주겠다는 사진기사의 말에,

“그만두고 돈이나 내주어요.”

하였으나 돈도 주지 않았다. 선금을 좀 많이 준 게 탈이다. 나는 그만 손을 들고 오랑가바드행 버스표 예약을 서둘렀다.

버스가 오후 7시 30분에 출발한다고 하였으나 9시 무렵에야 출발하였다. 매사가 뜻대로 잘 안되는 날이다.

하나, 내가 훗날 큰 과보를 받아야 할 업보가 이런 작은 일들로 해서 조금씩 녹아 없어진다고 부처님 법문과 같이 생각하였다.

오랑가바드의 유스호스텔에 와서 여장을 풀고 있다.

젊은 나그네들이 각국에서 모여 즐겁다. 나는 T퍼즐 놀이를 내놓고 함께 즐겼다. 값도 아주 싸고 시설도 그만하면 편안한 곳이다. 백과 옷을 세탁하고 삭발을 말끔히 하였다.

몸무게가 옷을 입고 신을 신은 채 달아도 63kg이다. 작년에 한국에서 떠날 올 때 나의 몸무게는 68~69kg이었다. 거의 10kg이 줄어든 셈이다. 작년의 나와 8개월 15일 만의 나와는 큰 차이가 있으리라고 본다.

몸무게 외에도 여러모로 달라졌을 것임에 틀림없다.

긴 나그네 생활에서 많은 것을 견문(見聞)하였다. 예법도 조금 가려볼 줄 아는 눈이 생겼다. 개인 나 혼자만 사는 세상이 아니라는 사실을 익히 배웠다. 사랑의 눈, 자비의 눈으로 세상을 보고 너그러이 모두를 거둬들이려는 노력도 익히 배웠다.

부드럽고 온화한 것이 이긴다라는 말이 이제야 깊이 마음에 와닿는다. 바라나시 사르나트에 만난 현담 스님은 약간 달라진 나를 보고,

"지묵 스님이 예전과는 다른데……."

라고 말한 적이 있다. 느긋하게 기다릴 줄 안다는 뜻이다.


## 부처님 열반재일     3월 4일 (일)

엘로라 석굴 총림을 참배하였다. 34개의 석굴 가운데 12개만 불교 석굴이고 나머지는 힌두교(17개)와 자이나교(5개) 석굴이다.

칸헤리 석굴 — 카르라 석굴 — 바제 석굴 등을 참배해 오면서 엘로라 석굴을 대하니 점입가경(漸入佳境)이다.

아름다움과 웅장함은 갈수록 더해지고 있다.

한 가지 아쉬운 점이 있다. 힌두 판테온이 두드러지고 있다. 즉 불교가 기원후 6세기 이후 쇠퇴해지기 시작하면서 힌두교 요소를 차츰 취해 가는 모습이 엘로라 석굴에서 돋보인다. 부처님 모시는 불당·법당에 힌두제신이 들어와 크게 자리잡고 있는 석각은 힌두 판테온의 표현이다. 불교 속으로 끌어들여서 호불·호법하게 하는 신중(神衆)이 아니다.

불교가 힌두교 속으로 젖어들어 갔기 때문에 문제가 크다.


# 아잔타


3월 5일 (월)

석굴사원으로서 으뜸가는 아잔타 석굴을 참배하였다.

이상으로 데칸지방 불교사원 및 석탑을 살펴본 느낌을 적어둔다.

석각으로 가장 으뜸가는 탑은 산치 대불탑이고 석굴로 가장 으뜸가는 곳은 아잔타 석굴이다. 특히 아잔타 석굴 안의 벽화는 1500년이 지난 오늘날까지 생생하게 남아 있어 그 빼어난 솜씨와 신심은 인정할 만하다 하겠다.

석굴 불사연대는 아잔타 석굴이 기원전 200년에서 기원후 600년 사이에 약 800년간에 걸쳐서 이루어졌다고 한다.

미완성 석굴이 남아 있는 걸 보면 쇠퇴기에 미처 손을 쓰지 못하였지 않나 여겨진다.

엘로라 석굴은 기원후 600년에서 800년 사이에 약 200년간에 이뤄져서, 시대적으로 보아 아잔타 석굴불사를 제1기로 마감하고 엘로라 석굴 불사를 제2기로 연장하였다고 본다.

나는 석굴 안에 모셔진 부처님 전에 절을 오체투지로 낱낱이 올리고 나의 성지순례가 무사히 마쳐지기를 발원하였다.

이제 석굴 참배는 아잔타에서 마감한다.

아잔타 석굴 전경

이제부터는 명상수련생활에 들어간다. 봄베이 부근은 예부터 수행처 석굴사원이 많이 모여 있는 데 까닭이 있다.

첫째는, 기후가 인도 어느 지방보다 좋은 곳이다. 겨울에도 섭씨 18도를 유지하고 우기(雨期)도 짧은 편이다. 3월부터 시작되는 더위는 평균 섭씨 34도를 오르내린다.

둘째는, 데칸지방의 구릉이 좋은 적정처(寂靜處)이다. 황량한 벌판 가운데에 바위산과 언덕이 구릉져서 석굴불사에 안성맞춤이다.

요즘에도 명상수련원이 활기를 띠고 있다. 오늘은 이가트푸리 교외에 자리한 '비파사나 국제아카데미'에 와서 모레부터 시작되는 '비파사나 수련회'의 동참 준비를 한다.

이가트푸리는 봄베이 빅토리아 터미널에서 3시간 반(145km) 걸리는 소도시이다. 비파사나 국제아카데미는 이가트푸리역에서 800m 동쪽에 위치한다. 비파사나 국제아카데미보다 '담마기리'란 이름으로 더 잘 알려져 있다. '담마기리'는 법(法)동산 혹은 진리동산이란 뜻이다.

1974년에 인도인 구루지 고엔카 법사에 의해 창건되었고, 현재 300명이 한꺼번에 수련할 수 있는 시설을 갖추고 있다.

처음 비파사나 국제아카데미에 들렀을 때에 두 번 놀란 일이 있어 적어둔다. 역에서 내려서 담마기리로 배낭을 지고 올 때였다. 사리(인도 여인의 정장, 가사 비슷한 긴 비단천)를 두르고 댕기를 늘어뜨린 젊은 부인과 처녀아이들 서너 명과 길가에서 마주쳤다. 그녀들은 무슨 까닭인지 모르지만 내게 손을 흔들고 미소 지으며 환영의 뜻을 크게 표하였다. 인도에서는 좀체 있기 어려운 일이다.

젊은 인도 여자들은 길가에서 낮 모르는 남자가 길을 물었을 때에는 그냥 대답을 하지 않는 게 보통이다. 두세 차례 거듭 물어도 좀체 대답을 하는 일이 없다. 그런데 별일이다. 아마 비파사나 국제아카데미에서 오는 길에 나를 만나서 그런지도 모른다. 이가트푸리에 방문하는 외국 사람은 대체로 '비파사나 국제아카데미' 손님이기 때문일까.

그 다음으로, 역에서 15분쯤 걸어서 나지막한 언덕 숲속에 자리한 비파사나 국제아카데미 사무실에 들렀을 때였다. 간단히 동참 승낙을 얻은 후 두 사람의 안내를 받는 자리에서,

"저녁식사 시간은 언제입니까?"

하고 식당 앞에서 물었다. 젊은 인도 남자 — 아마 이곳 지도교사인 듯해 보인다 — 는 의아해 하면서,

"스님이 저녁을 먹습니까?"

하였다. 내가 먹는다, 안 먹는다 하는 대답을 하기 전에 키 큰 서양사람 신사가 다시 내게 말하였다.

"반테지는 저녁식사를 하지 않습니다. 그렇지요?"

스님을 힌디로 '반테지' 라고 한다. 맨 처음에는 내 회색 동방 옷을 보고 승복이 다르다고 의아해 하던 그들. 이제는 내가 스님이 분명한지 그렇지 않은지 노골적으로 의심을 드러낸다.

그들의 질문에 나 역시 놀랄 수밖에 없다. 내 회색 동방 옷을 승복으로 보는 이가 없다. 오렌지색 혹은 주황색 · 자주색 대가사를 승복으로 치고 있다. 옳은 말이다.

또 저녁을 먹는 일을 아주 당연하게 생각해 온 내게 큰 부끄러움이다.

남방에서는 스님이 저녁식사를 하지 않는 일이 아주 중요하다. 만일 저녁식사를 한다면 부처님의 계율을 무너뜨리는 일로 간주하기 때문이다.

근기(根機)가 약해져서 저녁식사를 하고 계율을 편리한 대로 해석하는 일은 부끄러운 일로 여겨진다.

서투른 영어로 우리 실정을 설명하였으나 그들은 조금도 이해를 하지 못하는 듯하다. 선방에서 오후불식(午後不食)하는 실례도 그들의 이해를 돕지 못하였다.

종일 식사를 제대로 하지 못하고 저녁식사를 실하게 잘 먹으려던 생각이 쑥 들어가 버렸다. 냉수를 서너 컵 마시는 것으로 저녁식사를 대신하였다. 정신이 한결 맑아지는 듯하다.

서양사람이 정원 한쪽에서 산소 용접 일을 하고 있는 모습을 보았다. 첫눈에 아마추어 솜씨인 줄 알겠다. 천천히 정성스럽게 일하는 모습이 보기에 좋다. 그러고 보니 입구 철문도 그가 했는가싶다. 철공소 용접공 솜씨와는 다르다. 약간 서툴러 보이나 오히려 견고하고 멋있다.

정원 한쪽에는 무늬를 그려 넣은 도기그릇들(큰 물병)이 눈에 뜨인다. 아마 이곳을 거쳐 간 회원들의 작품인 듯하다. 일을 열심히 하는 비파사나 국제아카데미 회원들의 모습은 본받을 만하다.

안내문에서 본 기억나는 말 몇 마디를 적어둔다.

비파사나는 고대 인도 수행방법이었으나 오랫동안 잊혀졌다.

비파사나는 2500여 년 전 부처님께서 다시 가르치신 명상방법이다. 비파사나는 팔리어로서 내관법(內觀法)으로 알려져 있다. 일체 모든 것을 사실 그대로 철저하게 꿰뚫어보며 침묵 속에서 삼업(三業 : 身·口·意)을 여실하게 본다.

선종(禪宗)의 초조(初祖) 달마대사의 법문도 비파사나에 통하는 바가 있어 적어둔다.

마음속을 관하는 한가지 일이 　　　　觀心一法
세상 일의 모두를 잘 다스린다. 　　　總攝諸行

**3월 7일 (수)**

아침식사는 기름에 약간 볶아서 쑨 쌀죽이다. 그 외에 바나나와 차가 있다. 몸에 한결 가뿐한 식사다. 점심공양은 순수한 인도정식이다. 식물성 음식이 정갈해서 좋다.

인도 사람들이 대부분이나 외국사람도 상당한 숫자가 눈에 띈다. 외국사람 가운데는 유럽 사람들이 많다. 비파사나 수련원 분원이 영국·프랑스·스웨덴·스페인·덴마크 등 여러 나라에 들어서 있어 서로 자료와 정보를 교환하는 메시지가 게시판에 있다.

'작아라' 라는 캐나다 스님과 사귀었다. 그는 미얀마에서 스님이 된 이후 스리랑카에서 아홉 해 동안 수행하였다고 하며, 내게 먹다 남겨둔 꿀병을 내주면서,

324

"저녁식사가 생각날 때 먹어요."

하였다. 여러모로 신경을 써주는 친절한 스님이다. 또 그가 머물던 스리랑카 절 주소도 적어주면서,

"송광사 현음(玄音) 스님도 함께 있었어요."

하였다. 이름은 미얀마 말로 '작아라(Jagara)' 이지만 키는 훤출히 큰 스님이고 마음 씀씀이는 더욱 큰 스님으로 여겨진다.

**3월 8일 (목)**

오후 두 시부터 비파사나 수련 동참자 접수가 시작되었다.

나는 인도 노스님 두 분, 젊은 스님 한 분과 어울려 한방을 쓰게 되었다. 이들은 인근 도시 보팔 등지 절에서 오신 스님들이다. 옆방은 약 40여 명 단체로 온 불자들의 안내자인 미얀마 스님 세 분이 쓴다.

새벽부터 기차와 버스로 온 사람들로 장터와 같이 붐비었다. 흰 마스크를 한 자이나 교도와 주황색 옷을 입은 텁석부리 힌두 사두들도 간혹 눈에 띄었다.

고급 자가용 승용차로 온 귀족급 인사 내외가 있는가 하면 남루하고 초라하기 이를 데 없는 천민계층 사람들도 끼어 있어 그야말로 각계각층 인사가 다 모이고 있다. 서구사람이 역시 많다.

개인 정진실로 사용할 수 있는 토굴집이 264개이며 이 가운데 나의 정진실은 44호. 장차 60개를 더 증축할 계획에 있다. 숙소는 대개 2인용과 4인용 방들로 나눠져 있다.

남녀 구별이 각별하고 엄하다. 나무그늘 아래 놓여 있는 의

나마스테  325

자에도 남녀석이 있고 식당도 따로 있다.

10일 동안 저녁식사를 하지 않기로 서약한 첫날인 오늘은 특별히 봐주어서 바나나·꿀떡·쌀죽(한 국자 정도)·차 등을 주어서 맛있게 먹었다. 10일 동안 묵언(默言)하고 편지 등을 쓰지 않는다는 규칙에도 서약해야 동참이 가능하다. 비용은 일체 무료. 성금을 낼 마음이 있는 이는 수련을 다 마친날 이후 혹은 두 번째 이 수련에 동참하였을 때에만 가능하다. 이 제도는 인도에서 이례적으로 특이한데 성공적이라는 평판이 인도의 신문에 크게 나와 있다.

## 제1일 3월 9일 (금)

새벽 4시에 울리는 종소리에 잠이 깨었다. 하루 12시간 반 정진한다. 수련 동참자는 여자가 170명이고 남자가 350명이다. 지도법사는 60세가 넘은 노인이 두 분이고 50대 장년이 두 분이며, 그 외는 40대의 신사 숙녀들이 여섯 분이다. 외국사람 지도법사는 역시 외국사람을 맡아서 한다. 또 남녀 지도법사가 나눠져서 남녀 동참자를 각기 구별하여 지도한다.

비파사나 국제아카데미 창설자이자 현 원장인 고엔카 법사님은 체격이 훤출하고 목소리가 좋은 멋쟁이 노신사이다. 아주 흰머리인데도 건강은 퍽 좋아보인다. 법사의 좌석은 상중하로 높낮이가 다르다. 고엔카 법사님 좌석은 스님들 좌석 높이와 같고, 중후한 70대 원로 법사 좌석은 일반 동참자 좌복 높이보다 3~4배 높다. 그 외 지도법사와 동참자는 좌복 하나 높이다.

나도 회색 동방 승복을 벗어버리고 오렌지색 대가사를 입었다. 이 이후부터는 대우를 스님으로 치고 높이 받들어 해주는 것 같다. 공양도 특별석에서 한다. 오전 오후 각 1시간 동안은 지도법사의 개별 면담시간이다. 나의 지도법사도 원로 지도법사이신데 내 높은 좌석에 친히 와서 정중히 몇마디 이야기하고 떠나갔다.

"코로 숨쉬는 일에만 정신을 집중해서 정진하시오." 등등.

## 제2일 3월 10일 (토)

수련 동참자 스님들은 모두 아홉 분으로 미얀마 스님이 네 분, 인도 스님이 네 분, 한국 스님이 한 분이다. 토굴 뒷방에는 캐나다 스님과 스리랑카 스님 등 두 분이 더 있다.

점심공양 때에는 신도들이 과일을 싸가지고 와서 스님들께 공양을 올리는 게 우리 절에서 보는 모습과 비슷하다. 첫 시간 의식은 삼귀의(三歸依)와 오계(五戒) 이후에 있어 철저히 불교 의식이다.

정진은 1시간 반 동안 계속 침묵 속에서 한다.

호흡을 자연스럽고 고르게 하면서 정신을 코 끝에 집중시키도록 한다. 나는 잠자는 시간과 식사시간 외에는 거의 자리를 지킨다.

이 호흡정진이 끝난 다음에는 설법 녹음, 비디오로 이어진다. 대개 고엔카 법사님의 노래이다. 인도에는 기타 형식의 노래가 잘 보급된 만큼 아주 자연스럽다. 앉아서 정진하는 자세로 반시간 정도 듣는다.

그 다음에는 지도 법사의 개별지도 시간이다. 몇 사람씩 불러내서 질의응답을 하며 혹은 호흡방법을 자세하게 설명하면서 함께 수 분 동안 정진하기도 한다.

분위기는 아주 자연스럽다. 말이 거의 없다. 종치면 식당에 가서 밥 먹고 종치면 정진실에 와서 정진하면 그만이다. 500명이 넘는 동참자들이 묵언 중에 조용히 정진하고 있다.

간혹 정진시간을 맞추지 않고 혹은 빠지고 혹은 늦은 이가 있고 담배도 변소 안에서 피우는 이가 있으나 별탈 없이 잘 지내고 있다.

인도 사람은 참 선량하고 온순하다고 느껴진다.

인도 돈에 씌어진 글씨 종류가 14종이듯이 인도 사람들의 말도 여러 가지다. 공통어로 힌디를 사용하지만 특수한 지역 말밖에 모르는 이도 간혹 있다. 이런 이를 위해서 그 지역 말을 쓰는 지도법사가 따로 있어서 인도가 '큰나라' 임을 실감케 한다.

나는 '영어 수련동참자' 에 속하나 잘 알아듣지 못한다. 미얀마 스님들도 나와 같은 '영어 수련동참자' 이다. 미얀마 스님 얼굴이 우리나라 사람과 흡사한데가 많다. 가사 색깔이 갈색으로 우리나라 가사 색깔과 같다. 그러나 방울과 고리가 달려 있지 않은게 다르다.

스님들이 앉아서 정진하는 자세가 약간씩 다르다. 가부좌하는 이는 없고 책상다리를 하고 앉은 이가 대부분이다. 지도법사 역시 책상다리를 한다.

반가부좌법을 왜 실시하지 않을까 궁금하다. 더러는 등받

이 의자를 사용하는 이들도 있다. 허리가 바로 서게 하려면 역시 가부좌나 반가부좌법 이상이 없다고 본다. 우리나라 선방이 이런 점에서 잘하고 있다.

## 제3일 　　　　　　　　　　　　　　　　3월 11일 (일)

숨쉬는 일에만 열중한다. 다른 일은 다 놔버린다. 토굴 독방 44호는 혼자 들어가 앉아 있을 만한 좁은 공간이나 정진에는 안성맞춤이다. 뒷좌복 없이 앉았다가 불편하여서 담요를 접어 뒷좌복을 만들어 사용한다. 한결 편하다.

의식을 코 끝에 집중시켜서 호흡을 계속한다. 호흡 숫자는 세지 않는다.

아무 다른 생각은 없다. 아니다. 망상번뇌가 죽끓듯 해온다. 그래도 놔버리고 상관치 않는다. 오직 숨쉬는 일만을 계속한다. 깨어있는 상태가 오래 계속된다. 잠은 오지 않는다.

허리가 아파오고 모기가 날아들어 물고 게다가 더위에 혼쭐이 나갈 지경이나 참고 참는다. 이때는 태산을 뚫어 석굴을 만드는 불사를 생각한다. 천년 세월을 뚫는 불사를 생각한다. 참고 참는다.

## 제4일 　　　　　　　　　　　　　　　　3월 12일 (월)

비파사나 수행정진 중에 한 스님이 고성통곡하고 울어서 주위 사람들을 놀라게 하였다. 그는 나와 한방을 쓰는 인도 젊은 스님이다.

흔히 이런 경우를 두고,

"업장(業障)이 녹아져서 웃고 울고 희노애락 격한 감정에 휩쓸린다."

한다. 정진을 하는 도중에 우는 이가 더러 있음을 보아왔으나 이렇게 고성 통곡하는 이는 처음 본다.

비파사나 기본 관법(觀法)의 강좌가 하루 두 시간씩 들어 있다. 녹음기 혹은 비디오 강좌다. 나는 한문경전으로 이해해 온 관법을 통하여 비파사나를 지레 짐작하는 사람중의 하나이다. 몸[身]과 느낌[受]과 마음[心]과 마음에서 일어나는 생각[法]을 여실(如實)하게 살펴본다. 직관(直觀)하는 일이다. 사법인(四法印)은 비파사나의 근본사상이다.

짧은 영어실력이 안타깝다.


## 제5일                     3월 13일 (화)

지금까지 내가 짐작으로 비파사나를 한다고 앉아 있는 게 얼마나 어긋났는지 알 만하다.

영어를 못 알아듣고 그저 혼자서 지레 짐작으로 해온 터이다.

한글교재가 내 손에 주어졌다. 영어 녹음교재를 한글 번역한 필사본 복사판이다. 아마 송광사 영광(靈光) 스님이 정리한 한글교재로 여겨진다. 그는 1년 전에 이곳 비파사나 국제아카데미를 거쳐간 줄로 안다. 글씨와 문장이 출가한 스님의 솜씨인 것만은 분명하다.

비파사나의 준비단계
〈호흡관찰〉
눈을 감는다.
주의집중을 코 끝에 둔다.
윗입술에서부터 시작하여 콧구멍 입구, 코끝, 코 부리가
시작되는 콧잔등 꼬리의 삼각 코 부분에 이르기까지
주의집중을 한다. 주의집중을 코끝에 둔다!
약간 거세게 숨을 두어 번 쉰다.
숨결을 예리하게 느낀다.
〈감각관찰〉
정수리에 주의집중을 한다.
정수리 2.5㎝ 반지름의 범위 안에 주의집중을 한다.
여러 느낌을 예리하게 안다.


마치 정(定)에 들어선 기분이다. 시간과 공간을 거의 느끼지 않는다. 전혀 느끼지 않는다는 표현이 아니다. 반수면상태다. 반최면상태다. 온몸의 세포가 한덩어리로 뚤뚤 뭉쳐져서 무게가 거의 없다. 편안한 상태가 유지된다. 한정없이 계속 그런 상태로 있을 것 같다.

## 제6일 3월 14일 (수)

매일 두 차례씩 점검을 한다. 기분상태와 공부상태 등을 묻고 적절한 지시를 한다.

스님 담당 지도법사는 칠십 고령의 노처사님이시다. 점검시간에는 정중하게 스님의 높은 좌대로 걸어와서 합장을 올린 다음 일반 동참자에게 묻는 말을 반복하고 떠난다.

스님이 수련동참자이지만 출가 비구의 대우를 해준다. 구루 고엔카 법사님도 마찬가지로 다른 지도법사들과 같이 스님의 높은 좌대로 와서 점검하고 떠난다.

공양시간에는 스님들의 방이 따로 마련되어 있다. 두세 명의 처사가 시중을 극진히 하고 있다. 묵언 중이라 더욱 신경을 많이 써서 불편함이 없게 시중을 든다. 스님을 부처님 모시듯 반드시 높은 좌석에 모신다. 어느 장소에서나 이 법도를 어기지 않는다.

나는 이제 비파사나 본론에 들어서서 자유로운 흐름(Free Flow)을 느낀다. 온몸이 거뜬하고 흔쾌하다.


## 제7일　　　　　　　　　　　　　　　　3월 15일 (목)

달이 아직은 둥글고 밝다. 달밤에 정진시간을 채우고 과수원 숲 그늘을 지나서 숙소를 돌아올 때 꽃향기가 진동한다. 흰 꽃, 붉은 꽃이 어우러져 핀 비파사나 국제아카데미 뜰 안은 형용하기 어려울 만큼 신비롭다.

남방 좌관(坐觀)과 북방 좌선(坐禪)의 같고 다른 점을 적어둔다.

(1) 남방 좌관(南方坐觀) 특히, 미얀마 비파사나에서
　　응용한 고엔카 법사의 비파사나.
① 일반 교육 방식이다.
② 호흡관찰로 시작한다.
③ 가부좌 여부를 상관치 않는다.
④ 구체적이고 논리적이다.

332

⑤ 오후불식(午後不食)과 묵언(默言)이 필수적이다.
⑥ 대체로 짧은 기간에 진리를 체험할 수 있다.
⑦ 눈을 지그시 감는다.
⑧ 예리한 주의집중의 직관(直觀).

(2) 북방 좌선(北方坐禪) 특히, 화두선(話頭禪)
① 천재 교육 방식이다.
② 철저하게 화두로 시작한다.
③ 가부좌(혹은 반가부좌)자세이다.
④ 직설적이고 비논리적이다.
⑤ 오후불식(午後不食)과 묵언(默言) 여부를 상관치 않는다.
⑥ 대체로 긴 기간 동안 정진하여야 곽철대오(廓徹大悟)
   의 길이 열린다.
⑦ 눈을 반쯤 뜬다.
⑧ 알 수 없고 꽉 막히고 답답한 의문덩이.


좌관이 집의 기초와 단층이다. 좌선은 집의 고층 누각이다. 집의 기초와 단층을 튼튼히 세운 다음에 고층 누각을 짓는 것처럼 좌관을 익힌 다음에 좌선에 들어갈 필요를 느낀다. 좌선의 장단점과 좌관의 장단점을 서로 보완하여 공부방법을 개선할 필요가 있다.

좌관의 호흡관찰과 내관법(內觀法)은 좋은 공부방법이다.

선수행(禪修行) 입문과정에서 반드시 거쳐볼 필요가 있다. 내 경험으로 보아 바른 공부에 들지 못해 허송세월을 보내기가 십상인 요즘 선방제도에서 좋은 묘약처방이 될 것이다.

그러나 향상일구(向上一句)의 길은 역시 좌선 쪽이 아닐까. 화두타파(話頭打破)로 개안(開眼)하여 부처님의 지혜 광명을 성

취하는 일이 더 귀하게 느껴진다.

좌관에서는 계율정신을 근본바탕으로 하여 선정에 들고 정에서 지혜의 길을 열어 보이는 부처님의 가르침이 생생하게 살아 있다고 생각된다. 지계(持戒)정신이 추상같이 날카롭다.

## 제8일　　　　　　　　　　　　　　　　　　3월 16일 (금)

덥고 힘겹다. 한낮에는 생각을 모아두었으나 곧 흩어지려고 한다. 망상분별이 이렇게 심하다니! 인도의 개량 쥐덫을 후원 식당에서 본 게 정진시간 중 생각에 남아 있었다.

"한국에는 아직 없다. 저걸 가져다가 선보인다. 놀랍게도 쥐가 잘 잡힌다. 쥐덫 모양도 좋고 견실하다. 마치 그물모양으로 물고기를 잡는 방식과 흡사하다. 큰 인기가 될 터이다. 한국에 가져가야지. 짐이 되어 어떻게 가져가나? 모양을 종이에 그린다. 그게 가져가기가 좋겠다. 건축설계 도면을 그리듯 잘 그린다……."

이런 망상이 오후 두 시간을 잡아먹으려고 대들었다. 아침으로는 모기 등쌀에 좌관이 어설프게 이어진다. 소림굴 달마대사 모양으로 가사를 머리 꼭대기까지 푹 뒤집어써도 얼굴로 모기가 공격해 온다. 이런 가운데서도 비파사나 수련과정을 차질없이 해낸다.

더러 떠난 이들이 보인다. 정진 중에 크게 울었던 스님도 떠났다. 10일 수련이 짧지 않은 기간이지만 비교적 좋은 분위기라 견딜 만하다. 묵언하기 때문에 시비가 끊어져버린다.

나는 망상이 떠오를 때마다 이런 생각을 하며 다진다.

"저녁밥까지 굶어가면서 이렇게 앉아 있다. 입을 열지 않은 채 고행에 들어섰다.

내가 왜 귀한 시간을 허비하나? 밥을 먹고 말을 다하고 지내도 될 처지에 스스로 택한 길이다. 이번 수련중에 나는 반드시 성과를 얻어서 돌아간다. 기회는 다시 없다. 지금이 절호의 기회다."

오늘 점검시간에는 노지도법사님이 내게 이런 말을 하신다.

"한국에 가서 지도하시오. 비파사나 선생님, 구루지(스승님)가 되어 지도 잘 하시오."

아마 격려의 뜻으로 이런 말씀을 하신지도 모른다.

순조롭게 비파사나 과정을 계단계단 밟아오르고 있다. 정신작용의 힘을 크게 느낀다. 의식을 신체 어느 부분에 집중시켜 감각을 느끼는 힘이 늘어 간다. 아니짜(무상)!

인도가 차츰 좋아져서 이곳에서 살고 싶은 생각이 든다, 나그푸르의 부다부미 절에 들려야지. 남방 가사를 주신 스승 주지 스님께 인사도 올리고 싶다.

## 제9일 3월17일 (토)

마지막 날이다. 수련동참자들이 다 기뻐한다. 내일 오전 9시에 묵언이 끝난다.

묵언 중인데도 사람들은 친해져서 정답다. 간혹 말을 걸려고 오는 이가 있다.

함께 방을 쓰고 있는 노장님들 두 분도 10년 동안 한 절에서 지낸 대중같이 가깝게 느껴진다. 새벽 늦잠을 깨우는 일, 빨

나마스테　335

래 걷는 일 등의 이야기를 묵언 중에 손짓으로 전해온 터이나 잘 통한다.

더구나 영어를 모르는 인도 노장님들이다. 힌디밖에 하는 말이 없다. 차라리 묵언이 더 어울린다. 피차 못 알아먹는 말을 가지고 어설프게 통화하느니보다 이 편이 편하다. 다른 대중들도 마찬가지의 경우다. 말없는 가운데서 뜻은 더 잘 통한다.

수십 마리 까마귀 울음소리가 이 도량에 가득하다. 배가 고파서 그렇다. 익어 떨어진 과일 페루를 서로 먹겠다고 다툰다. 까마귀도 아마 오후불식하는 양 배가 몹시 고픈가보다.

이 비파사나 교육을 청소년들에게 널리 보급했으면 싶다.

정신력을 집중시키는 데에 큰몫을 해내고 사물을 바라보는 눈을 맑게 하여 청소년들에게 큰 힘이 되어줄 것이다.

"생명 있는 자는 행복하기를 발원(May all beings be happy)"

이곳 비파사나 국제아카데미의 구호의 하나이다.

청소년 활동지도자들이 이 수련과정을 마치고 청소년들에게 비파사나를 가르칠 수 있었으면 싶다.

뿐만 아니라, 유네스코 한국위원회가 주관한 유네스코 청년원의 '청소년 활동지도자 교육과정' 에 이 비파사나가 들어간다면 금상첨화라 하겠다. 이런 내용의 편지를 송광사와 유네스코 청년원에 써야지. 내일모레쯤에나 이 교육이 끝난 후에……

## 마지막 날 3월 18일 (일)

구루지를 존경하는 마음 표시가 대단하다.

구루지 고엔카 법사님이 회향게(回向偈)를 송하고 자리를 떠서 밖으로 나갈 때 대중은 밖으로 따라나가서 고두(叩頭)예를 올리는 이가 많다.

남녀노소 구별없이 땅바닥에 엎드려 절을 올린다. 옛날 부처님이 지나가실 때에 진흙밭에서 절을 올리고 머리를 풀어서 진흙밭을 덮었다는 마리 부인 일화와 같은 장면이다.

윗사람을 모실 줄 알고 수행자를 높이 받들 줄 아는 이들이다. 먼 옛날부터 내려온 좋은 전통이다. 복 받고 살 수 있는 나라, 인도 사람들이다.

인도에는 요즘도 구루지로 모셔지는 이들이 적지 않다. 가정에 사진이나 조상(彫像)으로 모시고 꽃공양과 향공양, 과일공양 등을 올린 후에 하루 일과를 시작하는 경건한 모습들이 눈에 뜨인다.

신심(信心)이 놀랄 만하다. 자기 자신을 내던지고 낮출 줄 아는 인도 사람들이다.

설법강좌 방식에 대한 나의 의견을 몇 마디 적어본다.

첫째, 10일 수련기간 중 강좌시간이 하루 12시간 반 가운데 3시간 들어 있다. 모두가 고엔카 법사님 녹음기 혹은 비디오 강좌시간이다.

둘째, 게송과 설법이 섞여있다. 인도에는 '가타' 게송이 다양하다.

노랫가락으로 자연스럽게 설법 앞부분과 뒷부분 혹은 중간중간에 이어진다.

셋째, 우리나라에도 옛부터 전해 내려온 신라시대 향가·

고려가요·조선시조·판소리 등을 다시 쉽게 부를 수 있게 했
으면 하는 생각이 든다. 창(唱)은 전문인만이 하는 가락이 아
니다. 일반대중이 어디서나 쉽게 부를 수 있는 우리 가락이 절
실하게 요구된다.

설법은 대체로 녹음기 혹은 비디오 강좌인데도 싫증이 나
지 아니한다. 하루 일과 중에서 첫 시간과 10분씩 끝나는 시
간은 육성으로 하기 때문이다.

부처님 법문에도 사이사이에 많은 게송이 들어 있는 이유
를 알 만하다. 생활의 멋과 진리를 찬탄하는 노래가 귀하고,
유행가 가락이 범람하는 세태를 돌아본다.

**3월 19일** (월)

오늘처럼 방 구하기가 어렵다면 10년 감수(減壽)할 것 같다.
무더운 벌판을 가로지르고 기차로 달려와서 다다르역에 닿았
다. 이때가 오후 5시 무렵이었다. 비파사나 참고 교재용인
《생활을 예술로(Art of life)》란 책을 10권 사서 한국에 부치고
그동안 써온 '슬리핑 백'을 다람살라에서 티베트 불교권에서
수행중인 스님에게 부치고 나니 날이 어두워졌다.

이제는 오후불식 — 언제까지 계속될는지 모른다 — 인 까
닭에 아침거리 빵과 과일을 사들고 아는 절에 닿아 문을 두드
렸다.

"누구입니까?"

10세 가량 되어 보이는 스리랑카의 동자(童子)가 영어로 묻
는다. 그는 윗몸을 벗은 채 치마만 두르고 있다.

"한국 스님이다. 어른 스님 계시냐?"

내가 나무 아래 의자에 배낭을 내리고 숨을 크게 내쉬면서 물었다.

"다 나가셨어요."

그는 나의 형색을 살펴보고는 그냥 문을 닫으려고 한다.

"하룻밤 머물려고 한다. 되겠느냐?"

"어른 스님이 안계셔요. 물어보고 대답하지요."

그러나 한번 문을 걸어 잠그고 나서는 1시간이 넘도록 종무소식이다. 나는 그동안 금강경 독경을 천천히 한차례 하고 쉬고 있었으나 모기 등쌀에 여간 고통스러운 게 아니었다. 밤 8시가 되어서야 배낭을 메고 절을 떠나왔다. 어른 스님과 통화한다는 말이 끝난 이후 아무 연락이 없어서 그 연유를 다시 물었더니,

"물 한잔 드시겠어요?"

하고 딴소리를 한다. 나는 그 말이 고마워서,

"그래라. 물 한 잔 주라."

하였으나 이 물도 역시 무소식이었을 뿐이다.

봄베이 V.T.역 부근 호텔방을 구하느라고 다시 1시간 이상이 지났다. 땀이 온몸에 촉촉이 젖어서 이제 더 이상 움직이고 싶지 않은 지경까지 왔다. 내게는 과분한 금액으로 145루피짜리 방인데도 탐탁치 않다. 그러나 건강을 고려해서 할 수 없이 이 방에 들었다.

목욕 빨래를 마치고 아까 절에서 모기에 물린 피부에 약을 발랐다. 많이 부어오른 데도 있다.

이제 좀 살 것 같다. 새로 산 내의를 입고 거울 앞에 서본다. 언제 고생스러웠더냐 싶어진다. 웃음이 나온다.

인도 제품 런닝셔츠는 좋은 것을 구입해 입어보지만 우리나라 제품에 미치질 못한다. 목 테두리 등의 탄력성이 떨어지고 품질도 덜 세련되어 있다.

인도 사람들이,

"한국은 부자 나라다. 스포츠 나라다. 남북이 갈린 나라다." 하는 등의 말을 거리에서 종종 듣곤 한다.

우리나라 제품이 인도 사람들에게 좋은 인상을 주고 있는 것만은 사실이다.

3월 20일 (화)

기차표 예약이 쉽게 되어 내 계획대로 오늘 낮 12시 35분에 하이드라바드로 떠나서 오는 길이다.

밤이다. 에어컨 일등열차 창가에서 책을 보다가 일기를 쓴다. 봄베이에서 하이드라바드까지는 739km로 약 15시간 걸린다.

앞자리의 나그네가 이야기 끝에 한국 돈을 구경하고 싶어해서 동전 몇 개를 주었더니 그렇게 좋아할 수가 없다.

이제 휴대용 베개(고무튜브 베개)와 모포를 꺼내서 잘 준비해야겠다. 밤 8시에 야식이 한차례 있었다. 대부분 저녁식사 후인데도 야식을 잘 먹었다.

나는 오후불식 하느라고 그냥 넘겼다. 옆사람들이 식사를 서로서로 권하면서 내게 큰 관심을 보였다. 나는 조용조용히 금강경을 독송하면서 식사시간을 넘겼다. 기차도 식사시간에는

340

정거장이 아닌 벌판 가운데서 잠시 멈추었다 떠나곤 하였다.

인도가 나의 모국처럼 느껴진다. 영어가 서투르지만 약간 늘었는지 이야기가 그런대로 이어진다. 무엇이나 오래 끈기 있게 하고 볼 일이다.


# 나가르주나 콘다


3월 21일 (수)

덥고 갈증이 오는 시간이 계속되었다. 새벽 6시 반경에 예정대로 하이드라바드에 도착한 이후 강행하여 쉬지 않고 목적지 '나가르주나 콘다' 까지 와서 여장을 풀었다. 더운 기운이 마치 한증탕 속같이 느껴진다.

점심을 먹고부터 계속 물을 벌컥벌컥 마서댔다. 갈증이 심하였다.

12시 무렵에 나가르주나 콘다에 와서 댐을 살펴보고,

"용수(龍樹 : 나가르주나)보살 이름대로 용수보살 고향이 바다 밑 용궁에 잠기었군."

하는 말이 절로 나왔다.

댐의 크기로는 세계에서 몇 번째 간다고 한다. 인공호수는 3위인데 댐 길이가 10㎞, 넓이가 23㎢의 규모이다.

바다같이 넓은 호수 가운데에 고고학박물관이 들어서 있

다. 1969년 댐이 이뤄졌으나 박물관은 3년 전(1966. 4.)에 개관된 바 있다.

반가부좌하고 앉아서 설법하시는 석불(石佛)이 눈길을 끈다. 뱃길로 왕복 2시간 걸렸다.

이곳은 '안드라 프라데쉬' 주이고 언어는 테루구를 주로 쓴다.

초등학생들과 함께 배를 타고 가던 중 그들이 서로 '아차!' '아차!' 하면서 이야기 하는 모습을 지켜보고 느낀 점 몇 가지를 적어둔다.

① 손짓을 많이 한다.

② 고갯짓을 많이 한다.

③ 제스처를 많이 하여 무척 다정하고 솔직하게 이야기하는 듯 느껴진다.

이 점은 어른들에게도 통하고 다른 주 사람들에게도 역시 통한다고 생각한다. 상대방의 이야기를 들으면서 자주자주,

"아차!"

하고 사잇말을 넣어 장단을 맞추는 습관이 인도 사람들에게 있다. 아차란 말은 좋다는 뜻이지만 사잇말로서는 그저 '응!', '그래', '그렇군!' 할 뿐 다른 뜻이 없다. 긍정도 부정도 하지 않는 말로서 장단을 맞추는 말일 뿐이다. 이래서 대화가 발달하고 폭력이 뒷전으로 물러나는가보다.

**3월 22일 (목)**

산이 섬이 되고 절과 마을이 바다밑에 들어가 수장(水葬)된 '나가르주나 콘다' 의 해돋이와 해넘이를 본다. 무상(無常)함

이 절로 앞선다. 공종(空宗)의 대가(大家) 나가르주나 스님은 이 마을에서 2세기 무렵 태어나 날란다대학에서 공부한 후 교수로 지내다가 이곳으로 되돌아와서 불교대학을 크게 세우고 남인도 불교 중심지로서 발돋움하는 데 역할을 하신 분이다.

몇몇 마을 사람들과 이야기를 나누며 이 나가르주나 내력에 대한 소견을 들어보았으나 잘 아는 이가 없다. 그저 옛날 불교사원이 많이 있었던 곳이라는 정도밖에 모르고 있다.

아침식사는 이곳 특식으로 먹었다. 남인도 음식으로 잘 알려진 백설기 비슷한 빵떡이다. '위트'라고 하는 이 빵떡은 3개에 1루피한다. 보자기 위 반죽한 위트를 둥글둥글 만들어놓고 빵 찌듯이 찜통에 쪄낸다. 맛이 담박해서 좋다.

화엄경의 출처가 바로 이곳 나가르주나 콘다로 알려져 있다.

용수보살이 불지혜(佛智慧)를 터득하여 청정한 광명이 쏟아져 나오는 경계에 들어서면서 스승 마명보살의 가르침을 이어 화엄경을 송출(頌出)한 것이라는 견해는 있을 법한 이야기이다.

"화엄경은 부처님이 처음 부다가야 보리수 아래에서 정각을 이루실 때에 최초로 송출한 경전이다."

이 견해는 역사적 사실과 동떨어진 일면이 있음을 누구도 부인하지 못한다. 신심(信心)으로 성(聖)스러움을 드높이는 것까지는 좋으나 그렇다고 드러난 역사적 사실까지 젖혀두려고 해서는 안될 일이다.

"화엄경은 용수보살이 송출한 게송을 중국 사람들이 그들의 사유대로 방대하게 재편집한 것이다."

　이런 견해가 확실한 역사적 사실을 바탕으로 세워졌음에도 불구하고 드러내서 발표하기를 꺼려하는 데에는 무슨 까닭이 있을까.

　첫째, 불교가 신비스러움과 성스러움을 간직하고 있다고 생각하여 이 사실로 인하여 훼손될까 염려하기 때문이다.

　둘째, 지나치게 천착하여 따져 들어가게 되면 종교의 근본이 흔들릴까 염려하기 때문이다.

　그러나 이 두 염려는 전혀 노파심절한 기우에 지나지 않는다고 이곳에 와서 다시금 생각한다.

**3월 23일** (금)

　무척 더운 날씨다. 춘분이 지나면서 남인도는 그야말로 찜통 같은 더위다. 밤에도 섭씨 34도 더위로 잠이 잘 오지 않는다. 밤중에 몇 차례 깨었다가 다시 자곤 한다. 낮에는 열차 안에서 더위에 시달렸다.

　붉은 데는 고추밭이고 흰 데는 목화밭이다. 기차는 붉고 흰 벌판 가운데를 가로지르고 서쪽에서 동쪽으로 6시간 달려왔다. 목적지는 군투르역으로 여기서 아마라바티와 마드라스 두 곳을 왕래할 것이다. 점점 호텔 시설이 좋아지면서 값은 낮아지는 듯하다. 군투르 '스리랑카 로지'는 20루피짜리 독방인데도 깨끗하다. 이 지방 물가도 대체로 싼 편이다.

　오늘 나가르주나 콘다에서 이곳 군투르로 오던 중 일어난 에피소드를 적어둔다.

　아침 일찍 나가르주나 콘다를 출발하여 히치 하이크로 마

344

첼라까지 왔다. 인심좋은 트럭운전수는 좋은 식당(아마 단골인 듯)까지 안내해 주었다. 여기서 도사(밀가루 부침) 하나와 색다른 음식도 맛보았다.

식당 주인 여자와 주위 사람들에게 나를 소개하면서 퍽 자랑스러워하는 눈치였다.

마첼라 기차역에 와서 군투르행 기차를 기다릴 때였다. 역 대합실 안은 깨끗하였다. 매표구가 특이하게 남녀가 따로따로 있는 등 퍽 예의를 갖추려고 애쓴 흔적이 엿보였다.

나는 다리를 뻗고 의자 위에서 자고 있는 소년 옆자리에 앉아서 조용조용히 금강경을 독경하기 시작하였다. 이건 요즘 개발한 나의 피서법에 속한다. 불볕 더위가 섭씨 36도를 오르내릴 때에는 그저 포켓에 담고 다니는 금강경을 독송하는 게 상책이다.

한 5분 가량 금강경을 독경하고 있을 때였다. 갑자기 웬 중년사내의 고함소리가 귓전을 때렸다. 무슨 말인지, 이 지방 말씨인 테루구 같기도 하나 알아들을 수가 없다.

두 번째로 다시 같은 말로 고함을 쳤을 때였다.

내 곁에서 다리를 뻗고 자던 소년이 일어나서 다리를 모으고 앉아 단정히 있었다.

아마 이 중년사내의 고함소리는,

"다리를 뻗대고 자다니! 경을 읽는 사람 쪽에 발을 뻗대고!"

이런 소리였는가 보다. 주위 사람들도 하나 둘 깨어 일어나 내 모습을 지켜보며 단정히 앉았다. 흰 개 한 마리는 입구 쪽에서 배를 볼록하게 하면서 숨을 크게 내쉬고 누워 있을 뿐 대합실 안의 사람들은 모두 앉아 있다.

내가 금강경을 독경하는 줄 그가 알 리 만무하다. 하나 그는 내게 경건히 합장을 올리며 예의를 표하고 조심스럽게 떠나갔다.

옛날부터 금강경을 독경하는 이 곁에는 금강역사(金剛力士) 등이 보살핀다더니 이와 같은 예인가. 하여간 그 중년사내는 발을 뻗고 자는 소년을 향해 여러 차례 고함을 지르고 내게는 합장을 하고 한동안 서 있다가 떠나갔다. 용수보살 주위 마을 사람이라 그런지 좀 다르다. 농부차림의 그 중년사내의 합장 올리는 모습과 맑은 눈빛이 오래 기억에 남는다.

# 아마라바티

3월 24일 (토)

기원전 2세기부터 기원후 3세기 무렵까지 약 500년간 번영하였던 아마라바티박물관과 부처님 사리탑인 마하탑 부지를 돌아보았다. 아마라바티는 군투르에서 북쪽으로 32㎞ 떨어진 조그만 마을이다. 2천 년 전에는 안드라 프라데시주 수도였다고 하나 지금은 그 자취를 찾아보기 힘들다. 옛날 이곳 20여 큰 절에는 1천여 명의 스님들이 머물러 있었다고 한다. 아니짜(무상)!

푸른빛을 약간 띤 흰 대리석의 거대한 마하탑은 산치대탑의 연대와 형식이 비슷하나 규모는 훨씬 크다.

현재 원형은 남아 있지 않다. 아마라바티박물관과 마드라스박물관에 부숴진 조각 일부가 옮겨가 있고 부지만 보존 중에 있다.

대리석의 석각은 좁은 간격으로 각 ㎝마다 정교하게 새겨져 있다. 내용은 부처님의 생애와 본생담 등이다. 산치대탑보다 더 빼어난 석탑이다. 아깝게도 마을사람들이 헐어다가 건축자재로 써버린 탓으로 조각 일부만 살펴볼 수 있다.

**3월 25일** (일)

에어컨이 있는 방으로 옮겨와서 종일 독서하고 여행일정을 정리하였다. 어제는 눈병이 생겨서 처음으로 약방에 가서 약을 사먹었는데 오늘은 좀 나은 편이다.

원인은 알 수가 없다. 눈곱이 끼고 눈이 약간 부어올랐다. 삭발을 하였다. 언제나 삭발하고 난 뒤의 기분은 날 듯하다. 이 맛에 중노릇 한다는 말이 나온다.

체중이 많이 줄어들었다. 무게는 달아보지 아니 하였으나 뼈가 여기저기 드러나 보인다. 아마 60kg 이하로 많이 내려갔을 것 같다. 한 달 전에 옷을 입은 채로 저울 위에 올라서 본 적이 있다. 그때에도 60kg을 조금 넘었다. 안색이 맑고 몸은 날아오를 것같이 가뿐하다. 아마 정상궤도에 오른 모양이다. 오후불식을 하고 시간 나는 대로 정진하는 일이 즐겁다.

과일이 풍성하다. 청포도·수박·바나나·페루(무화과맛)·코코넛·사포다(단감맛)·파파야(참외맛) 등이 제철이고 오렌지와 망고는 아직 이르다.

그 외에도 이름 모를 과일이 거리에 많이 쏟아져나와 입맛을 돋운다. 아침식사는 식빵 두어 조각에 우유 한 잔을 하고 나서 과일을 먹는다. 낮에는 12시 이전에 남인도정식을 시켜 먹는다. 쌀밥이 북쪽보다 더 낫다. 도사(부침)는 남인도 음식의 특식이다. 어느 지방보다 값이 헐하나 음식맛은 좋다. 그러나 이상야릇한 반찬이 여러 가지 나와 나를 당황케 한다. 담박한 음식, 깨끗한 음식을 좋아하는 나는 몇몇 반찬에 손을 들고 말았다. 짜디짜고 이상한 맛이 나서 먹으려다가 뱉아버린 적이 있다.

요즘 안색이 좋아지면서 코의 붉은 기운이 아주 사라졌다.

담박하게 음식을 먹으면서 오후불식한 때문인지 모른다. 내 붉은 코를 보고,

"딸기 코 같다."

이런 말을 한 이들이 있었다. 이젠,

"비너스 코다."

라고 할지도 모른다. 스님은 역시 오후불식을 할 필요가 있다. 오후불식을 지키는 스님이 많아질 때에 승가의 기풍도 여법하게 바로 서리라고 본다. 우리나라 승단에는 무엇보다 오후불식이 급선무가 아닐까.

**3월 26일 (월)**

편지를 여러 통 썼다. 여름 안거에 들어가기 위해서 늦어도 5월 초순까지는 귀국한다는 내용 등을 썼다. 오렌지색 남방가

사를 입고 찍은 사진도 함께 보냈다.

앞으로 약 한 달간 스리랑카와 태국을 순례하고 나면 나의 일정은 끝난다. 근본불교의 현장을 살펴보고 계율존중사상 등의 좋은 점들을 배우고 싶다.

오늘은 밤차로 마드라스를 거쳐서 칸치푸람까지 갈 예정이다. 약 476㎞의 남인도행 일정이다.

선종(禪宗)의 시조(始祖) 보리달마(菩提達磨)의 고향 마을 칸치푸람이 이번 순례의 목적지이다. 칸치푸람은 주요한 불교 성지임에 틀림없다.

보리달마 조사는 왕자로 태어나서 일찍 출가한 후 중국에 건너가서 불교를 혁신시킨 분이시다.

북방불교의 생명인 선(禪)이 보리달마 조사의 가풍으로 전해져 내려온 만큼 그가 차지하고 있는 비중은 매우 커서 불보살(佛菩薩)의 후신이라 할 것이다.

요즘 선에 관심이 높아가고 있고 이와 비례하여 선이 그릇 전해지는 경향이 심해지는 듯하다.

선을 전혀 알지 못하는 이들이 선을 상품화하는 경우로, 선을 소개하는 책자가 많이 쏟아져나와 있으나 거의가 선의 문턱에도 들어서지 못한 이들의 저자들이다. 서양에 선을 소개한 일본인 학자와 같은 분류는 백해무익(百害無益)할 뿐이다.

다음으로는 선원 정진제도의 문제점으로 기초 지도가 전혀 없는 수좌들이 공안(公案)만 그릇 지니고 허송세월을 보내게 하는 폐단이 있다. 스승과 제자 사이에 가르침을 주고 배움을 받아들이는 진지한 선원 가풍이 약해져가는 경향이 있다.

이제는 우리나라에 비파사나 보급을 넓힐 필요가 있다. 선의 가치는 더욱 높아지고 위치는 더욱 확고해지리라 여겨진다. 선은 천재교육이고 비파사나는 일반교육에 속한다는 비유는 적절하다고 생각한다.


# 칸치푸람




칸치푸람은 현재 힌두교 7대 영장(靈場)의 하나이다.

선사(禪師)의 고향마을다운 흔적이 남아 있지 않다. '황금의 도시'란 뜻을 지닌 칸치푸람에서 관광안내소 등 알 만한 곳을 찾아다녀보았으나,

"달마, 보리달마가 누구요?"

할 뿐이다. 나는 노트에 쓴 달마대사 행장부분을 그들에게 보여준다.

"그는 약 1600여 년 전 이곳에서 왕자로 태어나서 스님이 되었다. 보리달마는 크게 마음을 깨치고 중국으로 건너가서 선법(禪法)을 전하였다. 선종(禪宗)의 제1대 조사 달마대사의 진영(眞影)은 곳곳에 모셔지고 있다. 역사적인 선은 달마대사의 가풍이다."

현재 16만 명의 인구가 모여 사는 이 도시 어느 곳에도 달마대

사의 흔적은 없을 것 같다. 나는 허탈해진 마음으로 끼니를 굶어가며 칸치푸람까지 2천리 길을 강행해 온 자신이 우스웠다.

돌아오는 버스 안에서 나는 새로운 사실을 하나 발견하였다. 내가 탄 버스차장은 중년사내인데 눈매와 콧수염이 어쩌면 그렇게도 달마대사 진영과 흡사했던지 모른다. 움푹 패인 눈과 긴 눈썹은 영락없는 달마대사다.

한참 벌판 한가운데를 쾌속으로 질주해 오던 버스가 잠시 멈추어 섰다. 중간 정류장인 모양이었다.

이때였다. 머리에 꽃을 꽂은 여자가 뒤를 돌아다보았다. 내 앞자리에 앉아 있는 뚱뚱한 중년여자다. 별일이 없는 성싶은데 그냥 차가 멈추어서 뒤를 힐끗 돌아본 듯하다. 나는 그녀의 눈매가 역시 달마대사와 흡사하다고 느껴져서 주위 사람들의 얼굴을 낱낱이 살펴보았다. 그러고 보니 남녀가 모두 이 남쪽지방 타밀나두주(州)의 사람들은 하나같이 달마대사와 같은 눈썹과 눈들이다.

인도 사람들의 얼굴 특징은 다음 몇 가지가 두드러진다.

첫째, 눈썹이 붓으로 그린 듯 진하고 긴 편이다.

둘째, 큰 눈이 움푹 깊이 패어 있다.

셋째, 남자들은 대개 콧수염을 기른다.

넷째, 턱수염과 구렛나루를 기른다.

남쪽지방 사람들은 더욱 강한 인상을 준다. 얼굴빛도 많이 검은 편이다. 굳이 버스차장이나 중년여자를 달마대사에 비유하지 않더라도 이 지방사람 모두가 달마대사의 진영처럼 퍽 특징있는 얼굴임에 틀림없다.

귀국 비행기표 예약을 마치다.

오전에는 고고학박물관을 살펴보고 오후에는 고고학연구실에 들렀다. 이곳 박물관은 규모가 크고 진열품목도 많다. 특히 아마라바티의 마하탑(부처님 사리탑) 석물(石物) 조각품들은 별실에 보관되어 있다.

불상과 탑 등의 파편 혹은 반파된 석각품(石刻品)들을 대할 때마다 가슴이 아려온다. 특히 불두(佛頭)부분에서는 나의 육신을 떼어간 듯한 아픔이 앞선다.

이곳에서 특이한 점 몇 가지가 있어 적어둔다.

부처님이 반가부좌하고 계시는 모습이 더러 눈에 띈다. 요즘 선방에서도 반가부좌하는 이가 많은데 미리 예견하고 계신 듯한 모습이다.

불족(佛足) 석각품이 단순한 느낌을 준다. 실물묘사보다 예술작품 쪽으로 치중하기 때문일까.

보리달마 조사의 기록을 더듬기 위해 고고학연구실을 방문하고 몇몇 자료를 구하였다.

고고학연구실 도서관 사서(司書) 한 분이 '보리달마'를 기억하고 있을 뿐 다른 이들은 전혀 알지 못하고 있었다.

무심한 고향사람들이다.


## 보리달마

7세기경에 현장(玄裝 : 639)법사와 의정(義淨 : 671) 스님이 중국에서 건너왔다. 현장법사의 기록은 다음과 같이 나와 있다.

보리달마는 칸치의 왕자였다. 서기 520년에 중국으로 건너가서 양 무제를 만났다.

보리달마는 제28대 조사로 추앙받을 뿐만 아니라 선(禪)의 개창자로 모셔져서 그를 후세에 길이 전하기 위한 절이 지어져 있다.

(Srinivasan C.R., 《역사속의 칸치푸람》 Kanchi Puram through the Ages, 델리, 1979, pp.233~324)

또 다른 책에 보리달마의 기록이 있다.

① 인도에는 그의 법어집이나 행장기 등의 기록이 전혀 없다.

② 보리달마는 팔라바라자 왕가의 칸치왕의 셋째아들이다.

③ 관법(灌法)을 행하였다.

(Dr. Nagaswamy R., 《남인도 연구》 South India Studies 3, 마드라스, 1979)

보리달마의 가르침을 중국에서는 선이라고 하나 일본에서는 젠(Zen)이라고 부르고 있다.

칸치푸람 태생으로 보리달마 조사와 같은 시대 인물인 유명한 달마 팔라(Dharma Pala)법사의 기록이 있어 몇 가지 적어둔다.

6세기경 칸치의 고관 아들로 태어난 달마 팔라는 공주와 결혼하였다.

현장법사의 기록에는 다음과 같은 이야기가 나온다.

"그는 출가하여 날란다대학에서 공부한 후 대학장이 되었으며, '보살' 칭호를 받을 만큼 훌륭한 수행자였다."

그의 저서로 몇 가지가 남아 있다.

# 스리랑카

3월 29일 (목)

스리랑카의 수도 콜롬보 남쪽 시외에 자리한 '파라마 담마 차티야' 라는 큰절에 와서 머문다.

상주 대중은 35명이고, 외부에서 출석하는 학인까지 합한 숫자는 99명이라고 한다.

마침 한국에서 두 스님이 두 달 전에 와서 기숙사 생활을 하고 있다. 맛있는 김치국수 대접을 받았다. 두 스님은 정덕(正德) 스님과 능혜(能慧, 尼) 스님으로 이곳 불교와 언어를 공부하는 중이다.

"장차 남방불교의 원전과 수행방법을 익히고 싶어요."

"중국 불교를 통해 전해진 우리나라 불교의 현실에서 한걸음 더 나아가 근본 불교 입장을 받아들이는 것입니다."

두 스님은 남방불교권에 뛰어든 용기 있는 젊은 스님이다. 다각적인 면에서 불교를 공부하는 해외 유학승에 대한 종단적인 후원이 크게 아쉽다. 그들은 모두 인도의 10여 명 유학승과 마찬가지로 개인 자격으로 초청받아 건너와서 경비 일체를 스스로 부담하는 중이다.

경비를 조달하는 방법으로는 대개 은사 스님과 그 밖의 안면 있는 스님들이 어렵사리 대어주는 형편이다.

새 일꾼들의 장한 뜻이 크게 펴지길 발원한다.

오랜만에 밤비소리를 들으며 일기를 쓴다.

스리랑카 이 지방은 소나기가 맑은 날씨에도 때없이 내려서 우산을 반드시 가지고 다녀야 한다고 스님들이 일러준다. 밤중에도 비가 내리는 일이 자주 있다고 한다.

시원스레 주룩주룩 내리는 밤비소리를 듣는다. 비행기에서 내려다본 야자나무숲이 짙은 이유를 이제 알 만하다. 같은 더운 지방이나 인도는 비가 적다. 우기(雨期)에만 몰아쳐 쏟아질 뿐이다.

스리랑카의 첫인상을 적어둔다. 불교국다운 거리 풍경이다. 거리에는 곳곳에 초대형 부처님상(像)이 많다. 좌불은 하나같이 반가부좌 자세이다.

**3월 30일** (금)

봉암사 선원 큰방이 누전사고로 불타버렸다는 비보를 전해 들었다. 내가 국내에 머물고 있는 처지라면 봉암사에 속히 가서 복구 불사에 임할 터인데 싶다. 구산선문(九山禪門)의 기둥 역할을 해온 봉암사 선원이 속히 정진할 수 있는 분위기를 되찾기를 빈다.

오전에는 두 스님들과 비파사나의 이론 및 실습을 마치고 오후에는 콜롬보 시내에 나가 몇 가지 일을 보고 들어왔다.

4월 9일 10시에 콜롬보에서 출발하는 태국의 방콕행 비행기표 예약을 마쳤다. 스님의 대우로 40%를 할인해 주어서 130달러를 지불하였다.

4월 8일까지 스리랑카의 불교 현황을 살펴볼 예정이다.

스리랑카에 거주하는 한국 사람은 약 300명 가량 된다고 한

나마스테  355

인회장 이상원씨는 말한다. 그가 경영하는 고려식당에서 점심과 저녁을 맛있게 먹었다.

스리랑카 섬 모양이 마치 코코넛(야자수 열매) 같다.

주요 성지로는 콜롬보 교외에 캘라니 사원, 파라마 담마 차티야 사원 등이 있다.

또한 캔디 불치사(佛齒寺)와 아누라다푸라의 불탑(佛塔)과 보리수 등 옛 수도의 자취가 볼만하다.

**3월 31일** (토)

점심은 인도 마드라스시(市)에 사는 불자들의 대중공양이다.

이곳 대중스님들과 잘 차려진 점심을 먹었다. 식당은 테이블식으로 식당 방 가장자리에 놓여 있다. 테이블 안에 수도가 있어 손 씻기가 좋다.

식당 가운데 테이블 위에는 공양물이 쌓여 있다. 신도들이 스님들 앞에 하나하나 가져다놓고 합장을 올린다.

음식은 가히 산해진미(山海珍味). 생선·육고기·다히(우유 띄운 음식) 등 색다른 음식이 눈에 띈다. 손으로 잘 섞어서 집어먹는 맛이 괜찮다.

공양 후 컵과 수건을 한장씩 대중공양 올리는 것으로 마쳤다. 공양을 올리는 의식이 우리나라 절에서 행하는 절차보다 여법하다. 삼귀의 선창 다음에 법문이 있다. 신심을 북돋아주는 데에 좋은 효과가 있을 듯하다. 어린이들도 어른들 틈에 끼어서 합장하고 있는 모습이 이색적이다.

스님들은 공양 중에 웃고 말하는 자유로운 분위기다. 아마 테이블 위에서 공양하기 때문에 분위기가 서구식을 따라가서 그런 것 같다.

시대가 흐르더라도 스님의 법공양은 반드시 정좌하고 바로 공양해야 하지 않을까. 테이블 위에서 웃고 떠드는 법공양은 바람직하지 못한 현상처럼 느껴진다.

오렌지색 가사를 입고 우리 승복 동방을 빨래하였다. 스님들이 모두 좋아한다.

"지묵 스님은 이제 테라바다 중이요."

안면있는 스님이 한마디 한다.

이제는 짐을 모두 이곳에 맡겨두고 홀가분하게 오렌지색 가사 차림으로 이웃동네 가듯 캔디, 아누라다푸라 등을 순례할 차례다. 우산과 수첩 기타 가벼운 것 몇 가지만 쪼래기에 담아 떠난다. 오후 2시 30분.

콜롬보 시내에서 북동쪽으로 15㎞ 떨어져 있는 천년 고찰 캘라니 절에 와서 쉰다. 융숭한 대접으로 에어컨이 있는 방에서 편안하게 잔다. 2개월 전에 불일암 스님 일행도 이 절을 참배하셨다는 소식을 전해 듣는다.

캘라니 절은 불상과 벽화가 유명하다. 또 보리수 고목이 서 있어 참배객들의 공양기도가 끊이지 않는다.

스님들의 예우가 대단하다. 줄지어 서 있는 데서 스님은 무조건 맨 먼저 앞자리 차지다. 차 안에서 사람들이 자리를 양보해서 스님에게 내어준다. 시내버스 차비는 잘 받지 않는다.

코코넛(야자)이 제철이다. 한 개에 킹코코넛(물 코코넛)은 4~6 루피이고, 영코코넛(과일 살점이 두터운 코코넛. 수염이 있다)은 이

보다 1~2루피 비싸다. 영코코넛 수염으로 침대의 쿠션을 만든다. 매일 목마를 때에 킹코코넛을 사서 마신다. 아무리 마셔도 싫증이 나지 않는다. 오후 8시 30분

4월 1일 (일)

스리랑카의 설날로 남인도 타밀나두지방도 마찬가지로 쉰다.

콜롬보에서 북동 192㎞ 떨어진 고도(古都) 아누루다푸라에 와서 스리마하 보디 츄리 사원에서 쉰다. 이 절을 보리수로 유명하다. 경내에는 최초로 보리수를 전한 상가미타 비구니의 모습이 소조되어 모셔져 있다.

상가미타 비구니는 아쇼카 대왕의 따님이다. 오빠 되는 마힌다 장로와 함께 스리랑카에 건너와서 불법을 전한 연대는 기원전 236년이나 이 연대를 기억하고 있는 이는 아직 만나보지 못하였다. 이곳의 안내책자에는 기원전 247년으로 나와 있다. 그릇된 연대임에 틀림없다.

설날 축제 분위기가 밤이 깊도록 열기를 띤다. 악대가 신바람을 일으킨다. 나는 캘라니 절에서 보시받은 새 가사를 입고 흰 연꽃 다섯 송이를 공양 올린 뒤에 금강경을 독경하였다. 설날 기분이 무르익는다.

4월 2일 (월)

스리랑카 초기 불교는 애초부터 주술 밀교적 신앙과 거리가 먼 데서 출발한 테라바다(上座部)이나 요즘 곳곳에서 행해지고 있는 설날 법회 행사 모습은 의아스런 느낌을 갖게 한다.

노스님 한 분과 젊은 부부가 기도하고 있는 광경이 다분히

주술적이다. 보리수 앞에서 약 30분 동안 노스님은 남편의 한 편 팔뚝을 잡고서 무어라고 중얼중얼……. 내용은 싱할라(스리랑카 말)로 하기 때문에 알 수가 없다. 액땜 기도로 느껴진다. 반복되는 말들은 아마 발원하는 말이거나 진언(眞言)에 속하는 말 등일 터이나 나에게는 진언으로 받아들여진다. 노스님의 모습과 남편과 아내의 기도하는 표정이 그렇게 생각하게 한다.

인도에서는 어느 특정 종교에 한하지 않고 종교행사로 실을 몸에 지니게한다. 실 목걸이·실 팔찌 등이 그것이다. 여기서도 보리수 앞에서 기도한 후 팔뚝에 실을 묶는 모습이 보인다.

4월 3일 (화)

폴론나루와 호숫가에서 목욕을 하고 가사를 빨아서 풀밭에서 말렸다. 더위에 길을 걸어가는 게 고역이다. 옷이 땀에 젖어 몸에 달라붙곤 할 때에는 몹시 피곤하다.

갈 비하라(절) 석불참배 길을 나섰다가 길가 목각공장에 들렀을 때였다. 주인에게 목공들의 목각기술에 관한 내 의견을 들려주었더니 기뻐하였다.

"……이곳 목공들은 칼질이 뚜렷한 목각 표면을 곱게 문질러버리곤 한다. 매끄러운 표면은 생명력이 없다.

목각 예술품의 표면은 칼질 자욱이 생명이다. 문질러서 보기 좋도록 꾸미지 말라. 칼질 자욱이 거친 그대로 남겨둬라! 왜 살아 있는 목각품을 마지막 처리과정에서 죽일 필요가 있는가?"

나마스테  359

이곳 좌불상은 모두 반가부좌 자세이고 육계정상이 아주 작고 화광이 높이 숫구치는 모습이 크게 나타나 있다.

기념품 값은 어디나 마찬가지로 바가지 요금이다. 무조건 부르는 값에서 3/4을 깎아서 살 필요가 있다.

달밤에 택시로 유적지를 돌아보았다.

스리 팔크람 라마야 절의 주지 스님(라트나 조티)의 도움으로 절 택시로 약 1시간 동안 이곳저곳을 참배하였다.

석불은 갈 비하라의 부처님이 뛰어났다.

스리랑카 불교현황을 알아보았다. 스님 수효는 약 7만 5천 명이고 불자 수효는 약 1천 300만 명이며 절 수효는 약 1만 7천 사찰이라고 한다. 스리랑카 현재 인구는 약 1천 600만 명으로 불자는 이 가운데 75%를 차지한다고.

스리랑카의 대표적 석불들

아침 끼니를 굶고 절에서 나와 길가 구멍가게에서 간단히 얻어먹었다.

스리랑카에서는 절에서 재워주는 일만으로도 감지덕지해야 할 판이다. 선풍기가 없는 방, 모기가 들끓는 방에서라도 재워준다는 게 희유한 일이다. 안면친분이 없으면 아침 끼니를 내어주는 절이 드물다. 나그네가 굶고 떠나게 내버려둔다.

다행히 방값을 내리라고 하지 않는 주지 스님에게 감사해야 할 형편이다.

인도 네팔에서는 절에서 잘 때에 대략 1달러씩 낸다. 의무적으로 내라고하는 절도 있다. 대개는 성금 명목으로 받는다.

버스에 오를 때마다 차장이 소리내어 하는 말의 뜻을 모른다. 빈 좌석이 곧 마련되기 때문이다.

"스님이 오르십니다! 자리를 비워주시오!"
하는 말 같았다.

운전수 뒷자석에 앉았던 승객은 얼른 일어나서 자리를 비워준다. 좌석 곁에는 페인트로 '성직자 좌석' 이란 말이 씌어 있다. 그러나 현지 유학생 스님의 말은 내 추측과 다르다.

차장은 자리를 비우라는 말을 하지 않는다. 여행자의 주마간산격 견문에는 이렇게 오류가 많다.

담불라 석굴을 뜨거운 대낮에 참배하고 바로 캔디로 향하였다.

유서 깊은 불치사(佛齒寺)에 참배하고 대강원이 있는 아무누가마 절에서 쉬고 있다. 학인 수는 250여 명.

불치사에서 아무누가마 절에 오기까지 이야기가 남아 있어 기록해 둔다.

## 힘든 나그네

땀에 젖은 가사에서는 냄새가 물씬 난다. 가만히 나무그늘 밑에 앉아 있어도 땀이 흐르는 무더위에 움직이는 일부터가 고역이다.

해가 뉘엿뉘엿 지고 있다. 나는 불치사를 참배하고 절에서 나왔다. 숙소를 정하는 일이 이제 급선무다. 어서 빨래를 하고 쉬고 싶다. 갈증과 피곤이 겹쳐온다. 나그네는 여름이 지겹다.

호텔을 찾아들어갔으나, 지배인이 절에서 묵을 것을 권한다.

"호텔은 모두 찼어요. 스님은 불치사 큰절에 가서 쉴 수 있을 터인데요."

하긴, 처음부터 절을 생각하지 아니 한 게 아니다. 다만 오늘 아침에 절에서 굶고 나온 게 마음에 남아서 오늘 저녁은 호텔을 찾아들고 싶은 심정이다.

나는 음료수 파는 집에 가서 시원한 차를 한잔 하고 주인 아주머니에게 물었다.

"이 주위 절에서 머물만한 곳이 있습니까?"

"불치사가 좋아요."

나는 다시 느릿느릿 걸어서 불치사에 닿았다. 젖은 가사자락이 걸음을 옮길 때마다 다리에 감겨온다. 불치사를 떠나 다시 다른 절로 갈 마음이 나지 않는다.

마침 절 안의 안내소에 처사가 있다.

“나는 한국서 온 성지순례자입니다. 오늘 저녁을 이 절에서 머물 수 있소?”

그는 난처한 표정을 짓더니,

“방이 없습니다.”

하고 조심스럽게 대답한다.

“스님들을 만나보고 싶은데요.”

내가 물러나지 않고 말하였다.

“안으로 들어가보시오.”

그는 손으로 큰 법당 쪽을 가리켰다.

나는 종잡을 수 없는 형편에 놓였다. 어떤 처사는 절에 방에 있다고 한다. 또 스님은 방이 없다고 한다. 내가 부처님 치아 사리를 모신 불당 앞에 앉아서 금강경을 한 차례 독경하고 아래층 계단으로 나올 때였다.

50대 중후한 스님이 주지실에서 나오자 예를 올리고 물었다. 아마 다른 이들이 이 스님에게 대하는 모양으로 보아 주지 스님이거나 또 다른 요직의 스님임에 틀림없다.

“저는 한국서 온 성지순례자입니다. 오늘 저녁을 이 절에서 머물 수 있겠습니까?”

그는 입안에 씹는 담배를 우물거리며 말한다.

“없소. 다른 데로……”

크게 손을 내저어 보인다.

이젠 할 수가 없다. 최후의 대답이 거절이다. 힘없이 금강경을 독경할 때에 내 목소리가 몹시 잠겨드는 느낌을 받았다.

아마 나그네의 설움 때문인가 싶다. 그래도 부처님의 법문

을 1시간 가량 독경하는 동안 내 감정이 착 가라앉아 차분해
짐을 느꼈다. 마음의 평정을 되찾아서 불치사를 떠났다.

불치사를 걸어나와 호수가에서 잠시 쉬었다. 바다같이 너
른 호수에 작은 유람선이 힘차게 나아가는 모습이 재미있다.

"이 주위에 절이 있습니까?"

내 곁에 서서 함께 유람선을 구경하고 있는 한 사나이에게
물었다.

"예, 저기 있지요."

그는 불치사를 가리킨다. 잠시 후에 나의 피곤한 모습을 보
고 그가 담배를 한 개비 권한다. 이곳에서는 담배공양이 있다.
아, 이런 때에 담배가 좋구나! 나는 그가 내민 담배를 피워 물
었다. 호수를 가로지르며 지나가는 유람선도 멋있다. 담배연
기를 유람선 쪽으로 내뿜었다. 피곤이 좀 가시는 듯하다.

"불치사 말고 다른 절은 없습니까?"

내가 다시 묻자,

"호수 건너편에 있는 절로 가시오."

그는 대답을 마치고 내게서 떠나갔다.

주위는 어둑어둑해 온다. 가로등이 켜지고 있다. 호수에 비
치는 불빛이 그림같이 아름답다.

나는 호수를 반 바퀴 돌아서 한 절 앞에 와 섰다.

마침 두 스님이 절에서 나오고 있다.

"이 절에서 오늘 저녁을 머물 수 있습니까?"

내가 단도직입적으로 물었다.

"예, 머물 수 있고 말고요."

그들이 쾌히 대답하여 나는 다시 용기를 얻었다. 아무누가마 절에 닿았다. 절 안에서 자동차를 수선하는 일을 감독하고 있는 한 스님을 만났다.

나는 반복해서 만나는 이들에게 내 뜻을 전할 뿐이다.

그는 내게 승당 안으로 들어가서 다시 말을 하라고 한다.

주지스님을 뵙고 쾌히 승낙을 얻었다. 또 한 학인 스님은 1년 후 한국에 갈 것이라고 자기소개를 하면서 친절하기가 이를 데가 없이 잘해 준다.

이층방에 여장을 풀고 목욕, 빨래를 한 후 날라다준 차를 한 잔 하고 나니 기분이 날아갈 듯하다.

"야호!"

**4월 5일** (목)

밤에 소나기가 오다.

오랜만에 아침식사를 제대로 하였다.

무엇보다 이 절 스님들의 환대에 마음이 놓인다. 닭고기 볶음반찬도 잘 먹었다. 담배를 권하였으나 사양하였다.

절에서 나올 때 처사 한 분이 따라 나와서 안내를 해주었다. 아무누가마인은 참으로 친절하다.

거리의 안내판이나 돈에는 세 종류의 글씨가 있다. 영어 · 스리랑카어와 남인도어(타밀나두의 테루구)이다.

영국치세기(1815~1948)에 만들어진 교회 종이 절에 그대로 매달려 있다. 더운 날씨에 그냥 그대로 살고 있기 때문일까.

스리랑카의 절은 이해하기 어려운 일면이 더 있다.

나마스테　365

힌두신을 모신 절이 크게 눈에 띈다. 힌두교 영향이 적잖이 있는 듯하다.

스리랑카에 참배 온 기념으로 혹시 물건을 산다면 '사리탑' 모형이 좋다. 작은 사리탑이 1기에 328리푸(약 6,600원). 전형적인 스리랑카 탑형으로 중앙은 투명하다. 실용적으로 사리를 모실 수 있다.

콜롬보 '파리마 담마 차티야' 절에서 쉰다.

이 절은 정초 법회(7일)중이다. 간혹 악대가 한판 굿을 벌이곤 한다. 그러나 토인 복장을 한 악사들은 법당 안으로 들어가는 일이 없다. 마당 혹은 법당이 아닌 홀 안에서만 굿을 한다.

이 나라 사람들은 '시왈리(Siwali)' 스님을 부처님 다음으로 크게 모시고 있다. 북방에는 전혀 알려져 있지 않은 스님이다. 그는 부처님이 탁발 나가실 때마다 항상 측근에 서 있다가 공양물을 전해 올리는 소임을 한 스님이라고 한다.

**4월 6일** (금)

정초 7일 법회에 동참한 외국스님들이 많다.

네팔 스님이 네 분, 중국 스님이 다섯 분, 한국 스님이 세 분 등 모두 열두 분이다.

특히 중국 스님들과 친밀하게 이야기 나누며 지냈다. 북경(北京) 스님들이 스리랑카에서 3년 이상 머물고 있다는 사실을 알았다.

학우(學愚, 중국 스님) 학인은 내 건강을 위하여 닭고기로 특별 요리를 2시간 가량 정성들여 만들어주었다.

나는 사양할 겨를이 없이 잘 먹었다. 정덕 스님이,

"중국 스님들이 요리를 아주 잘합니다."

하고 일러준다.

중국 본토 순례방법도 알려주어서 기록해 두었다.

중국 본토의 불교인구는 총인구 10억 가운데 약 20%로 2억 정도이고, 기독교는 약 1억이며 국토는 인도의 3배 가량 된다고 한다.

**4월 7일 (토)**

여적 스님이 '파리마 담마 차티야' 절에서 왔다가 떠났다. 무척 건강하고 쾌활해 보인다. 그는 바닷가에서 지낸 탓으로 피부가 많이 탔다. 여행 중의 한 스님이 수업료 낸 이야기도 들려주었다. 길가 암달러 상인들의 속임수에 넘어가서 200달러를 수업료로 냈다는 것이다.

소위 네다바이에 속한 케이스. 돈의 첫 장만 100루피 고액권 지폐이고 돈뭉치 속의 것은 10루피짜리. '바꿔치기'가 수법이다. 이 일은 인도 봄베이 시내에서 있었던 일이다.

대중공양이 끊임없이 들어온다. 음식이 푸짐하다. 밤중에는 다과를 나눠준다. 평소에는 오후불식을 지키다가도 요즘 같은 큰 기도법회 중에서 밤중에 다과시간을 갖는다고 한다. 대중공양 의례 가운데 우리 절에서 보지 못한 절차가 눈에 띈다. 물 주전자를 공양 내는 이가 들고 그릇에 따르는 일을 한다. 예부터 인도에서도 이런 절차가 전해 내려오고 있다. 산치 대불탑의 패널에서 '수닷타의 공양' 장면이 한 예가 된다.

나마스테　**367**

7일간의 정초법회가 사시공양 때 회향하였다. 가사 · 쪼래기 등을 나눠준다. 나는 노란 쪼래기를 받았다. 창건 150주년 기념법회를 겸한 탓으로 '150년'이라고 쪼래기에 수놓아져 있다. 이층 도서관 개원도 함께 하였다.

이곳은 공양할 때 평등 공양법 외에 등차 공양법을 곧잘 행하기도 한다.

공양물로 좋은 물건이 들어왔으나 숫자가 적을 때에는 웃어른 스님부터 순차로 공양 올리고 그친다. 그런 등차 공양을 자주 행하여 눈길을 끈다.

오후에 정덕 스님과 부근 바닷가에 나갔다. 수영을 1시간 반가량 하였다. 목욕 후 파인애플을 바닷가에서 맛있게 먹었다.

스리랑카에서 보낸 열흘이 인도에서 보낸 열 달과 맞먹는다. 그만큼 고생스러웠고 이야깃거리가 많다. 오렌지색 가사의 덕도 많이 보았다. 반면 부자유스럽고 불편한 점도 한두 가지가 아니다. 이 가사로 여행다니는 나그네로서 고충이 크다.

# 태 국

4월 9일 (월)

스리랑카 콜롬보공항을 떠나 태국 방콕공항에 닿은 시간은 오후 3시경이다. 두 나라 공항 직원들은 가사를 입은 스님에게 예우를 극진히 한다. 통관 절차 등도 최우선으로 맨 먼저 검사없이 통과하게 한다.

특히 방콕공항은 내가 거쳐본 몇몇 공항 가운데서 으뜸이다. 허리를 굽히고 합장하며 마치 연락을 받고 환영 나온 이들같이 친절하게 대해 준다. VIP가 따로 없다는 생각이 든다.

나는 사전에 아무 준비없이 방콕에 닿았으나 많은 친지들의 환영을 받는 것 이상으로 마음이 흐뭇하였다.

공항 로비에 나와 있는 관광안내소에서 방콕에 있는 사원들의 주소를 얻었다. 마하타투 절에 와서 쉰다. 이곳 불상의 머리 위는 탑 꼭대기처럼 높이 솟은 게 특징이다. 좌불은 스리랑카와 마찬가지로 반가부좌 자세다.

내일부터 7일에서 10일 동안 비파사나 수련에 들어간다. 나의 지도법사는 영국 스님 로버트. 비파사나를 하는 이들의 표정이 하나같이 해맑다.

공항에서 절까지 30㎞ 오는 길에 방콕거리의 간판에 한자가 섞여있는 모습을 보았다. 택시운전수는 중국인이 많다고 한다. 백만이 넘는 중국인들은 모두 불자들로서 차이나타운을 이루고 산다.

아침에 이슬비 내리다. 태국 시간은 스리랑카보다 1시간 반 빨라서 시계바늘을 앞으로 돌려놓았다.

새벽 5시 반(태국시계)에 일어나 세수를 하러 나갔을 때였다. 노장 스님이 이 절 동자(童子) 일곱 아이를 줄지어 데리고 거리로 나가는 게 보였다.

나도 뒤따라 나가보았다. 이슬비가 부슬부슬 내리는 거리에는 일찍 가게 문을 연 곳이 더러 있다. 한 10분 쯤 비를 맞으며 걸어가다가 한 버스 정류장 앞에서 멈추어 섰다. 그들은 25번 버스를 타고 떠났다.

절로 돌아오는 길에 탁발 나오는 스님들과 마주쳤다. 나는 다시 한 노장 스님이 탁발 나가는 뒤를 따라가 보았다. 맨발에 큼직한 발우를 두 손으로 안고 지나갈 때에 사람들이 공양물을 올렸다.

흰밥을 소복히 담아와서 거리에서 스님들을 기다리고 있다가 주걱으로 밥을 떠 담아주곤 하였다.

반찬은 비닐봉지에 담아서 주었다. 돈을 한 장씩 공양 올리는 보살님도 있었다. 20분쯤 따라가 강가 나루터에 닿아서 걸음을 멈추어 섰다. 탁발 나온 스님들이 비를 맞고 나루터에 많이 와서 기다리고 있다. 잠시 후 그들은 배를 타고 강을 건너갔다. 나는 6시 50분에 절로 되돌아왔다.

하루 8시간 정진으로 태국식 비파사나 훈련에 들어갔다. 오늘 아침밥은 굶었다. 탁발을 구경하다가 식사 시간을 넘긴 탓이다. 점심은 아주 잘 먹었다. 내 경험으로는 중국 절과 태국 절의 음식이 제일 풍성하다. 태국 절은 가히 산해진미를 정성 들여 올린 공양물이었다.

망고 과일도 잘 익어서 달콤하기 이를 데 없다. 닭고기와 생선요리를 잘한다. 담배는 방마다 식후에 피우는지 연기냄새가 내 방에까지 난다.

대만 절은 육식을 하지 않고 있으나 중국 본토 스님들은 육식요리를 아주 잘 만든다.

오후불식을 절에서 하기 때문에 자연히 소식(小食)하게 된다. 오늘은 배가 몹시 고프다.

오는 4월 13일 오전 9시에 절 밖으로 나가서 신도집 대중공양에 동참하기로 하였다.

'보디팔로' 란 인도 스님이 내게 퍽 친절하게 대해 준다. 어딜 가나 스스럼없이 도와주는 이들이 있어 즐겁다.

**4월 11일 (수)**

오전에는 '걸음걸이 다섯 단계' 훈련을 하였다.

① 발꿈치를 든다.

② 발을 뗀다.

③ 발을 옮겨서 앞으로 내민다.

④ 발을 내린다.

⑤ 발이 바닥에 닿는다. (1시간씩 정진한다)

앉은 자세 네 단계는 다음과 같다.

① 배가 불러온다.

② 배가 내려앉는다.(이상은 숨 쉬는 모양을 관하는 방법이다)

③ 앉아 있다.

④ 한 점(동전만한 점)에 시선이 닿아 있다.(네 단계를 반복한다)

오후에는 사무실에 가서 사정이야기를 하고 비행기표 예약을 하려고 하였을 때였다.

영어를 모르는 스님이기 때문에 최후로 신문지 종이위에 볼펜으로 비행기를 그려보았더니 고개를 끄덕였다.

나는 승낙하는 의사표시로 알고 외출을 하였다.

처음 내가 이 마하타투 절에 오게 된 것도 전혀 의도적인 바가 없다. 방콕 공항 로비에서 방콕시 사찰 주소에 실린 안내문 가운데서 가장 설명이 긴 사찰을 골라서 '마하타투' 로 온 것이다.

"아마 무언가 긴 설명이 있는 걸 보니 유명한 절이겠지."
하고 생각했던 터이다. 매사에 뜻이 있으면 길이 있는 것 같다.

비행기표(캘커타행) 예약은 못하였다. 스님 할인표는 본점에서만 취급하고 일반 영업소에서는 취급하고 있지 않기 때문이다.

밤에 서점과 백화점 등을 구경하고 돌아오는 길에 '고려정' 이란 한글 간판을 보고 무조건 찾아들어갔다.

고려정은 태국 안에서 한식을 제일 잘하는 음식점이라고 한 한국인이 내게 말하였다. 식당에서 만난 안 선생과 김 선생은 초면이지만 구면 이상으로 반겨주었다. 내 저녁식사도 사주어서 아주 잘 먹었다.

요즘 본의 아니게 점심 한 끼니로 하루를 넘기다가 횡재를 만난 셈이다.

"이 된장찌개 한 수제에 고향 맛이 다 담겨오는구먼."

사투리로 음식 맛을 찬탄하자, 주위 사람들이 와아 웃으며 즐거워하였다.

**4월 12일 (목)**

태국 절 생활에 점점 취미가 붙는다. 식사 때 포크가 없어서 내 몫으로 하나 사왔다. 포크는 육식을 하는 식탁에서 필요하기 때문이다.

점심 때 탁발 나가서 거두어 온 음식을 마루에서 공양하는 네 스님들과 자리를 같이하였다. 작은 비닐봉지에 갖가지 음식이 다 들어 있다. 연꽃과 향·초도 있다. 찰밥이 제일 내 입맛에 맞아서 많이 먹었다. 찰밥은 바나나 잎사귀에 싸여있다.

과일도 많이 거두어와서 잘 먹었다. 이름 모를 향기로운 과일 맛이 그만이다. 나는 특히 잘 익은 망고를 좋아한다.

말린 생선, 물오징어, 육류, 통닭 그 외에 갖가지 야채 반찬이 50여 가지가 넘어 보인다. 식후에는 으레 담배 한 대씩을 태운다.

저녁 무렵 자유시간에 함께 비파사나 수련하는 태국 스님과 거리에 나갔다. 배를 타고 차오파강을 건너서 톤부리 마을 구경도 하였다.

여자들은 스님 옷이나 몸이 제 몸 어느 부분에 닿을까봐 조심을 다하였다. 혼잡한 길에서나 배 안에서는 남자들이 스님들을 커버해서 여자와 닿지 않도록 보호해 준다.

물건을 주고받을 때에도 스님에게는 여자가 직접 건네주는 법이 없다. 주위 남자가 대신 받아서 건네주고 사람이 얼른 나타나지 않을 때에는 스님의 수건 위에 혹은 가사자락 위에 가만히 놓아두고 합장을 올린다. 혹시 잘못해서 스님 몸에 제 몸이 닿았을 때에는 큰 잘못이나 저지른 듯이,

"잘못하였습니다."

하고 합장을 올리고 어쩔줄을 몰라 한다.

저녁 무렵 뱃머리 좁은 길을 내가 걸어나올 때 여자들은 몸을 담벽에 바짝 붙여서 피하는 모양이 마치 왕이 행차하는 길에 몸둘 바 몰라 하는 백성들 같다는 생각이 들었다.

이렇듯 삼보(三寶)로서 스님을 높이기에 문득 승보(僧寶)로서 자각이 앞선다.

물건을 사러 가게에 들어갔을 때 값싼 물건은 대개 무료로 보시한다. 휴지 한 통, 코코넛·냉차 등을 가게 주인들이 합장하며 보시하였다. 뱃삯과 버스삯도 무료다.

내가 머물고 있는 대불사리사(大佛舍利寺 : 왓마하타투) 주위 길가 상점에 조그만 불상(佛像)이 한정없이 쏟아져 나온다. 나는 약 30점을 구하여 기념품으로 보관하다.

서점에서 《육조혜능대사화전(六祖慧能大師畵傳)》을 구해 왔다. 한자와 태국어가 함께 실려 있고 책의 제목이 암시하는 것처럼 그림이 실려 있어 흥미를 끈다.

태국 이야기를 할 때에,

"스님들이 육식을 해서 좋지 않다."

라는 말을 할 뿐,

374

"여자와는 옷도 닿지 않으며 오후부터는 음식을 끊는다."
하고 좋은 점을 지적하는 일이 흔치 않다.

나라마다 생활풍습이 같지 않을 뿐이지, 근본 부처님의 가르침은 똑같다고 생각한다.

태국 인구 5천 400만 명 거의가 불자이고(93% 이상) 스님 수는 약 30만 명이라고 한 스님이 인근 대학교 교정에서 산보하는 길에 들려준다.

나그네 대접은 한국 절이 으뜸이고 그 다음 태국 절이 아닐까 싶다.

**4월 13일** (금)

태국 설날이다.

점심공양은 신도집 공양초청이 있어 조실 스님을 모시고 대중 13명(비파사나센터)이 가는데 따라갔다가 왔다.

태국 불교와 문화생활 등을 엿볼 수 있는 좋은 기회가 되었다. 아침 9시 20분 마이크로 버스로 절에서 출발하여 20분 후에 신도 저택에 도착하여 공양한 내용을 기록해 둔다.

13명 스님 가운데 외국스님이 몇 명 있다. 인도 스님이 2명, 네덜란드 스님 1명, 미국 흑인 스님 1명, 그리고 나까지 합해서 5명이다. 비구 스님만 공양초청에 동참하고 사미는 절에 남았다. 비구 스님들은 대형 부채를 하나씩 손에 들고 나가는 게 이색적이었다.

이 대형 부채는 공양의식 중에 자기 뒷자리에 각각 세워놓았다가 공양이 끝나서 의식이 거의 마무리지을 단계에서 오

나마스테  375

른손으로 대형 부채를 들어 자기 앞에 세워놓으면서 독경염불을 한차례 한다.

공양의식은 상당히 엄숙하고 긴 시간이 이어진다. 전후 의식이 1시간 가량 된다.

목탁·요령 등은 전혀 없고 단지 독경염불을 합장하고 계속할 뿐이지만 여법(如法)하게 느껴진다.

신도들 머리 위에 물을 뿌리거나 흰 실을 스님들이 늘어뜨려서 잡고 있는 모습은 전혀 생소하다.

음식은 거의 중국요리 육류로 정해진 듯 느껴질 정도로 산해진미다. 과일과 과자류도 푸짐하다. 내가 좋아하는 국수도 나와서 맛있게 잘 먹었다.

봉투공양(200바트, 약 8천 원)도 있다. 향·초·꽃다발 등도 푸짐하게 올리는데 하나하나 올릴 때마다 합장배례하는 정성이 놀랍다. 봉투공양의 가치는 우리나라 화폐로 약 2만 원에 상당한다. 환율은 8천 원 정도이지만 가치는 훨씬 높다고 한다.

오후에 절 앞 광장에 나가서 설날 축제 분위기를 살펴보았다. 연을 날리는 패가 있어서 우리나라와 흡사하게 보였다. 태국 연의 종류와 모양, 색깔 등은 가히 어느 나라에서도 따르지 못하리라. 다양하고 화려하기 이를 데가 없다.

한 가지 특이한 점은, 젊은이들이 신나게 노는 모습이다. 노래하고 춤추며 즐긴다. 그런데 분가루와 물을 뿌리는 해괴한 놀음이 뒤따른다.

알든지 모르든지 길가에 가는 사람의 얼굴과 목 언저리에 분가루를 마구 뿌리고 달아난다. 또 물을 바가지에 떠서 마구 뿌

리기도 한다. 물과 분가루가 범벅이 된 얼굴을 보고 사람들은,

　"해, 해, 해"

하고 바보처럼 웃는다. 사진을 찍는 외국인들을 보면 더욱 극성스럽게 물과 분가루를 뿌린다. 이를 피하여 달아나도 막무가내다. 생면부지 남녀가 서로 얼굴에 분가루를 발라준다는 핑계로 얼굴을 매만지는 일도 자연스럽게 행하여지고 있다. 이를 지켜보는 태국 사람들은 얼굴을 찌푸리는 이가 없고 그저 웃을 뿐이다. 나는 스님이기 때문에 다행히 이방인 취급을 받아서 물과 분가루 세례를 피할 수 있었다.

　내일은 미얀마의 설날이고, 오늘 16일은 인도의 설날이라고 한다.

　귀국 준비를 서서히 한다. 어른 스님께 올릴 차(茶)를 차이나타운에 가서 사왔다. 중국 오룡차(烏龍茶) 작설의 최고품 4통과 상품 4통을 1,300바트(약 4만여 원) 주고 샀다.

　오늘 보시 받은 돈으로 불상(佛像) 1구를 모셨다.

　부처님을 모시기 때문에 값에 상관치 않으려고 하지만 태국 역시 바가지 요금이 심하여 흥정을 아니 할 수가 없다. 불자들이 가게를 가지고 있다. 장삿속으로 돌아가서는 스님도 한갓 손님에 지나지 않는가보다.

　"정말 싸게 드립니다."

　가게 아주머니나 처녀아이가 하는 말이 거짓말이라는 사실을 절에 돌아와서 뒤늦게 깨달았다. 삼대 거짓말쟁이로, 시집 안가겠다는 처녀, 죽어야지 하는 노인, 밑지고 싸게 판다는 장사꾼 등이라는 것은 고래로 명언임에 틀림없다.

비파사나센터 점심 대중공양에 큰절 스님들이 40여 명 동참하였다. 음식으로는 바랄 나위 없이 푸짐하다.

공양의식을 여법히 진행하는 과정에서 스리랑카 절과 비슷한 점이 많다고 느껴졌다.

특히 신도가 물을 그릇에 따르는 의식이 눈길을 끌었다.

봉투공양(돈)과 긴 수건 한 장씩을 받았다. 어른 스님들에게는 등차(等差)공양으로, 별도로 많은 공양물을 올리는 게 남방불교의 특색인 듯하다.

오후 2시 무렵 차이나타운 큰절 법회에 동참하는 대중 스님들과 자리를 같이하였다. 약 500명의 스님들이 운집하여, 태국 스님들을 한자리에서 살펴볼 기회를 가졌다.

노스님이나 젊은 스님들이 몸에 문신(紋身)한 사실을 발견하였다. 많은 숫자는 아니지만 보기에 흉하였다.

육식을 한 얼굴과 눈은 다르다는 사실도 분명하게 알 수 있었다. 안색이 탁하고 눈빛이 맑지 않다. 조실급 스님들이 한자리에 많이 모인 어간 자리도 마찬가지다.

앉은 자세에서 북방불교의 당당한 위풍이 없다. 가부좌나 반가부좌를 한 스님은 아주 드물다. 대개 책상다리 자세로 앉아 있어 허리들이 곧지 않다.

비파사나 수련과정에서 느낀 점이 있다. 퍽 논리적이고 구체적이고 자세하다. 예를 들면, 글을 쓰려고 하는 마음이 일어날 때에는 '글을 쓰고 싶다' 하는 마음을 그대로 본다. 다른 의미나 가치를 덧붙이지 않고 의도적으로 그 생각을 물리치지도 않는다. 있는 그대로를 돌이켜볼 뿐이다.

내관법(內觀法)으로 비파사나가 번역되듯이, 자기 내면세계를 손금을 보거나 거울 혹은 비디오를 보듯이 환히 반조(返照)하여 있는 그대로를 본다.

"마음에 머물러서 청정한 마음을 갖도록 관하나, 이는 병(病)이지 선(禪)이 아니다."

육조 스님이 묵조선(默照禪)을 설파하신 말씀이다.

이렇게 보면, 남방 내관법도 역시 육조 스님의 주장자를 피할 길이 없다. 그러나 이열치열(以熱治熱)이요 이병치병(以病治病)이다. 열로써 열을 치료하고 병으로써 병을 치료한다.

인도 이가트푸리의 비파사나 국제아카데미에서는 앉아서 주로 수련하는데 반하여, 태국 이곳 비파사나센터에서는 걷는 일과 앉는 일을 아울러 수련하지만 걷는 쪽이 더 많아 보인다. 걸을 때에는 마치 어린아이가 걸음마 배우는 모양과 같다.

4월 15일 (일)

잠을 자려고 하여도 잠이 잘 오지 않는다. 오늘 금동좌불상 1구를 모셨다. 내가 머문 비파사나센터에서 보급하는 태국 전형적인 불상이며, 높이는 좌대까지 합하여 두 뼘 가량 된다. 솜씨가 깔끔하고 상호가 원만한 부처님을 모시고 나니 즐거워서 잠이 오질 않는다. 90달러를 부처님 모시는 데에 썼다.

내 몸무게를 달아보았더니 63kg이다. 스리랑카에서 일주일 전까지는 56kg이었다. 매일 대중공양이 끊임없이 들어온다. 이제 나물 반찬이 먹고 싶고 깔끔한 한식이 생각난다. 기름진

나마스테　379

음식을 먹고 오후불식하여도 배고픈 생각이 나지 않는다. 우리나라 스님들이 이 사실을 안다면 어떤 생각을 가질까.

저녁에 프랑스 사람 니아나다로 비구 스님의 사회로 비파사나센터에 머무는 외국 스님의 '만남의 시간' 이 있었다. 모두 6명이다. 미국 스님이 2명이고 영국스님, 프랑스 스님, 네덜란드 스님, 한국 스님은 각 1명씩이다. 오랜 만에 커피도 마시며 두세 시간동안 환담을 하였다.

승납은 사회를 보는 니아나다로 스님이 22년, 내가 15년, 그 외는 대개 10년 미만이다. 주지 스님도 동참하였다.

느낀 점 몇 가지를 적어둔다.

'만남의 시간' 이 시작될 때 태국 처녀 다섯 명이 스님들에게 꽃을 올리고 절을 각각하였다. 스님들은 처녀들이 따라주는 향수물로 손을 씻는 의식이 특이하다.

태국에 머물고 있는 외국 스님 수효는 200명에서 300명 가량 된다.

태국 스님 수효는 약 300만 명이나 종신(終身)토록 남는 스님은 약 20% 가량 된다고 한다. 왜냐하면, 그 외는 단기 스님으로 몇 달에서부터 몇 년 기간 동안 스님노릇을 하다가 집으로 되돌아가기 때문이다.

단기 스님제도가 특이하다. 그 대신 부모형제들은 자기 식구 중에서 스님으로 나설 때에 대환영이다. 7세가 넘어서 절에 오는 사미들이 아주 많다. 20년에서 30년 된 외국 스님들이 많다.

스승 — 제자 인연은 5년 기한으로 맺어진다. 우리나라의 경우, 종신토록 스승 — 상좌 인연이 맺어지는 경우와 다르다. 5년마다 스승이 바꾸어지는게 보통이나 5년 거듭거듭 다시 맺기도 한다.

20세가 넘어서 출가하는 이는 사미제도를 거치지 않고 바로 비구가 된다. 입산한 이를 우리나라에서는 '행자(行者)'라고 하지만, 태국에서는 '낙마(미스터)'로 통한다. 우리나라 행자기간은 6개월 이상인 데 비하여 태국은 없다.

다만, 수계의식 준비로 염불·독경문을 외우는 기간이 주어진다. 집에서 외워도 되고 절에서 외워도 된다. 대략 한두 달이 걸릴 뿐 다른 행자 수업 기간은 없다.

내가 말을 잘한다고 하여 별호로 '사자후(獅子吼)' 스님이 더 좋겠다고 주지 스님이 말하여 크게 웃었다.

4월 16일 (월)

인도 캘커타행 비행기표 예약과 인도 비자(10일간)신청을 마쳤다.

비행기삯을 50% 할인하여 주어서 146달러를 지불하였다.

인도대사관에서 현교 스님을 만나서 태국 불교에 관한 좋은 이야기를 들었다. 대부분 '마하 니가야'에 속하나 또 다른 종파로 '담마유트 니가야'가 있다.

하루 일중식(一中食 : 점심 한 끼니만 먹음)을 하고 좀 더 철저하게 부처님의 가르침에 따르고자 하는 이 '담마유트 니가야'는 약 150년 전에 스님이었다가 왕의 지위에 오른 몽쿠왕이 새로 만든 종파이다. 이 종파에서는 호흡을 할 때에 '붓토'를 염하기도 한다. 들숨에 '붓' 하고 날숨에 '토' 한다. 붓토란 '부처님'을 가리킨다.

이곳 스님은 갈 수 없는 장소가 있다. 극장 구경을 할 수 없다. 사미 10계 조항을 지키고 있는 셈이다.

또 백화점 안을 들어갈 수 없다. 다만 길가 상점만을 드나들수 있다. 스님들로서 지키는 일이 뚜렷하기 때문에 태국 사람은 스님을 크게 존경하는가 싶다.

4월 17일 (화)

정진시간 전후 염불 독경의식이 들어 있다. 우리와 다른 점이다. 참회 발원하는 의식이 처음 시작할 때 20분간 들어 있고 끝날 때에는 회향의식이 5분간 들어 있다. 또 스승에게 절을 올리고 일어선다. 좋은 점이다. 앉아서 정진을 할 때에는 눈을 감는다. 북방불교에서는 참선할 때 눈감는 일을 철저하게 경계하고 있다.

상상력을 높이기 위해서 눈을 감게하는 남방불교의 비파사나는 앉은 자세가 문제다. 책상다리로 앉아서는 바른 자세를 갖추기 어렵기 때문이다.

해가 진 후 1시간은 선선한 바람이 좋다. 나는 주위 차오파 강나루터에 가서 200m 강폭을 왕래하는 배를 타고 즐긴다. 동양의 베니스라는 방콕은 200년의 수도로 아름다운 도시다.

4월 18일 (수)

방콕 근교에 자리한 과수원 불자 집에서 점심 대중공양이

382

있었다. 6명 스님이 초청된 가운데 나도 끼었다.

이 과수원 집은 비파사나센터에서 함께 정진하고 있는 '사왓 솜치' 스님의 부모가 살고 있는 집이다. 부모들과 형제들이 융숭하게 스님을 대접하는 모습을 보고 크게 감동하였다.

스님들이 과수원 입구에 도착할 무렵 부모 형제는 문밖에 나와 무릎을 꿇고 머리를 낮추어서 경배를 올리고 뒤에 연꽃 세 송이, 향·초·봉투공양(약 2만 원)을 하였다.

음식은 주로 육류였다.

태국 공양음식은 열 가지 중 한두 가지만 야채류이고 그 나머지는 쇠고기, 돼지고기, 닭고기, 말린 생선, 물생선과 기타 푸짐한 기름진 반찬이다. 쌀밥과 찰밥이 나오고 국수도 따른다.

비디오를 한 편 보았다.

제목을 붙인다면 '스님 되는 길'이 알맞다. 스왓 솜칫 스님이 수계하는 과정을 가족이 촬영한 것이다. 오늘도 역시 우리가 공양하는 모습을 비디오로 촬영하는 게 보였다.

스님이 되는 일을 태국에서는 '큰 벼슬하러 한다' 하고 행복해한다. 부처님이 자기 집에서 나온다고 대환영이다.

수계 계단에 나아갈 때에 사왓 솜칫 스님 주위 좌우에는 가족이 연꽃송이를 받쳐 들고 인도하는 모습이 퍽 인상적이다. 잔칫날도 이런 잔칫날이 없다. 그러나 계를 받는 모습을 지켜보던 사왓 솜칫 스님의 어머니는 잠시 눈시울을 적셨다. 아마 인간적인 착잡한 감정 때문이 아니었을까.

부모의 심정은 크게 다를 바 없는 모양이다.

우리나라 불교의 역사적 배경은 조선시대에 어두운 방향으로 흘러서 가족은 출가를 무조건 반대하고 슬픔에 빠져서 비통해 하는 현실과 크게 대조적이다.

4월 19일 (목)

송광사 3월불사가 시작되고 있을 것을 생각한다.

비파사나센터에는 스님들이 새로 5, 6명이 들어와서 정진한다.

태국 스님들의 가사 입는 법이 독특하다. 오른쪽 어깨를 훤히 드러내는 편단우견(偏袒右肩)은 드물고 두 어깨를 모두 감추는 통견(通肩)이 대부분이다. 통견으로 가사 입는 법이 쉽지 않다. 나는 가사를 늘 헐렁하게 내려가려고 해서 애를 먹는다. 아무리 뚤뚤 뭉쳐서 바짝 조여도 1시간쯤 지나서는 반쯤 풀어진다.

통견가사 입는 법을 시간나는 대로 익힌다. 옆방 스님들이 도와주지만 잘 되지 않는다. 대중공양 때마다 가사에 신경 쓰느라고 땀을 흘리며 애를 먹곤 한다. 다소 익숙한 편이긴 하나 아직 멀었다.

4월 20일 (금)

나는 태국에 와서 이곳 풍습에 젖어들었다. 도반 스님들이 보면 모두 웃을 일이다.

육식하고 태국 스님들과 담배를 피운다. 다음에 금강경 몇 구절을 생각나는 대로 적어본다.

사람이 지어낸 가지가지 일들은       一切有爲法
꿈같고 환영같고 물거품과 그림자네   如夢幻泡影
아침이슬 스러지듯 번갯불 번쩍하듯   如露亦如電
무상한 세상일들은 잡아둘 게 없어라.  應作如是觀


대저 모든 틀에 박힌 형상들은      凡所有相
하나같이 헛되고 거짓이라        皆是虛妄
눈에 보인 형상들의 속 알맹이 볼 때에 若見諸相非相
곧바로 부처의 눈을 갖추어서 깨치리.  卽見如來


**4월 21일 (토)**

송광사 3월불사 보조국사 종재(宗齋) 회향일이다.

밤열차를 타고 태국 제2의 도시 치앙마이로 북행중이다. 700km 거리에 특급열차로 13시간 달리고 요금은 일등실 침대차가 535바트(약 1만 6천 원쯤)이다.

승복을 우리나라 회색 동방으로 바꿔입었다. 짐을 등에 지기 위해서는 역시 우리 회색 동방이 편리하다. 노란 남방가사는 배낭 안에 넣어두었다.

노란 가사의 조심스러움이 아직 내게 남아 있으나 여자들은 나를 아무렇지 않게 대하여서 간혹 옷이나 손등이 몸에 닿기도 한다. 이때 나는 문득 동화 '거지와 왕자'의 한 장면을 생각하였다. 왕이 거지의 옷을 입고 거리에서 갖가지 우스운 일들을 겪는 이야기다.

한편 자유롭고 홀가분한 느낌도 있다. 마치 암행어사가 된 기분이다.

간밤에 침대 차에서 자다가 꿈을 꾸었다. 생시와 같이 뚜렷한 꿈을 꾸고나서 절을 올렸다.

내가 마음속으로 스승을 모시는 분들이 계신다. 그 가운데 한 분이시다. 내게 비파사나를 지도하시면서,

"사물을 깊이 이해하기 위해서는 그만큼 그 사물과 친해져야 한다. 가령 인삼 한 뿌리를 놓아두고 볼 때 돋보기로 잔털의 세세한 부분까지 살펴보듯이 있는 그대로 상상에 떠올릴 수 있어야 한다."

는 말씀을 들려주셨다.

오랜 만에 꾼 꿈이다. 스승을 꿈에 뵙는 기쁨도 크다.

아침 7시 반에 치앙마이에 도착한 즉시 바로 일정대로 순례에 나섰다. 유명한 '도이 수텝 사원'을 본 소감을 적어둔다.

도이 수텝 사원은 13세기 초에 멩그라이 왕이 창건한 절 가운데 하나이다.

입구 계단 좌우의 용(龍)담이 특이하다. 두 마리의 용이 담장 벽에 꿈틀거리는 느낌이 든다. 층계 바닥 쪽에 용 머리가 있고 층계 맨 위쪽에 용 꼬리가 솟아 있다. 좋은 착상이다.

단조로운 돌담보다는 용담이 훨씬 멋이 있어 보인다.

큰 법당은 사리탑 주위에 세 군데 있다. 큰 법당 안에서 '짤, 짤, 짤' 하고 산통들을 흔드는 소리에 다른 데에 신경을 쓸 여가가 없다. 산통이 여러 개씩 각 법당 안에 있다. 참배객은 불전에 연꽃·향·초·등 공양을 올린 뒤에 복전함(福田函)에 보싯돈을 넣고 나서 절을 올린다.

그 다음에는 산통에서 젓가락을 하나 뽑아내기 위해서,

"짤, 짤, 짤"

하고 산통을 두 손으로 받들고 흔든다. 이때 바닥에 산통젓가락이 떨어진다. 중국 절에서 본 풍경과 다름없다. 안내인도,

"중국에서 건너온 풍습입니다."

하고 설명한다.

신수 보는 산통젓가락 하나를 흔들어 뽑아서 번호를 읽은 뒤에 28번까지있는 조그만 상자에서 제 번호를 찾아 설명문을 읽는다. 인쇄된 설명문은 그 자리에서 버려지기도 하고 혹은 소중히 품안에 보관되기도 한다. 아마 길흉화복에 관한 내용들이 아닐는지…….

내가 중국 절에서 본 관음영첨(觀音靈籤)은 7언 한시로 100번까지 나와 있다. 산통젓가락은 태국의 것과 같다.

산통젓가락은 흔드는 풍습이 절에서 유행하는 건 말레이시아의 경우도 마찬가지라고 한다. 그러고 보니 이미 보편화된 일인 모양이다.

우리나라 절에는 아직 산통젓가락을 흔들어서 신수 보는 일이 없다. 손금·사주·신수 등은 절에서 할 일이 아니라고 율장에 못박아두고 있으나 남방불교권에서까지 차츰 산통젓가락 뽑는 일이 성행한다.

아녀자들이 기왕에 복을 빌러 절에 와서 여러 가지 역술을 볼 바에는 '관음영첨' 쪽이 낫지 않을까 싶다.

오전에는 코끼리 마을에 가서 코끼리 구경을 싫도록 하고 돌아왔다.

보현보살의 상징 동물로 코끼리가 된 이유를 이해할 만하다.

이곳 코끼리는 퍽 순하고 말을 잘 들으며 일도 잘 한다. 힘이 세서 힘든 일만 골라서 시켜도 척척 잘 해낸다. 보현보살은 지혜의 문수보살과는 달리 실행하는 데에 역점을 두고 있다. 보현보살도 아마 오늘 구경한 코끼리처럼 말없이 일하는 모습이 아닐는지.

코끼리가 통나무를 운반하여 차곡차곡 쌓아두는 일을 사람과 같이 해낸다. 힌두교에서는 가네사 신(神)의 상징으로 표현되고 있다. 아프리카의 사나운 코끼리와는 달리 서남아시아 지방 코끼리는 유순하여 종교계에서도 높이 받들어 모셔지고 있다.




해가 질 때에는 새도 깃을 내리고 보금자리에 찾아들건만 나그네의 길에는 낮과 밤이 없다.

밤열차를 타고 먼 길을 나서서 천지 사이에 홀로 있음을 문득문득 느끼곤한다.

금강경 독경을 하루에 시간나는 대로, 밤 열차에서 혹은 호텔에서 꾸준히 해오다보니 어느새 몸에 밴 듯하다. 대략 5독에서 7독 혹은 10독까지 하는 날이 있다.

본래 나의 음성을 타고 났기에 시원치 않았다. 노래나 염불

등도 흉내내기 어려울 정도로 음치(音癡)였다. 한데, 요즘 내 음성이 확실히 변했음을 느낀다. 예전의 음성이 아니다.

아마 금강경 독경을 해온 까닭일 게이다.

염불과 시조가락 등도 어렵지 않게 뽑아낼 수 있다.

사람은 자꾸 변하는 모양이다. 긴 시간 동안 독경염불을 하면 할수록 힘이 솟는다. 물론 고른 호흡이 시종 유지된다.


# 캘커타


4월 25일 (수)

방콕공항을 떠나 2시간 만에 캘커타공항에 닿았다. 어디서나 짐 검사를 거치지 않고 쉽게 통과하였다.

"카메라가 있소?"

"미화 달러는 얼마나 가졌소?"
등의 질문으로 그쳤다.

1천 달러 미만의 나그네가 카메라도 가지지 않아서 퍽 초라하게 보인지도 모른다. 더구나 내 행색은 말이 아니다. 승복 단벌로 꿰매고 또 꿰맨 자국이 가관이다.

어디서나 도움주는 이가 불쑥 나타나는 일을 나는 종종 경험한다.

낮선 땅에 처음 발을 딛고부터,

　"어떻게 움직이나?"
하는 생각을 하다가 쉽게 도움주는 이를 만나곤 한다. 뜻밖에
일을 척척 풀려가서 여행의 묘미가 있는지도 모른다.
　입국수속을 마치고 캘커타공항 로비에서 잠시 시간을 내어
귀향 비행기표를 확인하고 있을 때였다.
　두 일본 청년이 짐수레를 각각 밀고 오면서,
　"캘커타 시내 나갈 것입니까?"
하고 일본 말로 묻는다. 아마 나를 일본 사람으로 착각하고 그
런 모양이다.
　그들 역시 캘커타로 갈 차림새였다. 나중에 알고 보니 같은
비행기를 타고 온 나그네들이다. 우리는 시내 싼 호텔로 버스
를 타고 가기로 의논하였다. 그러나 버스가 오기 전에 택시 한
대와 흥정이 이뤄졌다. 45루피로 한사람이 15루피씩 내기로
하였다.
　우리는 캘커타박물관 건물 뒤의 큰 합숙소 호텔에 와 묵는다.
　하루 방값이 한 사람 등 15루피이다. 한 방에 여덟 명이 잔
다. 합숙방은 아래층에 남자용이 4개 있고 위층에 여자용이 4
개 있다.
　인도에 다시 와서 느낀 소감을 적어둔다.
　삶의 현장에 내던져지는 긴박함을 느낀다. 릿샤꾼들이 매
달리듯 치근대며 손님을 끌어들이는 모습에서부터 거리의 집
없는 천사들에 이르기까지 하나같이,
　"아, 이게 사는 노릇이구나!"
하는 생각을 강렬하게 갖게 한다. 갑자기 내 몸에 생기가 돋

다. 삶과 죽음의 문제가 목전에 다가온 듯한 긴박함이 느껴진
다. 귀에 익은 힌디가 정답고 인도 음식이 고향 음식같이 깊은
맛으로 전해 온다.

인도는 나에게 어느 나라보다 친근한 인상을 준다. 캘커타
의 지저분한 거리에서 랏시 한 잔을 마시고,

"아, 살맛이 나는군!"

하는 감탄이 새어나온다. 나는 무더위에 옷이 흠뻑 땀에 젖었
을 때에도 오직 랏시 한잔이면 그만이다.

인도 예찬을 쓰고 싶다. 인도는 참 좋은 나라라고. 천성이
낙천적이고 국민들이다. 인도의 주변 나라인 네팔·파키스
탄·스리랑카와 태국 등 네 나라를 돌아보아도 인도만한 나라
가 다시 없어 보인다.

인도는 아마 내 체질과 잘 어울리는 모양이다. 손으로 음식
을 집어먹는 식사법도 좋다. 맨발로 걸어 다니는 것도 좋아 보
인다. 인도를 한번 좋아하여서 모두가 좋게 보이는 셈인가.

이제 망고가 제철을 만났다. 망고가 흔해서 망고 단무지김
치도 담아먹는 인도다. 나는 망고가 익은 것도 좋지만 풋망고
김치 등도 좋아한다. 인도는 나의 또 다른 고향이 아닐는지.

4월 26일 (목)

오전에는 박물관을 둘러보고 나서 11시경 무렵에 테레사
노수녀님(80세)이 계시는 수녀원을 방문하였다.

약 2천여 명의 수녀님이 한 수녀원에서 지낸다고 한다.

캘커타박물관에서는 바루트(Bharhut) 대불탑의 일부가 눈길

나마스테　391

을 끌었다.

산치대탑과 규모가 비슷하고 성립연대는 약간 앞선다.

바루트 마을은 사트나 남쪽에 위치한다. 사트나는 바라나시와 아그라 중간쯤 되는 지점이 있다.

다음 기회가 있을 때 이 바루트 마을을 꼭 참배하고 싶다.

**4월 27일** (금)

부정직한 인도 사람들이 길거리 곳곳에서 여행객을 노리고 있다.

"좋은 물건 사는 곳을 구경 갑시다."

"달러를 높은 값으로 바꿔드립니다."

장사꾼을 가장한 이들의 사기 수법이다. 택시와 릿샤 운전수들은 값을 3곱, 5곱씩 요구해오고 거지들은 짓궂게 손을 거두지 않고 옷도 때로는 잡아다기며,

"한푼 줍쇼."

한다.

길가에서 파는 과일가게에서,

"망고가 1kg에 얼마냐?"

고 물었더니,

"8루피."

한다. 불그스레 익은 망고가 이제 제철이다. 보기에 먹음직스럽고 향긋한 향기가 좋다.

저울질 하는 아이는 10세가량 되어 보인다. 새까만 얼굴의 소년이 흰 이를 드러내보이며,

392

“싼 망고요. 1kg 사요!”

한다. 내가 다시 물었다.

“1kg에 얼마냐?”

“8루피.”

8루피는 아주 싼값이다. 겨울에는 15루피 주고 사먹는 일도 있으니까.

나는 망고를 1kg사서 앉은 자리에서 깎아 먹었다.

맛이 그만이다. 망고를 많이 먹으면 잠잘 때에 피부가 좀 가렵기도 하지만 상관 않는다.

조금 후에 인도 사람들이 망고를 1kg씩 사가는 모습을 지켜보고 의아스런 생각이 들었다.

저울질하는 꼬마 아이가,

“1kg에 7루피.”

하는 말을 분명히 들었기 때문이다. 인도 사람들은 값을 치를 때에도 망고 1kg에 7루피만 치른다.

나는 꼬마 아이에게,

“야, 1kg에 7루피지?”

하였다. 꼬마는 천연스럽게,

“8루피.”

하고 선뜻 대답한다. 하여간 이런 꼬마들까지 외국 사람을 봉으로 보는 모양인가. 델리에 사는 한 한국 아주머니(대사관 직원 부인)가,

“우리도 인도 사람들보다 비싼 값으로 물건은 삽니다.”

하는 말에 수긍이 간다.

캘커타 하면 제일 먼저 ‘테레사 수녀님’ 할 정도로 캘커타의 대명사로 널리 알려져 있다.

오늘날 ‘슈바이처 박사’ 에 버금가는 테레사 수녀님은 이웃 사랑을 몸소 실천하는 분이시다.

**4월 28일** (토)

인도 맛을 제대로 풍기는 곳은 역시 바라나시 주변이다. 갠지스강 유역 평원을 중심으로 우타르 프라데시주와 비하르주 사이를 기차나 버스로 달릴 때에,

“아, 인도 땅을 밟았구나!”
하는 생각이 언뜻 스친다.

맑은 날에도 흐린 날처럼 우중충한 희부연 하늘 색깔. 그저 시야가 쿡 터진 평면의 세계 — 수직이라고는 망고나무 숲과 코코넛 나무, 낮은 집과 뼈가 앙상하게 드러난 소 등의 가축이 있을 뿐이다. 인도 평원에서는 하늘과 땅의 공간이 워낙 넓게 보여서 수직으로 선 나무와 집들은 함께 수평선 속으로 묻혀버린다.

흐름이 느린 강물은 누렇다. 우리 눈에는 흙탕물 그대로이나 인도 사람들에게는 생명의 젖줄기이고 성수(聖水)이다.

목욕·빨래는 물론 흐린 강물도 식용 대용으로 사용된다. 아니, 갠지스강에 순례 온 힌두교인들은 성수로서 감지덕지 마시고 물병에 따로 챙겨서 담아간다.

한 생각에서 이렇게 큰 차이가 오는 것인지.

오늘은 가야를 거쳐서 바라나시에 닿았다. 인도를 마지막

394

으로 떠나는 길에 다시 성지를 참배하는 마음은 그지없이 착
잡하다.

언제든지 마음만 내면 다시 참배 올 수 있는 곳이면서도 쉽
게 생각되지는 않는다. 오늘은 마음이 무척 무겁다.

고별인사를 겸하여 녹야원을 참배할 때에는,

"인도를 떠나지 말고 더 주저앉아 있을까?"

이런 생각까지 떠올랐다. 인도가 그새 무척 정든 모양이다.

**4월 29일 (일)**

바라나시 역에서 밤열차를 타고 간다. 델리까지 약 16시간
걸린다. 밤인데도 더운 훈김이 창밖에서 몰려온다. 선풍기가
있어도 덥기는 마찬가지.

1등 2계단 침대 차는 작은 방안에 4개의 침대가 각각 있다.

내 앞자리에는 녹야원에서 사는 이들이 앉아 있다. 아버지
와 딸이다. 45세 된 중늙은이 아버지와 9학년(중학교 3학년)인
소녀 수브라양이다.

수부라양은 델리에서 학교를 다니고 있다. 장차 여의사가
되고 싶다고 포부를 말하였다. 이들은 저녁식사를 집에서 해
온 것으로 짜빠티(밀떡 구운 것)와 망고 장아찌를 내놓았다. 내
게 몇 차례고 권하는 이들 부녀(父女)가 무척 친절하다.

여러 이야기를 나누던 중 내 여행비용이 모두 얼마 들었느
냐는 등의 질문을 하였다.

"아마, 비행기 왕복권 빼고 6천 달러쯤 됩니다."

내가 대답을 하자 그들은,

나마스테   395

“6천 달러? 어느 나라 돈으로 6천 달러지요?”

하고 다시 물었다.

“미국 돈으로 그렇지요.”

그들은 믿어지지 않은 모양으로 많은 액수에 놀라는 표정을 지었다.

실제 한국에서 가지고 나온 돈은 비행기 왕복표 외에 6천 달러이지만, 인도·태국·네팔 등의 나라에서 보시받은 돈은 1천 달러쯤 될까 싶다.

“인도의 고등학교 선생님 월급은 대략 얼마나 됩니까?”

내가 그들에게 물었다.

“좋은 학교와 그렇지 않은 학교와의 차이는 큽니다. 대략 1천에서 4천 루피 됩니다.”

“대학교수는 어떻습니까?”

“2천에서 5천 루피쯤 됩니다.”

한화로 계산하면 고등학교 선생님의 봉급이 4만 3천에서 17만 2천 원이고 대학교수 봉급은 8만 6천에서 21만 5천 원인 셈이다.

나의 주머니에 약 1천 달러를 남겨두고 있다. 이로써 11개월 10일 동안에 약 5백만 원 경비를 썼으니 인도 대학교수의 3년 봉급을 몽땅 쓴 셈이다. 이들 부녀가 놀라는 데에 수긍이 간다.

4월 30일 (월)

뉴델리역 앞 광장은 여전하다. 릿샤꾼들의 청객행위는 아

귀다툼하는 것 같고,

"돈 바꿔요. 달러 있어요?"

하는 암달러상을 가장한 사기꾼들 무리도 거리거리에 있다.
거지들도 여전하다. 암달러상을 가장한 사기꾼들이 치근댈
때에,

"경찰!"

하고 내가 느릿하게 말하면서 웃으면 그들도 웃고,

"경찰 상관없소."

하고 쉽게 떠나간다.

지난 가을에 머문적이 있는 호텔에 방을 정하였다. 지난번
에는 합숙을 하였으나 오늘은 독방을 차지하였다. 선풍기만
있고 에어컨은 없는 방이다. 75루피.

매니저와 종업원들이 어떻게 반기는지 이루 말을 하지 못
할 정도이다. 이 호텔은 신조가 있는 호텔이다. 친절하고 청결
하다. 또 봉사하는 의미로 합숙방을 값싸게 운영한다. 이 호텔
의 마음 좋은 주인은 아직 만난 적이 없으나 그에게 존경심이
간다.

단골 식당에 갔을 때 반기는 뜻으로 크게 팔을 벌려 나를 껴
안은 인도 남자가 있다.

인도 사람들은 이렇게 남자들끼리 크게 손을 벌려서 껴안
는 풍습이 있다. 가족들같이 반긴다.

"힌디 공부를 많이 하였어요?"

한 사람이 내게 물었다.

나는 그들에게 힌디를 물으며 읽고 쓰기를 한 적이 있다.

“힌디는 조금조금.”

하고 대답하였다.

‘인도 성지순례도’를 20부 복사하였다. 9페이지 짜리로 크기는 A4 복사지. 호텔방에서 ‘인도 성지순례도’를 풀로 붙여서 제본하는 일을 반나절 하였다.

이제 나의 성지순례의 마감시간이 다가오고 있다. 모두가 원점으로 되돌아가고 있다. 작년 이맘 때 처음 온 델리에 다시 와 있다. 그때 방문한 적이 있는 한국대사관 이석조 참사관댁에 전화를 걸어보았다. 부인 오민경 여사가 전화를 받는다.

“한번 집에 들렀다가 귀국하셔야지요.”

반가운 고국사람의 음성이 전선을 타고 온다. 모두가 처음 그대로 되돌아가고 있다.

**5월 1일** (화)

지금 우리나라는 초파일 전야로 꽃같이 아름다운 연등이 절 안에 가득 차 있을 줄 안다. 대도시의 거리에도 연등행사가 이어지고 있을 것이다.

나는 하루에도 몇 차례이고 여러 항공회사 사무실을 들락거리며 일본서 서울 가는 비행기편을 알아보고 있으나 최후 대답은,

“여기서는 불가능합니다. 일본 현지에 가서 서울 가는 비행기편을 찾아보시오.”

한다.

한 달 전에 비행기표 예약을 해두었다. 단지, 인도에서 일본

가는 비행시표 예약밖에 할 수 없었다. 일본서 서울 가는 비행 기표는 이미 매진되어 불가능하였다.

이제는 할 수가 없다. 인도 비자 만기일도 5일밖에 남지 않았다. 일본에 가서 힘써 볼 수 밖에 없다. 내일 오후 8시에 델리 출발한다.

기차표 예약도 불가능할 경우가 때로는 있었다. 그래도 여러 궁리 끝에 표를 얻기도 하고 혹은 막무가내로 대기표만 가지고 기차에 오르기도 한 적이 있다. 여행에서는 불가능을 가능으로 바꾸는 데에 묘미가 있다.

모든 일은 일본에서 처리할 수밖에 없다. 비자 없이 일본에서 머물 수 있는 시간이 72시간이라고 한다.

도쿄공항에서 머물면서 대한항공과 일본항공 등을 찾아가서 서울 편을 알아봐야겠다.

기념품 가게를 들러보았다. 델리가 제일 물건 값이 싸다. 중심가 '콘나웃 프레이스' 주위 기념품 가게에는 온갖 물건이 다 있다.

'실크 사리'도 바라나시는 생산지이면서도 더 비싸다.

향나무 목불·염주 등도 그렇다. 라닥이나 네팔에서 흔히 볼 수 있는 티베트 전통 기념품 역시 델리가 싸다.

경험이 없는 나그네는 비싼 물건을 싸들고 무겁게 돌아다니기 일쑤다. 떠나기 직전 델리에서 모두 시장을 볼 수 있다. 다만, 에누리는 어디나 마찬가지로 심하여 제값의 3배, 5배를 홋가하는 경우가 다반사다. 특히 비싼 물건일수록 바가지 요금이다.

부처님 오신 날. 목욕 삭발을 개운히 하였다.

해돋이 무렵 베란다에 나가 앉아 금강경 독경을 하며 시간을 보냈다. 인도에서는 '부처님 오신 날'이 음력 4월 15일이다. 바라나시 녹야원에서 합동법회를 연다는 광고가 절마다 배달되고 있다.

낮에 간혹 비가 내렸다.

점심과 저녁을 한국대사관 이석조 참사관댁에서 먹었다. 작년 이맘 때에 처음 델리에 도착한 날에도 점심공양을 하였던 이 참사관댁이다.

식사 중에 이 참사관은,

"······인도는 사회주의 국가와 비슷한 점이 있습니다. 가령, 중국 식당을 차리려고 할 때에 음식재료를 해외에서 사오지 못하게 합니다. 모든 재료를 인도 안에서 해결하도록 하지요.

식당 이익금 역시 해외로 한푼도 가져나갈 수 없는 게 인도 법입니다. 코카콜라가 현재 인도에 없는 이유는 이래서 간단합니다."

하는 말씀을 들려주었다.

도쿄행 비행기는 델리공항에서 밤 9시 20분에 이륙하였다. 비행기가 땅에서 떠오르자 내 마음도 함께 떠오르는 듯하였다.

인도! 나마스테!



뉴도쿄에 닿았다. 나리타공항이다. 만 7시간 반 동안의 비행으로 새벽 4시 30분(일본시간)에 닿았다. 시차는 인도보다 3시간 30분 앞서가고 있다. 우리나라도 일본의 시차와 같다.

오는 날이 장날이라고 일본은 천황탄생일국경일이다. 서울행 비행기표 예약(확인)은 내일로 미뤄졌다.

짐을 보관소에 맡기고 인근 성전산(成田山) 신승사(新勝寺)를 참배하였다. 주불로 모셔지는 부동명왕(不動明王) 목각은 진언종(眞言宗) 조사 홍법(弘法) 스님이 일도삼배(一刀三拜)법으로 이룩하였다는 내력이 나와 있다.

일본의 물가는 아주 비싸다. 인도에서 15일 쓸 경비를 일본에서 1일1야에 써야 할 형편이다. 추위가 느껴져서 히터를 틀어놓고 잔다.

**5월 4일 (금)**

아침 9시 반에 일본을 떠나서 낮 12시 무렵 11개월 15일 만에 귀국하였다.

인도를 한마디로 말한다면, 냉수 맛이다. 순하고 담박하고 순진한 사람들이 살고 있다.

인도 외의 다른 나라들은 쌍화차나 커피 맛이지 냉수 맛이 아니다.

문명문화가 냉수 맛 대신 쌍화차나 커피 맛을 내게 한 것이다.

"인도 거지나 가난한 이들은 가난을 조금도 개의치 않으며 오히려 행복해 한다."
하는 말을 인도 여행객들이 흔히 늘어놓으나 그건 다음과 같

은 뜻에서 재고되어야 한다. 가난을 가난인 줄 모르고 그저 빈
천한 데서 뒹굴며 지내는 이는 행복할 수 없다. 가난을 가난인
줄 알면서 가난을 오히려 즐기는 멋을 느끼는 이라야 행복한
것이다.


촌극 한토막이 서울에 도착하자마자 연출되었다. 공항 로
비에서 나와 택시를 기다리는 길가에서, 한 아주머니의 한마
디는 내 꿈을 깨게 하였다.
50대의 중류가정 부인은 남편과 함께 무척 오랜만에 고국
에 오는 성싶어보였다. 중형택시와 일반택시의 구별을 모르
고 있었다. 그녀는 교통정리를 맡고 있는 전경에게,
"중형택시는 어떤 택시요?"
하고 물었다. 전경은 요령부득한 말로 장황하게 설명을 늘어
놓았다. 이때 내가 불쑥 그녀에게,
"아, 중형 택시요? 공항 전용택시로 쓰는데 값이 일반택시
보다 비쌉니다."
하고 친절을 베풀었다. 그러나 의외로 그녀는 퉁명스럽게,
"가만 있어봐요!"
하고 내게 말하였다
'아, 한국 땅에 왔구나! 여기는 태국이나 스리랑카가 아니
구나!' 하는 생각이 언뜻 스쳐지나갔다. 스님의 옷자락을 피
하는 불교국에 가서 대접을 받고 있다가 우리 땅을 밟는 날 이
런 냉소와 비어를 듣는다.
"가만 있어봐요!"

　내 딴엔 아주 자세히 장황하게 설명하기보다 단순명료하게 한마디로 끝내는 편이 중형택시 이해에 도움을 주려니 한 게 오히려 무안만 당하는 꼴이 되었다. 아주머니의 남편과 함께 중형택시에 올랐다. 나는 잠시 정신을 가다듬었다. 아주머니의 쌀쌀한 말과 표정에서 꿈을 깨었다. 한국에 온 사실이 바로 느껴진다. 일 년 만에 발을 딛는 내 나라 땅이다.

　나마스테!

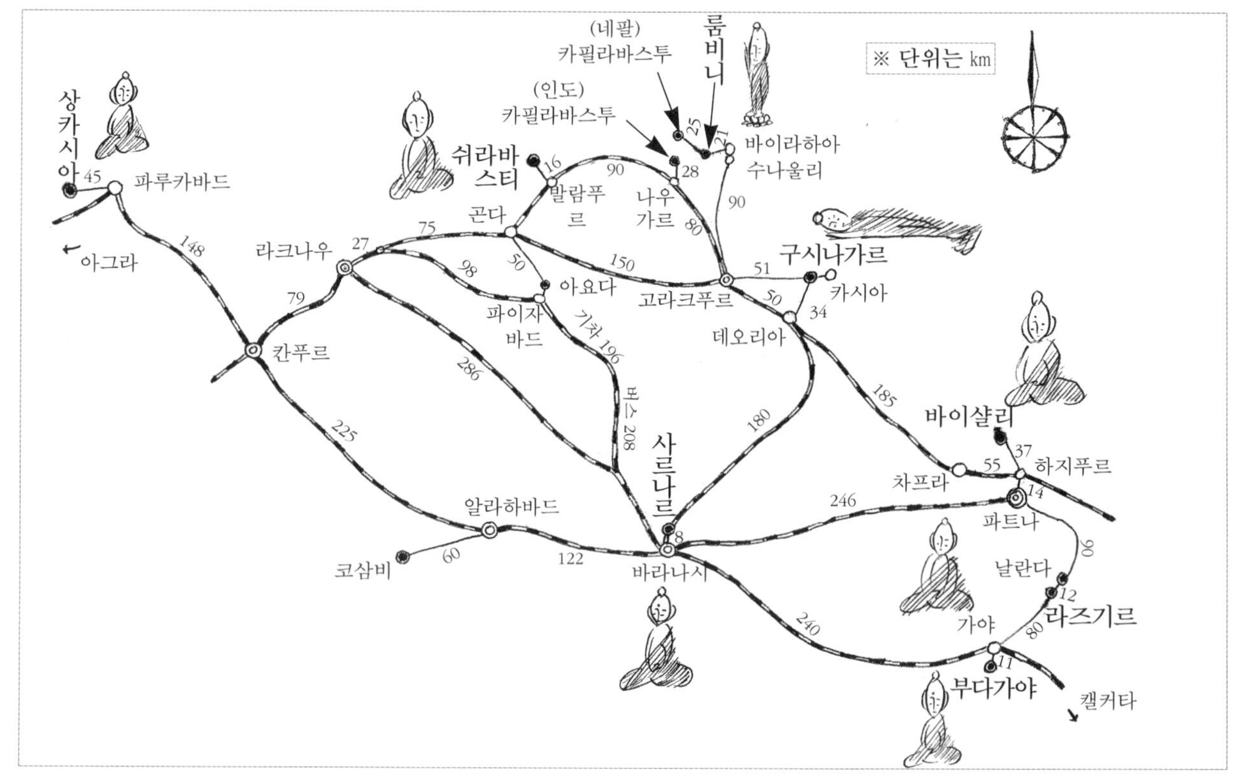

※ 단위는 km
상카시아 45
파루카바드
아그라
148
(네팔) 카필라바스투
(인도) 카필라바스투
룸비니
25
27
28
90
바이라하아 수나울리
90
쉬라바스티 16
발람푸르
나우 가르
80
곤다
75
라크나우 27
98
50
150
아요다
파이자 바드
기차 196
구시나가르 51
카시아
50
34
고라크푸르
데오리아
185
바이샬리
79
칸푸르
286
버스 208
사르나트 8
180
차프라
55
37 하지푸르
14
246
파트나
225
알라하바드
코삼비 60
122
바라나시
240
가야
날란다
90
12 라즈기르
80
11 부다가야
캘커타
8대 성지순례도

델리 673km
(기차 673km)
바라나시
694km
68 산치
보팔
95
아타르시
276
잘가온
305
만마드 305
나그푸르
엘로라
나그푸르
360
보리브리
113
칸헤리
105
오랑가바드
8
이가트푸리
37
145
599
771
121
붐베이
마라
브리
카르리
64
바제
푸나
545
캘커타
1277km
166
아마라바티
하이드라바드
석굴
147 32
나가르주나 곤다
군투르
401
마드라시
칸치푸람
70
트리반드룸
790km
※ 단위는 km

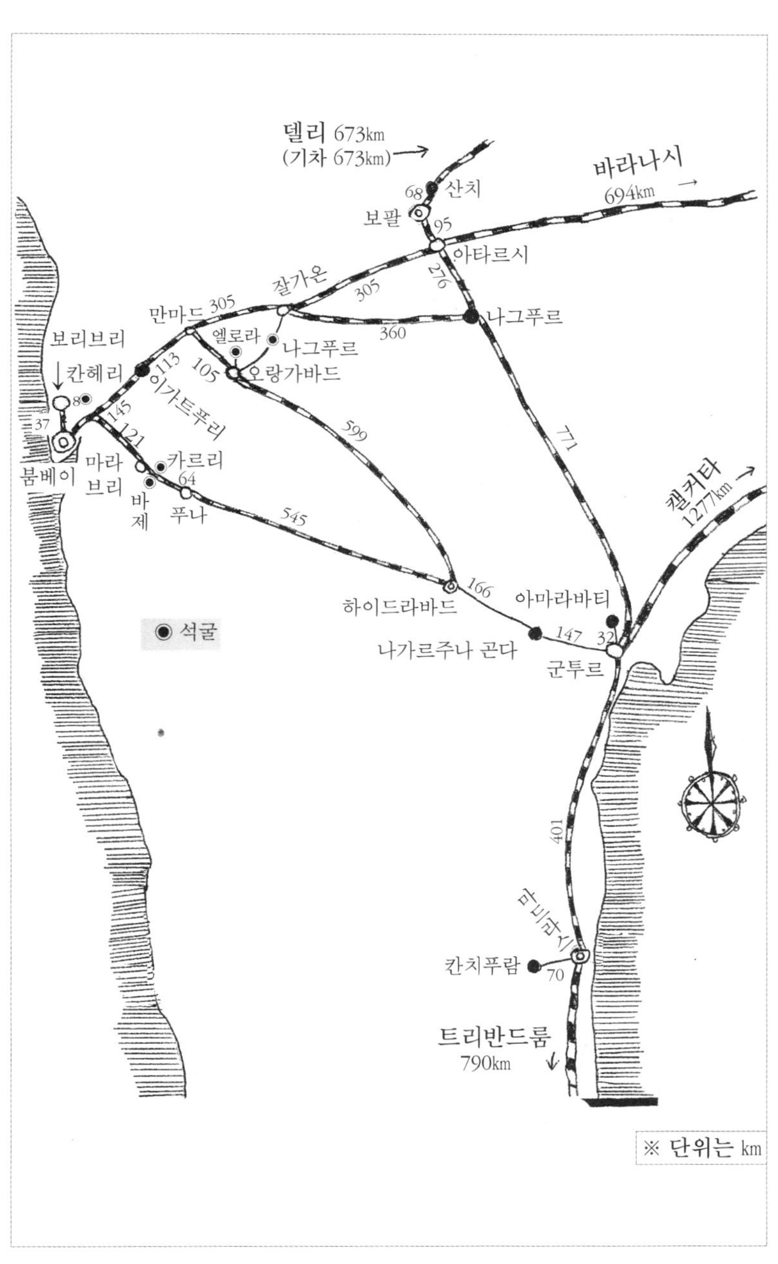

데칸 주위와 남부 성지도

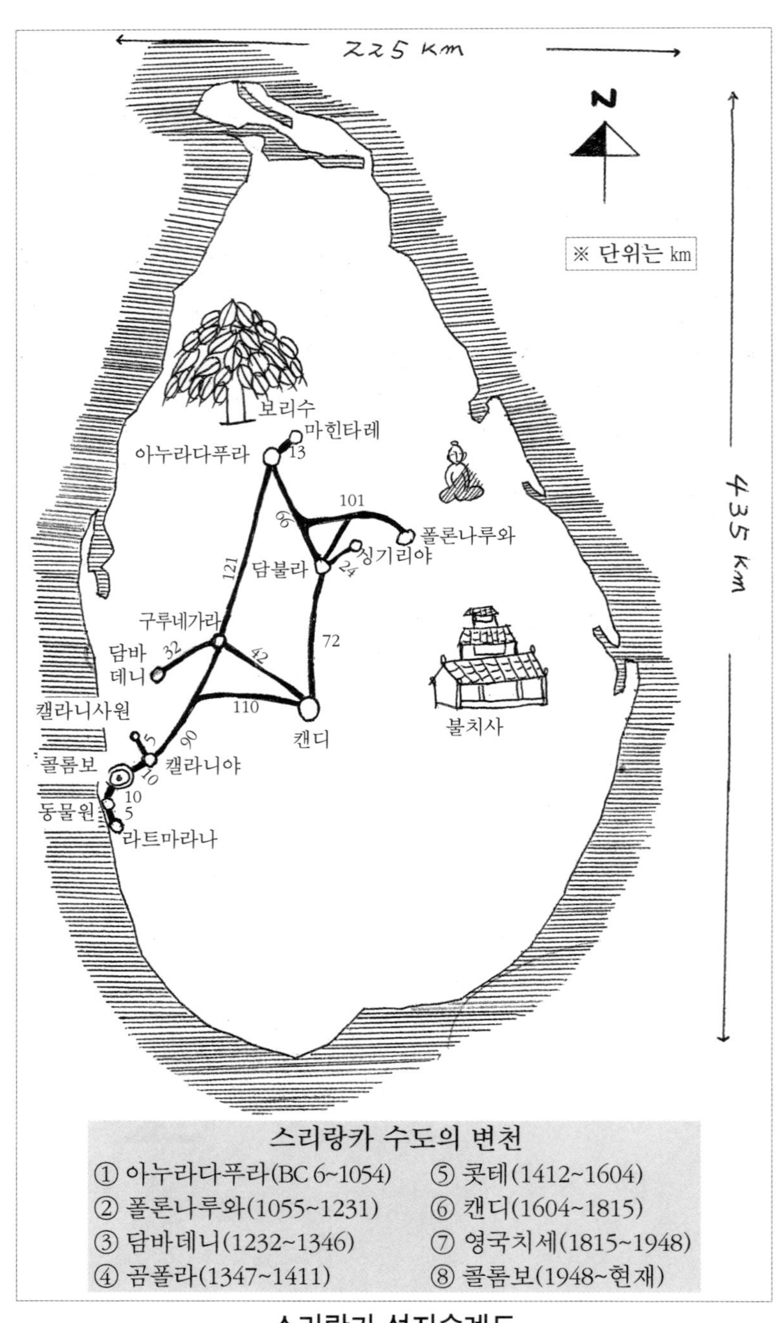


스리랑카 수도의 변천

① 아누라다푸라(BC 6~1054)  ⑤ 콧테(1412~1604)
② 폴론나루와(1055~1231)   ⑥ 캔디(1604~1815)
③ 담바데니(1232~1346)    ⑦ 영국치세(1815~1948)
④ 곰폴라(1347~1411)     ⑧ 콜롬보(1948~현재)

스리랑카 성지순례도

지묵스님 인도성지순례기
# 나마스테

인쇄 2007년 7월 3일 개정판 1쇄
발행 2007년 7월 5일 개정판 1쇄

지은이 | 지　　　묵
펴낸이 | 김　동　금
펴낸곳 | 우리출판사
교　정 | 김　인　영
편　집 | 선　유　경

주　소 · 서울특별시 서대문구 충정로3가 1-38호
전　화 · (02) 313-5047 · 5056
팩　스 · (02) 393-9696
E-mail · woribook@chollian.net
등　록 · 9-139

ⓒ 지묵 2007, Printed in Korea

ISBN　978-89-7561-251-0　03220

정가 10,000원